चौरासी का चक्कर

MAN, MANAV AUR MACHINE

रनवीर सिंह

ISBN 979-888530863-2

मातृ देव, पितृ देव, आचार्य देव, अतिथि देव

की स्मृति में सादर समर्पित

शिक्षा ही कर्म प्रधानता को श्रेष्ठ कहती है –

हिन्दी में - " कर्म ही पूजा है ".

अंग्रेजी में - " वर्क इज वरशिप " (Work is worship) .

गीता में –" कर्मण्येवाधिकारस्तु मा फलेषु कदाचन" .

रामचरित मानस (तुलसीकृत) में - " कर्म प्रधान विश्व करि राखा ".

और संस्कृत में – " उद्यमेन हि सिद्धन्ति कार्याणि, न मनोरथैः, न हि सुप्तस्य सिंहस्य
प्रविशन्ति मुखे मृगाः "।

कितना अजीब है – 84 लाख योनियों में केवल एक मानव ही है जो धन कमाता है । अन्य
कोई जीव कभी भूखा नहीं मरा और मानव का कभी पेट नहीं भरा ।

येषां न विद्या न तपो न दानं, ज्ञानं न शीलं न गुणो न धर्मः।
ते मर्त्यलोके भुविभारभूता, मनुष्यरूपेण मृगाश्चरन्ति॥

सकल पदारथ हैं जग माही, करम हीन नर पावत नाही .

क्रम-सूची

क्रम-सूची

प्रस्तावना

शब्द चौरासी (84) एक संख्या वाचक शब्द है, जिसमें दो अंक 8 और 4 हैं . 8 का अंक दहाई तथा 4 का अंक इकाई का है जो चौरासी संख्या का प्रतिनिधित्व करते हैं . इस चौरासी को विभिन्न आयामों के माध्यम से चर्चा में लाया जाता रहा है, जिसे साधारण भाषा में चौरासी का चक्कर कहते रहते हैं . भौतिक वाद और आध्यात्मिकवाद में भी इस शब्द का बड़ा महत्व और उपयोग आता है . जब शब्द चौरासी के साथ अन्य शब्द जोड़ते हैं, यथा – चौरासी कोस अथवा चौरासी कोस की परिक्रमा . तब इसका अर्थ एक विशिष्ट क्षेत्र में विशेष दूरी (चौरासी कोस) की यात्रा अथवा परिक्रमा होता है . कोस साधारण भाषा में एक लम्बाई का प्रतीक है, जिसे आम भाषा में कहते हैं – मीलों के जब करे सवाये, उनसे कोस बनाये . कहने का आशय 1. 25 मील, 1 कोस के बराबर का होता है . 1 मील, 1.6 किमी के लगभग बराबर होता है . तब 84 कोस की दूरी 67.2 मील के बराबर और 108 किमी के बराबर हुई . इतनी दूरी की पैदल यात्रा के धार्मिक पहलू अनेक हो सकते हैं. परन्तु सबसे बड़ा पहलू मानव शरीर द्वारा की गयी पैदल यात्रा से शारीरिक और मानसिक पहलुओं से भी जुड़ा है. जिसका लाभ शरीर के साथ – साथ, मानव मन को भी मानसिक रूप से भी मिलता है, धार्मिक भावना के अतिरिक्त . चौरासी कोसी परिक्रमा पूरी तरह से संतों और भक्तों द्वारा संचालित धार्मिक व परम्परागत है। इस परिक्रमा को किसी विशेष समय और स्थान पर लोग करते हैं जैसे - ब्रज क्षेत्र में गोवर्धन, अयोध्या में सरयू, चित्रकूट में कामदगिरि व दक्षिण भारत में तिरुवन्मलई की परिक्रमा यात्रा है। उज्जैन में चौरासी महादेव की यात्रा का आयोजन किया जाता है । यह यात्रा विशेषत: श्री रामचन्द्र जी जन्म स्थल अयोध्या के क्षेत्र से सम्बन्धित चौरासी कोस की परिक्रमा है. दूसरी परिक्रमा श्री कृष्ण जन्म स्थल मथुरा के क्षेत्र से सम्बन्धित है. इसी तरह से अन्य यात्रा भी .

दूसरे चौरासी शब्द को चौरासी लाख योनियां की चर्चा होती हैं . यह जीवन से सम्बन्धित चर्चाएं इससे सम्बन्धित हैं . एक धार्मिक तो दूसरा आध्यात्मिक पहलू हैं. मानव जीवन सृष्टि की सबसे उत्तम रचना कही गयी है . बड़े भाग्य मानुष तन पावा, सुर दुर्लभ सदग्रंथिन गावा . (रामचरित मानस – उत्तरकाण्ड)

पहले मानव से शुरुआत की जाए – मानव जीवधारियों में सबसे उचित, उत्तम, बुद्धिमान, विवेकमान, विकासशील माना गया है । यद्यपि अन्य जीवधारी भी बुद्धिमान और विवेकमान होते हैं ।

मनुष्य – मनन या तर्क द्वारा किसी भी वस्तु का स्वरूप निश्चय करना इसका प्रधान मार्ग इसलिए इसे मनुष्य नाम दिया गया है । मन ही मनुष्य के बंधन और मुक्ति का कारण है । (मन एवं मनुष्यानाम कारणम बन्ध मोक्षयो)

मनुष्य की खास विशेषताएं दो ही हैं – मस्तिष्क का विकास और खड़े होकर चलना ।

मनुष्य - शरीर केवल कर्म करने का साधन है और कर्म केवल संसार के लिए ही होता है । मनुष्य योनि ही कर्म योनि है, पुराने कर्मों का फल भोग, नया पुरुषार्थ ।

ज्ञान योग से अहम मिटता है, कर्म योग से अहम शुद्ध होता है, और भक्ति योग से अहम परिवर्तन होता है ।

मानव - एक, व्यष्ठि, सीमाबद्ध, मर्यादित, मानव शरीर अनेकता से एकता, समाकलन (गणित) है, जबकि संसार – एक - समष्ठि, व्यापक/असीम, अनेकता, एकता से अनेकता, विकलन (गणित) हैं.

सत्य असत्य बेईमानी ईमानदारी जैसे कर्म केवल मनुष्य ही कर सकता है । कोई और पशु नहीं । मनुष्य जीवन ही स्वर्ग नर्क का अधिकारी होता है। आप का परिचय आपके कर्म से जाना जाता है। विद्या एवं चरित्र आकर भी विनम्र होना कठिन काम है क्योंकि पांडित्य पाकर अहंकार आ जाता है। कल्याण तभी हो सकता हैं जब विद्या से मनुष्य में शील और फिर विनम्रता आती है।

मन का सीधा संबंध मानव से है और मानव का संबंध मशीन से है । तब यह भी कह सकते हैं कि मन का संबंध मशीन से है । किसको पहले लिया जाए, किसको बाद में, विषय यह नहीं है, विषय है इन तीनों को समझना और उनका आपसी संबंध ।

जब तक कर्मों का क्षय और मनुष्य को ईश्वर का साक्षात्कार होकर विवेक प्राप्त नहीं होगा, जन्म व मरण का चक्र चलता ही रहेगा। जन्म मरण का चक्र मोक्ष पर विराम पाता है। मोक्ष मिलने पर मनुष्य का जन्म व मरण लम्बी अवस्था के लिये बन्द हो जाता है और जीवात्मा ईश्वर के सान्निध्य में रहकर आनन्द का भोग करता है।

जन्म व मृत्यु का चक्र अन्य प्राकृतिक नियमों की तरह परमात्मा ने बनाया है। जन्म व मृत्यु की यह व्यवस्था सृष्टि की अटल व्यवस्था है। संसार में यह नियम काम कर रहा है कि जिसका जन्म व उत्पत्ति होती है उसकी मृत्यु व नाश अवश्य होता है। संसार में भौतिक पदार्थों से जो भी वस्तुयें बनी हैं, वह बनने के बाद से ही पुरानी व क्षीण होने लगती हैं और कुछ काल बाद वह नष्ट हो जाती हैं। हम अपने लिये अच्छे वस्त्र सिलवाते हैं। यह बनने के समय नवीन व आकर्षक होते हैं। दिन प्रतिदिन हम इनका उपयोग करते हैं। इससे यह पुराने होते जाते हैं और जीर्ण होकर नष्ट हो जाते हैं। इसी को इनका नाश होना, कहते हैं। ऐसा ही अन्य सभी भौतिक पदार्थों के विषय में होता है।

एक संत ने चर्चा करते कहा कि एक जंगल में एक घुड़सवार को प्यास लगी, वह हिनहिनाया, आसपास पानी न होने पर उसने जंगल से खेतों की तरफ घोड़ा घुमाया . एक किसान अपने खेत में रहट से सिंचाई कर रहा था . रहट एक तकनीकी व्यवस्था है जिसके द्वारा कुएं से अलग – अलग बाल्टियों से पानी निकालकर सिंचाई की जाती है . रहट को प्राय: बैलों की जोड़ी से चलाया जाता है, कहीं कहीं बैलों की जगह एक ऊंट से भी काम लिया जाता है . जैसे ही घोड़ा ने नीचे झुककर पानी पीना चाहा, वैसे ही वाल्टियों से पानी गिरने की आवाज हुई (यह एक सतत प्रक्रिया है, रहट के चलते समय) घोड़ा बिदक गया और पानी

पी न सका . इस स्थिति को देख घुड़सवार ने किसान से कहा कि थोड़ी देर के लिए खटपट (रहट) बंद कर दो , जिससे घोड़ा पानी पी सके . तब किसान ने कहा यदि खटपट (रहट) बंद की तो पानी आना बंद हो जाएगा और घोड़ा पानी नहीं पी सकेगा . इस खटपट में ही इसे पानी पिला लें . कहने का आशय यही है कि चौरासी के चक्कर में मानव जीवन मिला है . इस जीवन में ही कर्म, ज्ञान, भक्ति, करते हुए ही जीवन सफल है, अन्यथा की स्थिति में नहीं . तभी किसी ने कहा है कि योग करें न करें लेकिन एक दूसरे का सहयोग अवश्य करें . मानव जीवन ही भौतिक, अध्यात्म, मानसिक स्थिति से मशीन का सदुपयोग कर अपनी प्रगति निरंतर करता रहा है, कर रहा है, और आनन्द की अनुभूति में सुख भौतिक वस्तुओं के मिलने, उपयोग से मिलता है परन्तु आनन्द की अनुभूति अध्यात्म से ही प्राप्त होती है .

सेवा – मानव जन्म सफल दो प्रकार से होता है . एक तो इस संसार में व्यक्ति जहां कोई काम करता है वहां भला (अच्छा) हो . अच्छे विचार वाला और कर्म धर्म में पक्का हो, यह एक प्रकार है . पशुओं में ये बातें नहीं . बुद्धि का विकास केवल मनुष्य में है . यह मनुष्य को बहुत ही अच्छा बनाता है .

वही जन्मा है जिस के जन्म लेने पर किसी जाति और मनुष्य की उन्नति हुई . खेती वही अच्छी है जो फलीभूत होती है, जिसको फल लगता है . जन्म वही अच्छा कि जिस में सेवा का फल लगा . नहीं तो यह जन्म मरण का चक्कर तो चलता है . यह अनिवार्य बात है .

कोई मनुष्य जो अपने लिए नहीं जीता. पक्षी बहुत अच्छे अपने घोंसले बनाते हैं. खरगोश की बिल ऐसी अच्छी कि दूसरा जानवर पहुँच नहीं पाता. यह तो सब में पाया जाता है . यदि मनुष्य भी ऐसा ही हुआ कि अपने ही काम लगा रहा तो पशुओं से कोई अच्छा जन्म नहीं हुआ .

विडंबना यह है कि मानव भगवान बनना चाहता है, जबिक स्वयं भगवान मानव रूप में अवतरित होते हैं अवतारवाद अनुसार . मानव मानव ही रहकर श्रेष्ठ कार्य करे तो चौरासी का जीवन सफल होगा .

शिक्षा ही कर्म प्रधानता को श्रेष्ठ कहती है – हिन्दी में - " कर्म ही पूजा है ", अंग्रेजी में - " वर्क इज वरशिप " (Work is worship), गीता में –" कर्मण्येवाधिकारस्तु मा फलेषु कदाचन", रामचरित मानस (तुलसीकृत) में - " कर्म प्रधान विश्व करि राखा ", और संस्कृत में – " उद्यमेन हि कार्याणि सिद्धन्ति, न मनोरथे :, न हि सुप्तस्य सिंहस्य प्रविशन्ति मुखे मृगा " .

1
चौरासी (84) एक संख्या

संख्या (अंक – गिनती) शून्य से लेकर नौ तक (0, 1, 2, 3, 4, 5, 6, 7, 8, 9) के अंकों का ही खेल है . ये ही समसंख्या (2, 4, 6, 8) तथा विषम संख्या (1, 3, 5, 7, 9) कहलाती हैं. अंकों से सम्बन्धित विषय गणित कहलाता है जिसमें जोड़, घटा, गुणा, भाग, दशमलव, ब्याज के साथ अन्य प्रक्रिया होती है . गणित की भी विभिन्न शाखाएं हैं अंकगणित, बीजगणित, रेखागणित, सांख्यिकी, त्रिकोणमिति, केलकुलस (विकलन – डिफरेंशियल, समाकलन – इन्ट्रीगल), आदि है, फिर भी अंकों से सम्बन्धित गणित को अंकगणित विशेषत: कहते हैं .

शून्य (0) –

शून्य की खोज – जब शून्य की खोज आर्यभट्ट ने 5 वीं सदी में की तो द्वापर युग में 100 कौरवों की गणना, और त्रेता युग में रावण के 10 सिरों की गणना किसने की ?

अब अज्ञानी ये नहीं समझते कि इस तरह का अधूरा ज्ञान तो तर्क पर तुरंत ही धराशायी हो जाय और ऐसी जानकारी हमारे शास्त्रों पर प्रश्न चिन्ह लगाते हैं इसका उद्देश्य क्या है ? संभव है शास्त्रों को आर्यभट्ट का परवर्ती सिद्द करना ।

अब जानिए, शून्य की खोज किसने की तो वे हैं वेद ।

वेदों में 1 से लेकर 18 अंकों तक (इकाई से परार्ध) की गणना मंत्रों के माध्यम से की गई है । 1 के अंक में 0 लगाने पर ये गणना क्रमश: बढ़ती जाती है इस का स्पष्ट उल्लेख वेद मनुष्य के लिए कहते है –

' इमा मेअग्नइष्टका धेनव:सन्त्वेका च दश च शतम च शतम च सहस्त्रम च सहस्त्रम चायुतम चायुतम च नियुतम च नियुतम व नियुतम च प्रयुतम चार्बु दं च न्यर्बु दं च समुद्र श्च मध्यम चान्तश्च परार्ध श्चैता मे अग्न इष्टका धेनव : संत्वमूत्रामूष म्निल्लोके । । यजुर्वेद (17/2)

अर्थात – हे अग्ने ये इष्टकाएँ (पाँच चितियों में स्थापित) हमारे लिए अभीष्ट फल दायक कामधेनु गौ के समान हों । ये इष्टका परार्ध - संख्यक (1000000000000000000) एक से दस, दस से सौ, सौ से हजार, हजार से दस हजार, दस हजार से लाख, लाख से दस लाख,

दस लाख से करोड़, करोड़ से दस करोड़, दस करोड़ से अरब, अरब से दस अरब, दस अरब से खरब, खरब से दस खरब, दस खरब से नील, नील से दस नील, दस नील से शंख, शंख से दस शंख, दस शंख से परार्ध (लक्ष कोटि) है । यहाँ स्पष्ट एक एक शून्य जोड़ते हुए काल गणना की गई है ।

अब फिर आर्यभट्ट ने कैसे शून्य की खोज की ? इसका जवाब है विज्ञान की दो क्रियाएँ हैं एक खोज (डिस्कवरी) दूसरी आविष्कार (एक्सपेरीमेंट) । खोज उसे कहते हैं जो पहले से विद्यमान हो, बाद में खो गई हो और उसे फिर ढूढ़ा जाए उसे खोज कहते हैं । जैसे घर रखी वस्तु उपलब्ध होने पर न मिलने के कारण खोजना (ढूंढना) पड़ता है उसे तो ही खोज कहते हैं . आविष्कार उसे कहते हैं जो विद्यमान नहीं है और उसे अलग अलग पदार्थों से बनाया जाए वो आविष्कार है ।

अब शून्य और अंकों की खोज यानि पुनस्थार्पना आर्यभट्ट ने की न कि आविष्कार किया इसका प्रमाण सिंधु - सरस्वती सभ्यता (हड़प्पा की सभ्यता) जो कि 1750 ईसवी पूर्व तक विलुप्त हो चुकी थी, में अंकों की गणना स्पष्ट रूप से अंकित है ।

हम आर्य भारतीयों ने ही दुनियाँ को हर तरह का ज्ञान - विज्ञान और सांस्कृतिक विरासत उपलब्ध कराई, क्योंकि हम ही दुनियाँ में सर्वश्रेष्ठ थे ।

चौरासी (84) एक संख्या है जो दो अंक 8 और 4 से बनी है, जिसमें 8 दहाई का अंक तथा 4 इकाई का अंक है . आठ (8) का अंक, चार (4) के अंक का दुगुना है, संख्या चौरासी (84) एक सम संख्या है . लेकिन यह संख्या 84, सम संख्या 2, 4, 6, 12, 14, 28, 42 से विभाजित होने के साथ साथ विषम संख्या 3, 7, 21 से भी विभाजित होती है . इन अंकों पर भी अध्ययन करते हैं . जो चौरासी संख्या का प्रतिनिधित्व करते हैं.

2

संख्या - आठ (8) - के तात्पर्य

आठ अंक – आठ अंक एक सम संख्या है, परन्तु इसके गुणनफल के अंकों का जोड़ सम और विषम दोनों ही है, और घटता – बढ़ता भी है जैसे –

8 का गुणा 10 तक क्रमश: (8, 16, 24, 32, 40, 48, 56, 64, 72, 80) है जिसके अंको का जोड़ क्रमश: (8, 7, 6, 5, 4, 3, 2, 1, 9, 8) जो चन्द्रमा के अनुसार संख्या के घटने – बढ़ने का संकेत है .

अष्टमी –

श्रीकृष्ण का जन्म भादों (भाद्रपद) मास की कृष्ण पक्ष की तिथि अष्टमी, रोहिणी नक्षत्र, वृषभ राशि में कारागार मथुरा में अर्धरात्रि को हुआ . माता – पिता जन्म के देवकी और वसुदेव तथा पालन पोषण के यशोदा और नन्द बाबा थे . मामा कंस के वध करने पर भी कभी मथुरा के शासक नहीं रहे यह उनके त्याग का ही द्योतक है. उन्होंने अपना शासन क्षेत्र द्वारका (गुजरात) बनाया और यही करण है कि वे द्वारकाधीश कहलाते हैं. रात्रिकाल 12 बजे जन्म के कारण, चन्द्रमा की स्थिति (रात) के कारण ही चंद्रवंशी कहलाते हैं और चन्द्रमा की 16 कलाओं के कारण ही 16 कला के अवतार कहलाते हैं. पुराने समय में एक रुपया का सिक्का भी 16 आना का होता था . तिथि घटने – बढ़ने का करण चन्द्रमा से है अत: वे लीला पुरुषोत्तम कहलाए .

श्री कृष्ण जी की जन्म कुण्डली निम्नानुसार है –

कुंडली –

श्री कृष्ण जन्म कुंडली - जन्म भाद्रपद कृष्ण पक्ष अष्टमी, दिन बुधवार, रात्रि 12 बजे, नक्षत्र - रोहिणी, वृषभ - लग्न, जन्म स्थान - मथुरा उ प्र

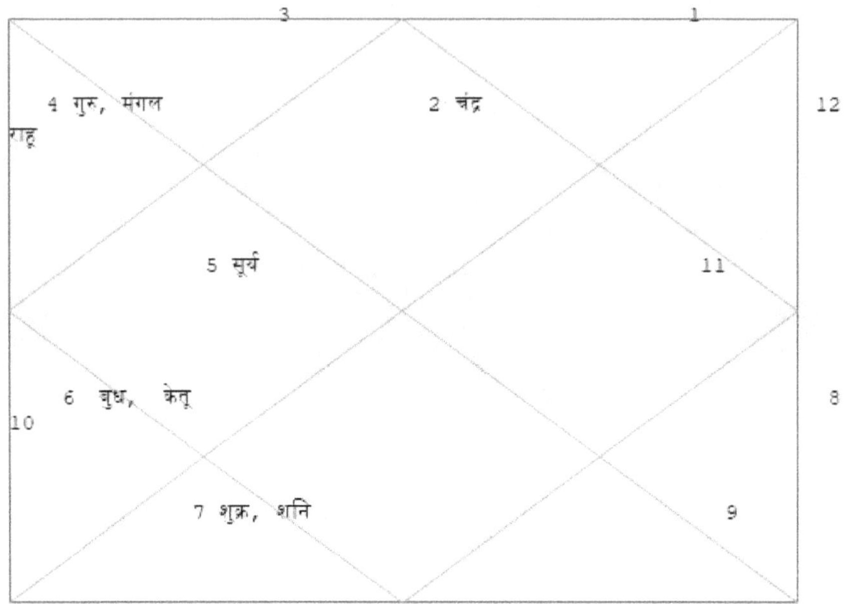

विवेचना –

उपरोक्त से सूर्य चतुर्थ स्थान में होने से जन्म रात्रि 12 बजे का है, सूर्य राशि सिंह में है अत: भाद्रपद आता है, तिथि सूर्य (4 स्थान) से चंद्र लग्न स्थान में होने से अष्टमी तिथि की पुष्टि की होती है । लग्न में वृषभ राशि का चन्द्रमा है . द्वितीय स्थान में कर्क राशि में गुरु और मंगल हैं . चतुर्थ स्थान सिंह राशि का सूर्य है . पंचम स्थान कन्या राशि में बुध और केतु हैं . षष्टम स्थान में तुला राशि में शुक्र और शनि हैं . ग्यारहवे स्थान में राहू हैं .

उच्च राशि के ग्रह चंद्र, बुध, गुरु और शनि हैं ।

वर – वधु मिलान गुण - आठ गुण – वर्ण – 1, वैश्य - 2, तारा – 3, योनि – 4, गृह मैत्री – 5, गण - 6, भृकुट - 7, नाड़ी – 8. कुल योग – 36.

आठ प्रहर – एक दिन रात के 8 प्रहर, अर्थात 3 घंटे का एक प्रहर . 4 प्रहर दिन के तथा 4 प्रहर रात के .

आठ योगिनी – मंगला, पिंगला, धन्या, भ्रामरी, भद्रिका, उल्का, सिद्धा, संकटा.

अष्ट धातु – सोना, चांदी, तांबा, सीसा, जस्ता, टिन, लोहा तथा पारा .

अष्टधा प्रकृति – पृथ्वी, जल, अग्नि, वायु, आकाश, मन, बुद्धि और अहंकार .

आठ सिद्धियां– अणिमा (छोटा रूप), महिमा (बड़ा रूप), गरिमा (शरीर का वजन बढ़ाना), लघिमा (छोटा, हल्का), प्राप्ति (इच्छा शक्ति से मनोवांछित फल पाना), प्राकाम्य

(कामनाओं की पूर्ति और लक्ष्य पाने की दक्षता), ईशित्व (इष्ट सिद्धि और ऐश्वर्य सिद्धि), वशित्व (वश में करने की सिद्धि).

आठ रिद्धियां – बुद्धि, विक्रिया, क्रिया, तप, बल, औषधि, रस, क्षेत्र.

आठ भोग – सुगंध, वनिता, ताम्बुल, वस्त्र, गायन, भोजन, शैय्या, द्रव्य.

महात्मा बुद्ध का अष्टांगिक मार्ग – सम्यक दृष्टि, सम्यक स्मृति, सम्यक कर्म, सम्यक आजीविका, सम्यक वाणी, सम्यक संकलप, सम्यक व्यायाम , सम्यक सीमा .

आठ योग – अष्टांग योग – यम, नियम, आसन, प्राणायाम, प्रत्याहार, ध्यान, धारणा, समाधि.

आठ वसु – धर, ध्रुव, सामे, अह:, अनिल, अतल, प्रत्यूण, प्रभास.

आठ (मानव के) प्रभाव – शरीर, अवस्था, अभिमान, स्थान, भोग, मात्रा, गुण, शक्ति. इन आठ से प्रत्येक के चार - चार उपरोक्तानुसार 32 स्थितियां होती हैं .

आठ पत्नियां (श्रीकृष्ण) – रुक्मणि (राजा भीष्मक, रानी शुद्धमति की पुत्री, रुक्मी की बहिन), जाम्बन्ती (निषादराज जाम्बन्त की पुत्री), सत्यभामा (सत्राजिक की पुत्री), मित्रवृन्दा (अवन्ती नरेश जयसेन राजाधिदेवी की पुत्री), सत्या (कौसल पुत्री), लक्ष्मणा (मद्र देश के राजा बृहत्सेन की पुत्री), भद्रा (केकय कन्या), कालिन्दी(जल कन्या).

आठ विभक्ति (कारक) - (भाषा – व्याकरण) – कर्ता (ने), कर्म (को), करण (से के द्वारा), सम्प्रदान (के लिए), अपादान (से – अलग होने में), सम्बन्ध (का,की,के, रा, री, रे), अधिकरण (में, पर), सम्बोधन (हे!,अरे!, ओ!).

आठ शब्द उच्चारण - कंठ, तालू, मुर्दा, दांत, ओष्ठ, जिव्हा, अन्दर, बाहर .

आठ दिशा– पूरब, पश्चिम, उत्तर, दक्षिण, ईशान, वाणव्य, नैऋत्य, आग्नेय .

स्वास्तिक चिह्न - स्वास्तिक चिह्न की आठ भुजाएं

संख्या – चार (4) – चार के अंक से तात्पर्य ये भी हैं –

चार देव – मातृ देव, पितृ देव, आचार्य देव, अतिथि देव .

चार वेद – ऋग्वेद, यजुर्वेद, सामवेद, अथर्ववेद.

चार उपवेद – संहिता, ब्राह्मण, आरण्यक, वेदान्त.

चार युग – सतयुग, त्रेता युग, द्वापर युग, कलियुग.

चार युग पूजा– पूजा, यज्ञ, योग, हरिनाम .

चारआश्रम – ब्रह्मचर्य, गृहस्थ, वानप्रस्थ, संन्यास.

चारवर्ण – ब्राह्मण, क्षत्रिय, वैश्य, शुद्र.

चारदिशा – पूरब, पश्चिम, उत्तर, दक्षिण.

- ईशान, वाणव्य, नैऋत्य, आग्नेय

चार नीति – साम, दाम, दंड, भेद.

चारपुरुषार्थ – धर्म, अर्थ, काम, मोक्ष.

चार उत्पत्ति – जेरज, अंडज, उभिदज, स्वेदज.

चार कर्म – नित्य, नैमित्तिक, निषेध, निष्काम.

चार योग – कर्म योग, ज्ञानयोग, भक्ति योग, ध्यान योग .

चार कुम्भ – उज्जैन, नासिक, प्रयाग, हरिद्वार.

चार ब्रह्मा पुत्र – सनक, सनंदन, सनातन, सनद कुमार .

चार चतुर्भुज – वासुदेव, संकर्षण, प्रद्युम्न, अनिरुद्ध.

चार श्रीकृष्ण– शंख, चक्र, गदा, पदम् .

चार अवस्था – जागृत, सुषुप्त, स्वप्न, तुरीय.

चार धाम – बद्रीनाथ (उत्तराखंड), पुरी (उड़ीसा), श्रृन्गेरी (कर्नाटक), द्वारिका (गुजरात).

चार नाद (स्थान) – परा (नाभि), पश्यन्ति (हृदय स्थान), मध्यमा (कंठ स्थान), वैखरणी (मुख स्थान).

चार शिव परिवार – (शिव, शक्ति, गणेश, कार्तिकेय).

चार गणेश परिवार – (दो – पत्नि – रिद्धि, सिद्धि, दो पुत्र – क्षेम, लाभ) .

चार अंत:करण – मन, बुद्धि, चित, अहंकार.

चार शरीर – स्थूल, सूक्ष्म, कारण, महाकारण.

चार अभिमान – विश्व, तेजस, प्राज्ञ, प्रत्यगात्मा.

चार स्थान – नेत्र, कंठ, हृदय, मूर्धा.

चार भोग – स्थूल भोग, प्रविक्ति, आनन्द, आनन्द मिलन .

चार मात्रा – अकार, उकार, मकार, अर्धमात्रा.

चार आवाज स्थान – ओष्ठ, जिव्हा, तालू, कंठ .

चार ध्वनि (प्रकार) – खाल से, बाल से, ताल से, गाल से .

चार गुण – सत्वगुण, रज गुण, तम गुण, सुद्ध तत्व गुण .

चार शक्ति – क्रिया शक्ति, द्रव्य शक्ति, इच्छा शक्ति, ज्ञान शक्ति .

चार अन्न से – ¼ मन, ¼ रक्त, ¼ शुक्र, ¼ मल . (अन्न से बनता है) .

चार धनुर्वेद – दीक्षा, संग्रह, सिद्धि, प्रयोग .

चार नारी – आश्रय – पति, पुत्र, पिता, भाई .

चार पाप – अनुज वधु, सुत नारी, भगिनि (बहिन), कन्या .

चार लोक तंत्र व्यवस्था – न्याय पालिका, विधायिका, कार्यपालिका, पत्रकारिता .

चार भाई – राम, लक्ष्मण, भरत, शत्रुघन .

चार उंगली हाथ की – तर्जनी, मध्यमा, अनामिका, कनिष्ठा .

चार चरण (प्रत्येक नक्षत्र के) – सौर मंडल में 27 नक्षत्र (1 अभिजित को छोड़कर) के प्रत्येक के 4 चरण होने से कुल 108 चरण होते हैं . यही संख्या एक माला में 108 मनकों की

होती है . और यही करण है कि एक मला जप, सुमिरन में 108 बार पुनरावृति होती है जो सौर मंडल के सभी नक्षत्रों के सभी चरणों को समाहित करते हैं .

संख्या दो (2) –

दिन – रात, लाभ – हानि, सुख – दुःख, जन्म – मृत्यु, यश – अपयश, पति – पत्नि, योग – वियोग, धर्म – अधर्म, देव – दानव, शुक्ल पक्ष – कृष्ण पक्ष, मन भेद – मत भेद, सुर – असुर, मन मार्ग – नाम मार्ग, अबला – सबला, द्वेत – अद्वेत, साकार – निराकार, सूर्य – चन्द्र, दिति – अदिति, पक्ष – विपक्ष . नर – नारी, स्त्री – पुरुष . सूर्य स्थिति – उत्तरायण – दक्षिणायन

संख्या तीन (3) –

3 – प – प्रकृति, पुरुष, परमात्मा.

3 – पन (अवस्था) – बालपन (बाल अवस्था), यौवन (युवा अवस्था), वृद्ध (वृद्धा अवस्था) .

3 ताप – दैहिक, दैविक, भौतिक .

3 शरीर – स्थूल, सूक्ष्म, कारण.

त्रिगुण – सत, रज, तम.

ओउम – अ, उ, म.

राम – र, अ, म.

दुग्ध त्रय - दूध, दही, घी.

मधु त्रय - घी, दूध, शहद.

मधुपर्क – घी, शहद, दधि (दही) .

3 दोष – वात, पित्त, कफ.

3 कारण – काम, क्रोध, लोभ.

संस्कृति – प्रकृति, विकृति, संस्कृति.

कार्य – मन, वचन, कर्म.

हठ – बाल हठ, त्रिया हठ, राज हठ .

गीता – हठ योग (6 अध्याय), ज्ञान योग (6 अध्याय), भक्ति योग (6 अध्याय) .

स्थिति – जाग्रत, स्वप्न, सुषुप्ति.

शब्द – गद्य, पद्य, गायन.

3 ऋण- मातृ ऋण, पितृ ऋण. देव ऋण .

3 नाड़ी – इंगला, पिंगला, सुषुम्ना.

3 देव – ब्रह्मा, विष्णु, महेश.

3 देवी – सरस्वती, लक्ष्मी, काली (दुर्गा) .

3 ऋतु – सर्दी, गर्मी, बर्षा .

त्रिफला – आंवला, हरड़, बहेड़ा .

3 काल (अवस्था) – भूतकाल (क्रोध), वर्तमानकाल (काम), भविष्यतकाल (लोभ) .
स्तुति – सुमरिन, भजन, ध्यान.
प्राणायाम – रेचक, पूरक, कुम्भक.
सच्चिदानन्द – सत, चित, आनन्द.

- अस्तित्व, कृतत्व, व्यक्तित्व .
- शरीर, मन, आत्मा.
- ज्ञान, भक्ति, वैराग्य.

3 – राम – श्रीराम, बलराम, परशुराम.
शक्ति मन्त्र – ऐम, ह्रीं, क्लीम.

- ध्वनि, ताप, प्रकाश.

विद्या – लौकिक, इहलौकिक, अध्यात्म .

- मानसिक, आत्मिक, अध्यात्मिक.
- विद्यालय, योग(परलोक), आत्मा – परमात्मा.
- आधि, व्याधि, उपाधि.

अक्षयतृतीया – चन्द्र, बुध, रोहिणी नक्षत्र. राम, सीता, लक्ष्मण. ब्रह्म, माया, जीव. ज्ञान, भक्ति वैराग्य .
3 आवश्यकता – रोटी, कपड़ा, मकान. (नमक, तेल, लकड़ी).
3 पालिका – न्याय पालिका, विधायिका, कार्यपालिका.
3 समय – सुबह (प्रातः), दोपहर, शाम.
3 कामना – पुत्रेष्णा, धनेश्णा, लोकेष्णा.
3 शक्ति – ज्ञान, इच्छा, क्रिया.

- विचार, वासना, भावना.

3 पुरुष – प्रथम (वह, वे), मध्यम (तुम/आप, तुम सब), उत्तम (मैं, हमसब) .
3 लिंग – पुरुष, स्त्री, उभय (नपुंसक) .
3 बातें स्वामी विवेकानंद – उठो, जागो, काम करो.
3 उच्चारण – उच्च, मध्यम, मंद .(उदान्त, अनुदांत, स्वरित)

3 चित्रकूट – राम, लक्ष्मण, सीता, ब्रह्मा, विष्णु, महेश. बालक रूप – चन्द्र, दत्तात्रेय, दुर्वासा.

संख्या – पांच (5) –

पांच तत्व – छिति, जल, पावक, गगन, समीर.

पांच देव – गणेश, विष्णु, शंकर, शक्ति, सूर्य .

पांच यम – सत्य, अहिंसा, अस्तेयम, ब्रह्मचर्य, अपरिग्रह (सीमा से अधिक संचय).

पांच नियम – शौच, संतोष, तप, स्वाध्याय, ईश्वर में विश्वास.

पांचयज्ञ - देव यज्ञ, पितृ यज्ञ, भूत यज्ञ, मनुष्य यज्ञ, ब्रह्म यज्ञ .

पांच कर्म इंद्रियां – हाथ, पैर, वाणी, लिंग (मूत्र द्वार), गुदा (मल द्वार) .

पांच ज्ञान इन्द्रियां – आंख, नाक, कान, त्वचा, जिव्हा.

पांच विषय इंद्रियां – रूप (दृश्य), गन्ध (घ्राण - सूंघना), श्रवण, स्पर्श, स्वाद (रस).

पांच कोष (शरीर) - अन्नमय, प्राणमय, मनोमय, विज्ञानमय, आनंदमय.

- स्थूल, सूक्ष्म, इन्द्रिय - नियंत्रण, विवेक – बुद्धि, परमब्रह्म .
- कर्म योग, ज्ञान योग, बहिर्मुखी, अंतर्मुखी, ब्रह्म से एकाकार .
- हाड़, मांस, त्वचा, रोम, नाड़ी . – (पृथ्वी - ठोस)
- खून (रक्त), पसीना, लार, मूत्र, ओज .- (जल)
- अक्षुधा (भूख), अतृष्णा (प्यास), निमैथुन (मैथुन), निरालस (तन्द्रा), अनिन्द्रा (निन्द्रा) – (अग्नि)
- अलोल (बल करना), अचल (बोलना), अपसर (पसरना), असंकाय (संकोच), अधावन (धावन – दौड़ना) – (वायु)
- अकाम (काम), अक्रोध (क्रोध), निर्लोभ (लोभ), निर्मोह (मोह), निर्भय (भय, हर्ष) – (आकाश)

5 तरह से याददास्त (प्रतिशत) – पढ़ने से (25 %), सुनने से (35 %), देखने से (50 %), बोलने से (60 %) , करने से (75 %).

पांच प्राण(स्थान) – अपान (गुदा), उदान (कंठ), सामान (नाभि), प्राण (हृदय), व्याण (सम्पूर्ण शरीर).

पांच उप – प्राण (स्थान) – नाग (डकारना), कूर्म (झपकना), कृकल (छींकना), धनञ्जय (फूलना), देवदत्त (जम्हाई) .

पांच बंदी – नशाबंदी, नसबंदी, खूंटाबंदी, मेंढबंदी, कुल्हाड़ी बंदी .

पांच कलियुग स्थान – द्युत (जुआ - झूंठ), मद्यपान (शराब - नशा), स्त्रीसंग (कामवासना), हिंसा (बैर – दुश्मनी), स्वर्ण (रजोगुण).

पंच कन्या – सीता, मंदोदरी, तारा, अहिल्या, द्रोपदी .

पंचांग – तिथि, वार, नक्षत्र, योग, करण .

पंचामृत – दूध, दधि (दही), मिश्री, गंगाजल, शहद.

पच मेवा – किशमिश, छुआरा, काजू, चिंरोंजी, नारियल (गोला) .

पंच – ज – जल, जन, जंगल, जमीन, जानवर .

पांच – भ – भाषा, भोजन, भेष, भेषज, भजन.

पांच – भ – भगवान, भगवती, भामा, भगिनी, भार्या .

पंच भगवान – भ - भूमि, ग – गगन, व – वायु, अ – अग्नि, न – नीर .

पांच – मकार – मीन (मत्स्य), मांस, मदिरा, मुद्रा, मैथुन .

पांच पांडव – युधिष्ठर, भीम, अर्जुन, नकुल, सहदेव.

पांच वृत्ति – प्रभाव, विप्पर्यय (मिथ्या ज्ञान), विकल्प, निंद्रा, स्मृति .

पांच नमाज – फजिर (ए – फज्र) (सुबह 6 बजे), जौहर (ए – जुहर) (दोपहर), असिर (ए - अस्त्र) (अपराह्न – दोपहर बाद – 4.30 बजे), मगरिव (ए – मगरिव) (शाम – 5.40 बजे), ईशा (ए – ईशा) (सूर्यास्त के 1.30 घंटे बाद).

संख्या छ (6) –

षड रिपु – काम, क्रोध, लोभ, मोह, मद, मत्सर.

षड अंग (शरीर) – सिर, धड़, दो हाथ, दो पैर .

षट्कर्म – स्नान, संध्या जप, होम, पठन – पाठन, देवार्चन, वैश्वादेव (अतिथिसत्कार) .

6 ऋतु – ग्रीष्म, वर्षा, शरद, हेमन्त, शिशिर, बसन्त.

6 ऋतु अनुसार समिधा (हवन) – ग्रीष्म (पीपल), वर्षा (ढाक, बिल्व), शरद (पाकर, आम), हेमन्त (खैर), शिशिर (गुलर, बड़), बसन्त (शमी)

6 स्वाद (रस) – कड़ुआ, तीखा, मीठा, कसैला, खट्टा, नमकीन.

छ बंदी – नशा बंदी, नसबंदी, खूंटाबंदी, मेड़बंदी, कुल्हाड़ी बंदी, नोट बंदी .

वेदांग – शिक्षा, व्याकरण, निरुक्त, कल्प, ज्योतिष, छंद.

वैदिक दर्शन – योग, सांख्य, वैशेषिक, न्याय, वेदान्त, मीमांसा .

वेदांग लेखक – कपिल, गौतम, कणाद, जैमिनी, पतंजलि, बादरायण ,

6 दान – धर्म दान, अर्थ दान, काम दान, लज्जा दान, हर्ष दान, भय दान .

6 स्वभाव – पैदा होना, रहना, बढ़ना, बदलना, घटना, नष्ट .

संख्या सात (7) -

7 - दिन – सोमवार, मंगलवार, बुधवार, गुरूवार (बृहस्पतिवार), शुक्रवार, शनिवार, रविवार.

7 - ग्रह (ज्योतिष) – सूर्य, चन्द्र, मंगल, बुध, गुरु (बृहस्पति), शुक्र, शनि.

7 - सुख – निरोगी काया, घर में माया, कुलवंती नारी, पुत्र आज्ञाकारी, सुन्दर वासा, सज्जन पासा, मित्र घनेरे .

सात द्वीप – जम्बू, प्लक्ष, शाल्मलि, कुश, क्रौंच, शक, पुष्कर.

सात महाद्वीप – एशिया, यूरोप, अफ्रीका, आस्ट्रेलिया, उत्तरीअमेरिका, दक्षिणी अमेरिका, अन्टार्टिका.

सात काण्ड (रामचरित मानस) - बाल काण्ड, अयोध्या काण्ड, अरण्य काण्ड, किष्किन्धा काण्ड, उत्तरकाण्ड, लंका काण्ड, उत्तर काण्ड .

सप्त ऋषि – वैदिक – गौतम, अत्रि, जमदग्नि, कश्यप, वशिष्ठ, भारद्वाज, विश्वामित्र.

सप्त ऋषि (महाभारत अनुसार) – मारीचि, अत्रि, अंगीरा, पुलत्स्य, पुलह, क्रतु, वशिष्ठ .

7 - कुण्डलिनी – मूलाधार, मणिपुर, स्वाधिष्ठान, अनाहत, विशुद्धि, आज्ञा, सहस्त्राधार.

7 - नारी अवस्था भेद – कन्या, रोहिणी, गौरी, बाला, तरुनी, प्रौढ़ा, बृद्धा.

7 - फेरे – शादी के (सप्तपदी) – वधु वर से प्रश्न करती है (1- यात्रा, तीर्थ यात्रा में साथ ले जाना, 2 – मेरे माता – पिता का सम्मान अपने माता – पिता की तरह, 3 – युवावस्था, प्रौढ़ावस्था, वृद्धावस्था में देखभाल (पालन), 4 – परिवार की आवश्यकताओं की पूर्ति, 5 - गृह कार्य, अन्य लेन देन में सलाह, सहमति, 6 - सखी, सहेलियों के मध्य उपस्थिति में मेरा अपमान न करना, 7 – पर स्त्री को माता समान आचरण (पर स्त्री से सदव्यवहार) .)

7 - रंग इन्द्र धनुष – बे नी आ ह पी ना ला – बे (बैंगनी), नी (नीला), आ (आसमानी), ह (हरा), पी (पीला), ना (नारंगी), ला (लाल) .

VIBGYOR – V – VOILET, I – INDIGO, B – BLUE, G – GREEN, Y – YALLOW, O – ORANGE, R – RED .

7 – स्वर – उदान्त, उदांतर, अनुदांत, अनुदान्ततर, स्वस्ति, स्वरितोदांत, श्रुति.

7 - प्रश्न रामचरित मानस के उत्तर काण्ड में (गरुड़ जी के प्रश्न और काक भुशुण्ड जी के उत्तर) –

(1 – दुर्लभ शरीर – मानव शरीर, 2 - 3 – दुःख – सुख, दुःख - दरिद्रता, सुख - संत मिलन .

4 - 5 - संत - असंत भेद - संत – परोपकार, असंत – दुःखदायक . 6 – 7 - पुण्य – पाप, पुण्य – अहिंसा, पाप – परनिन्दा .)

7 - संगीत स्वर – सा (षडज), रे (ऋषभ), गा (गान्धार), मा (मध्यम), पा (पंचम), धा (धैवत), नि (निषाद) .

क्रमवार स्वर, उनके संकेत, श्रुति संख्या, श्रुति विवरण, देवता, पशु/पक्षी, ग्रह और रंग निम्नानुसार हैं –

1. – स्वर – षडज, संकेत – सा, श्रुति संख्या - 4, श्रुति विवरण - तीव्रा, कुमद्वति, मंदा, छन्दोवती, देवता – अग्नि, पक्षी – मयूर, ग्रह – चन्द्र, रंग – गुलाबी

2. – स्वर – ऋषभ, संकेत – रे, श्रुति संख्या – 3, श्रुति विवरण – दयावती, रंजनी, रतिका, देवता – ब्रह्मा, पक्षी – पपीहा, ग्रह – बुध, रंग – हल्का हरा .

3 . – स्वर – गान्धार, संकेत – गा, श्रुति संख्या – 2, श्रुति विवरण – रौद्री, क्रोधा, देवता – सरस्वती, पशु – बकरा (अज), ग्रह – शुक्र, रंग – हल्का पीला लाल . .

4 . – स्वर – मध्यम, संकेत – मा, श्रुति संख्या – 4, श्रुति विवरण – वज्रिका, प्रसारिणी, प्रीति, मार्जनी, देवता – विष्णु, पक्षी – सारस (क्रौंच), ग्रह – सूर्य, रंग – लाल .

5 . – स्वर – पंचम, संकेत – पा, श्रुति संख्या – 4, श्रुति विवरण – छिति, रिक्ता, सांदिपनी, अलापनी, देवता – लक्ष्मी, पक्षी – कोकिल, ग्रह – मंगल, रंग – लाल .

6 . – स्वर – धैवत, संकेत – धा, श्रुति संख्या – 3, श्रुति विवरण – मंदती, रोहिणी, रव्या, देवता – गणेश, पशु – अश्व, ग्रह – गुरु, रंग – हल्का पीला .

7 . – स्वर – निषाद, संकेत – नि, श्रुति संख्या – 2, श्रुति विवरण – उग्रा, क्षोभिणि, देवता – सूर्य, पशु – हस्ति (गज), ग्रह – शनि, रंग – गहरा भूरा .

7 - विभक्ति – (कारक) - (भाषा – व्याकरण) – कर्ता प्रथमा (ने), कर्म द्विवतीया (को), करण तृतीया (से के द्वारा), सम्प्रदान चतुर्थी (के लिए), अपादान पंचमी (से – अलग होने में), सम्बन्ध षष्टी (का,की,के, रा, री, रे), अधिकरण सप्तम (में, पर) .

7 - अक्षर वर्ग – क वर्ग, च वर्ग, ट वर्ग, त वर्ग, प वर्ग, अन्तस्थ, उष्म.

7 - अग्नि की जिव्हाएं – हिरण्य, कनका, रक्ता, आरक्ता, सुप्रभा, बहुरूपा, सती.

7 – रश्मियां सूर्य की – सुषुम्ना, सुरादना, उदवासु, विश्वकर्मा, इदावसु, विश्वयचा, हरिकेश.

7 – ऊपर के - भू, भुव, स्वः, महः, जनः, तपः, सत्य तथा

7 - नीचे के – तल, अतल, वितल, सुतल, तलातल, रसातल, पाताल .

7 - मानव चक्र (कुण्डलिनी स्थान और अक्षर उत्पत्ति) –

कुण्डली वार चक्र स्थान, अक्षर संख्या, अक्षर विवरण, बीज शब्द, केन्द्र, स्थान तथा आकार निम्नानुसार हैं –

1 – चक्र स्थान – मूलाधार, अक्षर संख्या – 4, अक्षर विवरण – (व, श, ष, स), बीज - लं केन्द्र – , स्थान – पृथ्वी, आकार – चोकोर .

2 - चक्र स्थान – मणिपुर, अक्षर संख्या – 6, अक्षर विवरण – (ब, भ, म, य, र, ल), बीज – वं केन्द्र – काम वासना , स्थान – जल, आकार – अर्ध चन्द्र

3 - चक्र स्थान – स्वाधिष्ठान, अक्षर संख्या – 10, अक्षर विवरण – (ड, ढ, ण, त, थ, द, ध, न, प, फ), बीज – रं, केन्द्र – भय केन्द्र , स्थान – सूर्य, आकार – त्रिकोण .

4 - चक्र स्थान – अनाहत, अक्षर संख्या – 12, अक्षर विवरण – (क, ख, ग, घ, ड, च, छ, ज, झ, ञ, ट, ठ), बीज - यं, केन्द्र – राग (भक्ति) केन्द्र , स्थान – वायु, आकार – वृत .

5 - चक्र स्थान – विशुद्धि, अक्षर संख्या – 16, अक्षर विवरण – (अ, आ, इ, ई, उ, ऊ, ए, ऐ, ऋ, ॠ, ऌ, ॡ, ओ, औ, अं, अः), बीज - ह, केन्द्र – क्रिया शक्ति, स्थान – चन्द्र, आकार – पूर्ण चन्द्र .

6 - चक्र स्थान – आज्ञा, अक्षर संख्या – 2, अक्षर विवरण – (ह, क्ष), बीज – - , केन्द्र – आज्ञा केन्द्र , स्थान – - , आकार – -

7 - चक्र स्थान – सहस्त्राधार, अक्षर संख्या – 1000, अक्षर विवरण – (50 का आना – जाना, इस तरह से 100, और 100 का दस इन्द्रियों से संपर्क 1000 (सहत्राधार) कहलाता है .), बीज - ॐ, केन्द्र – ब्रह्म केन्द्र , स्थान – , आकार – .

शरीर –

7 - कला – मांस, रक्त, मेद, यकृत, प्लीहा, आंतें, अग्नि.

7 - धातु शरीर – रक्त, रस, मांस, मेद, मज्जा, अस्थि, शुक्र.

7 - धातु मैल – रक्त – रंजक (पित्त), रस – जिव्हा, नैत्र, मुख से (जल) , मांस – कान का मैल, मेद – जीभ, दांत कांख, लिंग, का मैल, मज्जा – आंख का मैल, अस्थि – नख, बाल रोएं का बढ़ना, शुक्र – मुख की चिकनाई, दाढ़ी, मूंछ का निकलना .

7 - ऊर्जा – यांत्रिक (मैकेनीकल), तापीय (थर्मल), रासायनिक (केमीकल), प्रकाशीय (लाइट), विद्युतीय (इलेक्ट्रिकल), ध्वनीय (साउंड) , आणविक (एटोमिक) .

7 - आशय शरीर के –

1. कफ का आशय (थैली) - उरस
2. आमाशय – नाभि व स्थान के बीच – आम, अयक, अन्नरस .
3. अग्नाशय – नाभि के बाईं और - ग्रुहणी
4. पवनाशय – वाताशय – वायुस्थान.
5. मलाशय – पचे हुए अन्न का अवशिष्ट सार .
6. मूत्राशय – वस्ति भी कहते हैं .
7. जीव रक्ताशय - उरस, हृदय के बाया भाग .

टिप्पणी – स्त्री में तीन आशय अधिक होते हैं – गर्भाशय (धरा), दो स्तन .

7 - व्यसन (राजाओं के) – वाणी की कठोरता, दंड की कठोरता, धन का अपव्यय, मद्य पान, स्त्री संग, मृगया (शिकार), जुआ खेलना .

7 – महापाप – सिद्धांत विहीन राजनीति, श्रम विहीन सम्पत्ति, विवेक विहीन भोग विलास, चरित्र विहीन शिक्षा , नैतिकता विहीन व्यापार, मानवता विहीन विज्ञानं, त्याग विहीन पूजा .

संख्या नौ (9) –

यह एक विषम संख्या है, इसकी विशेषता यह है कि इसके गुणनफल के अंकों का जोड़ भी 9 ही होगा. कोई संख्या कितनी ही बड़ी क्यों न हो, यदि उसके अंकों का जोड़ 9 आता है तो वह संख्या 9 अंक से भाजित होती है . यदि किसी को 9 का पहाड़ा याद करने में असुविधा होती है तो निम्न विधि अपनाए – पहले 0 से 9 तक अंक लिखे (0, 1, 2, 3, 4, 5, 6, 7, 8,

9) उसके बाद इन अंकों के आगे उल्टी गिनती 9 से 0 तक लिखे (9, 8, 7, 6, 5, 4, 3, 2, 1, 0) अब दोनों से यह संख्या बनती है, जैसे (09, 18, 27, 36, 45, 54, 63, 72, 81, 90) यही 9 का पहाडा है और सभी पहाड़े की प्रत्येक संख्या का जोड़ भी 9 ही रहता है . यह प्रवृति ही समभाव, मर्यादित कहलाती है .

जैसे –

9 का पहाडा 10 तक के लिए पहले 0 से लेकर 9 तक बढ़ते क्रम में (0, 1, 2, 3, 4, 5, 6, 7, 8, 9) उसके बाद 9 से लेकर 0 तक घटते क्रम में (9, 8, 7, 6, 5, 4, 3, 2, 1) अब इन दोनों को क्रमश: लिखने से पहला बढ़ते क्रम का दूसरा घटते क्रम का यथा (09, 18, 27, 36, 45, 54, 63, 72, 81, 90) ये 9 का पहाडा ही है .अब इनके प्रत्येक अंको का जोड़ 9 ही है जो एक समानता को दर्शाता है . सूर्य हमेशा एक सामान दिखता है .

नवमी तिथि (राम नवमी) - प्रत्येक माह में 2 नवमी तिथि कृष्ण और शुक्ल पक्ष अनुसार होती हैं . श्री राम का जन्म चैत्र मास की नवमी तिथि, अभिजित नक्षत्र, कर्क लग्न, शुक्ल पक्ष को दोपहर (दिन के 12 बजे) अयोध्या में राजा दशरथ के यहां कौसल्या से हुआ था . इसलिए उस दिन की 9 वीं तिथि रामनवमी कहलाती है . उनकी अन्य मा (दशरथ पत्नी – कैकयी, सुमित्रा) भी . लंका के रावण पर विजय प्राप्त होने पर लंका के राजा नहीं बने बल्कि रावण के भाई विभीषण को वहां का राजा बनाया और 14 वर्ष के वनवास के बाद अयोध्या के राजा बने . यह त्याग का ही द्योतक है . नवमी तिथि के दिन पैदा होना, 9 अंक के समभाव के कारण राम मर्यादित रहते हुए मर्यादा पुरुषोत्तम कहलाए तथा सूर्य के समय पैदा होने से सूर्यवंशी कहलाए . सूर्य की 12 कलाओं के कारण ही 12 कला के अवतार कहलाए . पुराने समय में एक रुपये के चांदी के सिक्के का वजन 12 रत्ती का होता था . सीता जी का जन्म वैशाख शुक्ल पक्ष नवमी को हुआ था, यह तिथि सीता नवमी कहलाती है . दोनों की शादी मार्गशीर्ष (अगहन) की पंचम तिथि है .

श्रीराम की जन्म कुण्डली निम्नानुसार है –

श्री राम - जन्म कुंडली, जन्म चैत्र, शुक्ल पक्ष नवमी, दोपहर 12 बजे, अभिजीत नक्षत्र, कर्क लग्न, जन्म स्थान - अयोध्या उ प्र

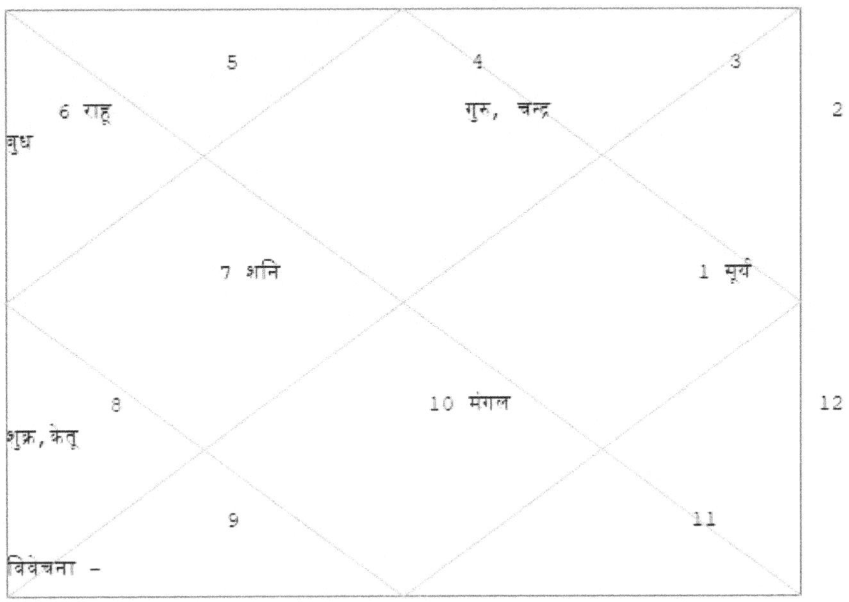

विवेचना -

उपरोक्त कुंडली में सूर्य दशवें भाव/घर में होने से जन्म दोपहर 12 बजे की पुष्टि होती है ।

सूर्य मेष राशि का होने से माह चैत्र की पुष्टि होती है । सूर्य (मेष राशि) 10 वां स्थान व चंद्र (करक राशि) लग्न स्थान नवमी तिथि की पुष्टि होती है । उच्च राशि के ग्रह सूर्य (मेष), मंगल (मकर), गुरु (कर्क), शुक्र (मीन), शनि (तुला) हैं । मंगल 7 वें भाव/घर में होने से मांगलिक कुंडली है ।

लग्न राशि कर्क में चन्द्र और गुरु , कन्या राशि में राहु, तुला राशि में शनि, मकर राशि में मंगल, तथा मीन राशि में शुक्र केतु हैं .

केमद्रुम योग – चंद्र से दूसरे और 12 वें भाव में कोई ग्रह न हो उस पर किसी की ग्रह का दृष्टि सम्बन्ध न हो तो केमद्रुम योग कहलाता है ।

दूसरे मानव शरीर के 9 छिद्र (2 आंख, 2 नाक, 2 कान, 1 मुख, 1 - मूत्र मार्ग (मूत्र द्वार), 1 - मल त्याग मार्ग (गुदा द्वार), ये ही 9 दुर्ग हैं, ये ही दुर्गति कराते हैं . इन पर विजय करना ही नौ दुर्ग विजय करना है, यही नव दुर्गा शक्ति हैं शरीर के . मृत्यु के समय प्राण इन्हीं मार्गों से निकलता है कुछ संत अपवाद छोड़कर (दसवां – द्वार- सहस्त्राधर). तभी नव दुर्गों के समय एक गीत गाया जाता है – आठ पहर चौंसठ घड़ी, तेरा भुवन न खाली होय, देवी मैया के भुवन में इकलो ढोले लांगुरिया. इसका साधारण अर्थ यही है कि एक दिन रात में 8 प्रहार

होते हैं, 64 घड़ी होती है . इसे इस तरह से लिखते हैं 86400 जिसका अर्थ यह है कि एक दिन रात में 86400 सेकेण्ड का समय होता है. हर समय शरीर में लांगुरिया (प्राण) भ्रमण (घूमता रहता) करता रहता है . यही जीवन है जब प्राण शरीर छोड़ देता है वही मृत्यु है .

नव ग्रह (ज्योतिष) – सूर्य, चन्द्र, मंगल, बुध, गुरु (बृहस्पति), शुक्र, शनि, राहू, केतु .

नौ देवी – शैल पुत्री, ब्रह्मचारिणी, चन्द्र घंटा, कुष्मांडा, स्कंदमाता, कात्यायनी, कालरात्री, महागौरी . सिद्धि रात्री .

नव दुर्गा (व्रत आहार) - शैल पुत्री (कुट्टू), ब्रह्मचारिणी (दूध – दही), चन्द्र घंटा (चौलाई), कुष्मांडा (भूरा – कुम्हड़ा पेठा), स्कंदमाता (श्यामक/समा – चावल), कात्यायनी (हरीतरकारी), कालरात्री (काली मिर्च, तुलसी), महागौरी (साबूदाना), सिद्धि रात्री (आंवला) .

नव दुर्गा 9 नाम, औषधि तथा लाभ –

प्रथम दिन – नाम – शैल पुत्री, औषधि हरड (हरितिका), लाभ – पथ्य, कायस्थ, अमृत, हेमवती, चेतकी, स्रेयली .

द्वितीय दिन – नाम - ब्रह्मचारिणी, औषधि – ब्राह्मी, लाभ - मन, मस्तिष्क, गैस, रक्त विकार

तृतीय दिन – नाम - चन्द्रघंटा, औषधि – चंदुसुर, लाभ - हृदय रोग में लाभकारी

चतुर्थ दिन - नाम – कुष्मांडा, औषधि – कुम्हड़ा – पेठा, लाभ - पुष्टि कारक, वीर्य वर्धक, पित्त, गैस.

पंचम दिन – नाम - स्कन्दमाता, औषधि – अलसी, लाभ – वात, पित्त, कफ, रोग नाशक

षष्टम दिन – नाम – कात्यायानी, औषधि – मोइया, लाभ – कफ, पित्त, कंठ

सप्तम दिन – नाम – कालरात्रि , औषधि – नागदौन, लाभ – विषनाशक, मन, मस्तिष्क

अष्टम दिन – नाम – महागौरी , औषधि – तुलसी, लाभ – रक्त साफ़, हृदय रोग .

नवं दिन – नाम – सिद्ध रात्रि, औषधि शतावरी, लाभ - बुद्धि बल, वीर्य, रक्त विकार

नव रत्न – मुक्ता, हीरा, पीतामणि, वेदुर्य, गोमेद, विद्रुम, मरकत, माणिक्य, नीलम.

नौ रस – श्रृंगार, वीर, रौद्र, करुण, भयानक, हास्य, वीभत्स, अदभुत, शांत .

नौ निधि – पदम, महापद्म, शंख, मकर, कच्छप, मुकुंद (विष्णु), कुन (कमल), नील, स्त्री,

नव रत्न 9 (ज्योतिष ग्रह अनुसार) - माणिक(सूर्य), मोती (चन्द्र), प्रवाल/विद्रुम (मंगल), मरकत (बुध), पुखराज/पदमराज/पुष्पराज (गुरु), वज्र (शुक्र), नीलम/इन्द्र नील (शनि), गोमेद (राहू), वैदूर्य (केतू) .

नवधा भक्ति (रामचरित मानस) – सत्संग, रामकथा, गुरु सेवा, प्रभु गुण गान, प्रभु जाप . इन्द्रिय निग्रह, समभाव, संतोष, कपट रहित .

नौ मानव छिद्र – 2 आंख, 2 नाक, 2 कान, 1 मुंह, 1 मूत्र मार्ग (लिंग, योनि द्वार), 1 मल मार्ग (गुदा द्वार) .

नौ समिधा (हवन लकड़ी) – सूर्य – आक (मदार), चन्द्र - छोला (ढाक – पलास), मंगल – खैर (कत्था), बुध - चिरचिटा (आपामार्ग), गुरु - पीपल, शुक्र – गूलर, शनि – शमी, राहू – दुर्वा, केतु – कुशा .

नौ नाथ – मत्स्येन्द्रनाथ, गोरक्षनाथ, जालंधरनाथ, चर्यतनाथ , मंगलनाथ, चम्बानाथ, घग्घुनाथ, प्राणनाथ, गोपीनाथ .

9 विघ्न – व्याधि, स्त्यान (सत्य कर्मों से अप्रीति), संशय, प्रमाद, आलस्य, अविरति (विषय सेवा में तृष्णा), भ्रान्तिदर्शन, अलब्ध - भूमिकत्व (समाधि की प्राप्ति न होना), अनवस्थितत्व (समाधि प्राप्त होने पर चित्त स्थिर न होना)

संख्या दस (10) –

दस इकाई अंक – (0, 1, 2, 3, 4, 5, 6, 7, 8, 9)

दस दिशा – पूरब, पश्चिम, उत्तर, दक्षिण, ईशान, वाणव्य, नैऋत्य, आग्नेय, ऊपर , नीचे

दश उंगलियां दोनों हाथों की – अंगुष्ठ, तर्जनी, मध्यमा, अनामिका, कनिष्ठा .

दस इन्द्रियां – 5 ज्ञान इंद्रियां , 5 कर्म इंद्रियां

दस महाविद्या – काली, तारा, छिन्नकाता, त्रिपुर सुन्दरी, भुवनेश्वरी, त्रिपुर भैरवी, धूमावती, बंगलामुखी, मातंगी, कमला .

10 रस – श्रृंगार, हास्य, करुण, रौद्र, वीर, भयानक, वीभत्स, अद्भुत, शांत, वात्सल्य,.

10 धर्म के लक्षण – धृति (धैर्य), क्षमा, दम, अस्तेय (चोरी न करना), शौच, इन्द्रिय निग्रह, धी (बुद्धि), विद्या, सत्य, अक्रोध .

संख्या ग्यारह (11) –

11 – रुद्र – हर, बहुरूप, त्रयम्बक, अपराजित, वृषारिप, शम्भू, कपर्दी, रैवत, मृगव्याध, शर्व, कपाली – (हरिवंश पुराण पहला पर्व 3 अध्याय (51 – 52/ श्लोक)

11 – रस – शांत, अदभुत, रौद्र, वीभत्स, वीर, दास्य, करुण, संख्य, वात्सल्य, माधुर्य, हास्य .

11 भूत शरीर – 5 ज्ञान इंद्रियां, 5 कर्म इन्द्रियां और 1 मन

संख्या बारह (12) –

12 – आदित्य (माह में सूर्य नाम) - धाता (चैत्र), अर्यमा (वैशाख), मित्र (ज्येष्ठ), वरुण (आषाढ़), इन्द्र (श्रावण), भास्कर (विवस्वान) (भाद्रपद), पूषा (अश्विनि – क्वार), पर्जन्या– सविता (कार्तिक), अंश (मार्गशीर्ष - अगहन), भग (पौष – पूस), त्वष्टा (माघ), विष्णु (फाल्गुन) ।

12 माह (महीना) – चैत्र, वैशाख, ज्येष्ठ, आषाढ़, श्रावण, भाद्रपद, अश्विनि (क्वार), कार्तिक, मार्गशीर्ष (अगहन), पौष(पूस) , माघ, फाल्गुन.

टिप्पणी – भारतीय 12 महीने के नाम, जब माह शुरू होता है और उस समय जो नक्षत्र होता है उस माह का नाम उस नक्षत्र से सम्बन्धित नाम है – यथा –

चैत्र (चित्रा नक्षत्र से), वैशाख (विशाखा नक्षत्र से), ज्येष्ठ (ज्येष्ठा नक्षत्र से), अषाढ़- (पूर्व अषाढा नक्षत्र से), श्रावण (श्रवण नक्षत्र से), भाद्रपद (पूर्व भाद्रपद नक्षत्र से), अश्विनि (अश्विनि नक्षत्र से), कार्तिक (कृतिका नक्षत्र से), मार्गशीर्ष (मृगशिरा नक्षत्र से), पौष (पुष्प नक्षत्र से), माघ (मघा नक्षत्र से), फाल्गुन (पूर्व फाल्गुन नक्षत्र से).

12 राशि (ज्योतिष) – मेष, बृषभ, मिथुन, कर्क, सिंह, कन्या, तुला, वृश्चिक, धनु, मकर, कुम्भ, मीन.

12 कला शरीर – 5 ज्ञान इन्द्रियां, 5 कर्म - इन्द्रियां, 1 मन, 1 बुद्धि .

12 सूर्य नमस्कार की स्थितियां –

क्रमानुसार, स्थिति, मंत्र, एकाग्रता केन्द्र, श्वांस स्थिति, निष्कर्ष (अर्थ) –

1. – स्थित - प्रणामासन, मंत्र – ॐ मित्राय नमः, - ॐ ह्राम, एकाग्रता केन्द्र – अनाहत चक्र, श्वांस स्थिति – रेचक, निष्कर्ष – हित करने वाला मित्र .

2. – स्थित – हस्त उत्तासन, मंत्र – ॐ रवये नमः, - ॐ ह्रीम, एकाग्रता केन्द्र – विशुद्धि चक्र, श्वांस स्थिति – पूरक, निष्कर्ष – शब्द का उत्पत्ति श्रोत .

3. – स्थित – पाद हस्तासन, मंत्र – ॐ सूर्याय नमः, - ॐ ह्रुम, एकाग्रता केन्द्र – स्वाधिष्ठान चक्र, श्वांस स्थिति – रेचक, निष्कर्ष – उत्पादक से चालक .

4. – स्थित – अश्व संचालासन, मंत्र – ॐ भानवे नमः, - ॐ हैम नमः, एकाग्रता केन्द्र – आज्ञा चक्र, श्वांस स्थिति – पूरक, निष्कर्ष – ओज, तेज .

5. – स्थित – पर्वतासन, मंत्र – ॐ खगाय नमः, - ॐ ह्रौम, एकाग्रता केन्द्र – विशुद्धि चक्र, श्वांस स्थिति – रेचक, निष्कर्ष – आकाश में स्थित (विचरण करने वाला).

6. – स्थित – अष्टांग नमस्कार, मंत्र – ॐ पूष्णे नमः, - ॐ ह्रम, एकाग्रता केन्द्र – मणिपुर चक्र, श्वांस स्थिति – बहिर्कुम्भक, निष्कर्ष – पुष्टि देने वाला .

7. – स्थित – भुजंगासन, मंत्र – ॐ हिरण्य गर्भाय नमः, - ॐ ह्राम, एकाग्रता केन्द्र – स्वाधिष्ठान चक्र, श्वांस स्थिति – पूरक, निष्कर्ष – बल दायक .

8. – स्थित – पर्वतासन, मंत्र – ॐ मरीचये नमः, - ॐ ह्रीम, एकाग्रता केन्द्र – विशुद्धि चक्र, श्वांस स्थिति – रेचक, निष्कर्ष – . व्याधि हारक, किरणों से युक्त .

9. – स्थित – अश्व संचालासन, मंत्र – ॐ आदित्याय नमः, - ॐ ह्रम, एकाग्रता केन्द्र – आज्ञा चक्र, श्वांस स्थिति – पूरक, निष्कर्ष – सूर्य .

10. – स्थित – पाद हस्तासन, मंत्र – ॐ सवित्रे नमः, - ॐ हैम, एकाग्रता केन्द्र – स्वाधिष्ठान चक्र, श्वांस स्थिति – रेचक, निष्कर्ष – सृष्टि उत्पादन कर्ता .

11. - स्थित – हस्त उत्तासन, मंत्र – ॐ अकार्य नमः, - ॐ ह्रीम, एकाग्रता केन्द्र – विशुद्धि चक्र, श्वांस स्थिति – पूरक, निष्कर्ष – पूज्यनीय .

12. - स्थित – प्रणामासन, मंत्र – ॐ भास्कराय नम:, - ॐ हृम, एकाग्रता केन्द्र – अनाहत चक्र, श्वांस स्थिति – रेचक, निष्कर्ष – कीर्ति दायक .

12 ध्यान की स्थितियां - जिस चक्र पर हम ध्यान केन्द्रित करेंगे, वही चक्र सक्रीय हो जाएगा. ध्यान चक्रों का भोजन है . एक मात्र शक्ति है . जो चक्र ध्यान के फल – स्वरूप सक्रीय होगा वह गर्म हो जाएगा . यही सक्रियता की पहचान है .

ध्यान – भूमध्य (दोनों भोहों के मध्य) पर ध्यान करने से शक्ति का जागरण होता है . जो आध्यात्मिक विकास के लिए जरुरी नहीं. नासिकाग्र पर ध्यान करने से दूर दृष्टि या ज्योतिष ज्ञान होता है . हृदय ध्यान करने से ईश्वर निवास होता है .

12 आहार द्रव्य भेद –

1 - शूक धान्य – शालि, यव, गोधूम,

2 – शमीधान्य – भुद्र, भाष, कुलत्थ.

3 – मांस धान्य – पुसह, भूमिश्च, आनूप.

4 – शाक – मकोय, चौलाई, सरसों.

5 – फल – मुनक्का, खजूर आदि .

6 – हरित – अदरख, नींबू, मूली आदि

7 – मद्य – अरिष्ट, आसव, सुरा आदि .

8 – जल – दिव्य, भौम

9 – गोरस – गोदूध, माहिषक्षार, दधि, घृत, मक्खन.

10 – इक्षु – इक्षु रस, गुड़, शक्कर, शकर (चीनी), खांड, मधु.

11 – कृतात्र – पेया, विलेपी, मंड, सत्तू

12 – आहारोपयोगी – तेल, लवण, हींग.

12 देवी – रमा, मोहिनी, पद्माक्षी, कमला, कान्तिमती, अपराजिता, पद्मावती, राधा, विशालाक्षी, लक्ष्मी, रुक्मणी, धात्री.

12 महासिद्ध शक्ति पीठ – अम्बा, कामख्या, कुमारी, कालिका, गुह्य केश्वरी, भ्रमाम्बा, ललिता, महालक्ष्मी, मंगलावती, विंध्यवासिनी, त्रिपुर सुन्दरी, विशालाक्षी .

12 देवता - विष्णु, मधुसुदन, त्रिविक्रय, वामन, श्रीधर, हृषीकेश, पदमनाभ, दामोदर, केशव, नारायण, माधव, गोविन्द.

12 गणेश – गणपति, विघ्नराज, लम्बतुंड, गजानन, द्वैभातुर, हैरम्ब, एकदंत, गणाधिप, विनायक, चारुकर्ण, पशुपाल, भवात्माज.

12 हिस्से – हाथ की उंगली के एक उंगली में तीन हिस्सा, चार उंगली में कुल 12 हिस्सा .

12 संख्या को एक दर्जन भी कहते है, 12 मास को बारहमास भी कहते हैं .

12 घर ज्योतिष कुण्डली में – ज्योतिष कुण्डली में 12 घर (खाने) होते हैं जो 12 राशियों को प्रदर्शित करते हैं. 12 घर एक दिन के 24 घंटे के समय को भी प्रदर्शित करते हैं . अत:

ज्योतिष कुण्डली का एक घर (खाना) एक राशि तथा 2 घंटे के समय को प्रदर्शित करते हैं .

12 भावना (जैन धर्म) – अनित्य, अशरण, संसार, एकत्व, अन्यत्व, अशुचि, आस्रव, संवर, निर्जरा, लोक, बोधिदुर्लभ, धर्म,

संख्या तेरह (13) –

13 कन्याएं दक्ष प्रजापति की – अदिति, दिति, दनु, कला, दनायु, सिंहका, क्रोधा, प्राधा, विश्रा, विनता, कपिला, गुर्नीं, कद्रू .

13 धर्म की पत्नियां – श्रद्धा, दया, मैत्री, शान्ति, पुष्टि, क्रिया, उन्नति, बुद्धि, मेघा, स्मृति, तितिक्षा, धृति, मूर्ति.

13 वीं – मृत्यु भोज –

13 स्वर – भाषा – अ, आ, इ, ई, उ, ऊ, ए, ऐ, ऋ, ओ, औ, अं, अ: .

संख्या चौदह (14) –

14 सूत्र व्याकरण , 14 शिव सूत्र (अइउण, ऋॢलक, एओड़, ऐऔच, हयवरट, लण, अमङणनम, झमअ, घढधष, जबगड़दश, खफछठथचटतव, कपय, शषसर, हल),

14 भुवन – (7 – ऊपर के - भू, भुव, स्व:, मह:, जन:, तप:, सत्य तथा 7 - नीचे के – तल, अतल, वितल, सुतल, तलातल, रसातल, पाताल),

14 – भगवान श्रीहरि विष्णु के 14 नाम (अनन्त, ऋषिकेश, पद्मनाभ, माधव, वैकुंठ, श्रीधर, त्रिविक्रम, मधुसूदन, वामन, केशव, नारायण, दामोदर, गोविंद और श्रीहरि),

14 विद्या – (6 वेदांग, 4 वेद, मीमांसा (पूर्व, उत्तर), न्याय/तर्क, पुराण - 18, धर्म शास्त्र),

14 रत्न समुद्र मंथन से (हलाहल/विष – शिव ने पीया, सुरभि – गाय - कामधेनु, ऐरावत – हाथी, इन्द्र ने लिया, उच्चैश्रवा – घोडा, कौस्तुभ – मणि, कल्पवृक्ष – पारिजात, लक्ष्मी, मदिरा, धन्वंतरि – अमृत कुम्भ, मोहिनी – अप्सरा, चंद्रमा, धनुष, शंख और अमृत)

14 महामाया – दुर्गा, भद्रकाली, विजया, वैष्णवी, कुमुदा, चंडिका, कृष्णा, माधवी, कन्या, माया, नारायणी, ईशानी, वारुणी, श्रद्धा

14 मनु – स्वायम्भुव, स्वारोचि, उत्तम, वामस, रैवत, चाक्षुव, वैवस्वत, सावर्णि, दक्षसावर्णि, ब्रह्म सावर्णि, धर्म सावर्णि , रुद्र सावर्णि, देव सावर्णि, इन्द्र सावर्णि.

14 कला शरीर – 5 ज्ञान इन्द्रियां, 5 कर्म इन्द्रियां, 4 अन्त:करण (मन, बुद्धि, चित्त, अहंकार) – 5 स्थूल, 5 सूक्ष्म, 4 अन्त:करण .

14 – स्वर – 7 उदान्त , 7 – षडज. (7 – उदान्त, उदान्ततर, अनुदान्त, अनुदान्ततर, स्वरित, स्वरितोदान्त, श्रुति. 7 – षडज – षड्ज, ऋषभ, गान्धार, मध्यम, पंचम, धैवत, निषाद)

संख्या सोलह (16) –

16 – संस्कार - गर्भाधान, पुंसवन, सीमन्तोन्नयन, जात कर्म, नाम करण, निष्क्रमण, अन्नप्राशन, चूडाकर्म, विद्यारम्भ, कर्णवेध, यज्ञोपवीत, वेदारम्भ, केशांत, समावर्तन,

विवाह, अंत्येष्टि.

16 – शृंगार – नख से लेकर शिख तक - आभूषण (नाक, कान, गरदन, हाथ, पैर, कमर, उंगली) धारण करना, उबटन, स्नान, स्वच्छ वस्त्र (कपड़ा) धारण करना, केश - संभालना, मांग (सिंदूर) भरना, तिलक - टीका – बिंदी लगाना, अधर – लिपस्टिक, काजल (आंख) लगाना, महावर (पैर) लगाना, मेहंदी रचाना, ठोढी पर तिल लगाना, माला पहनना, दांत में मिस्सी, सुगन्धित द्रव्यों का प्रयोग, पान खाना.

16 – चन्द्र कला – (अमृत, मनदा, पुष्प, पुष्टि, तुष्टि, रति, शाशनी, चन्द्रिका, कान्ति, ज्योत्सना, श्री, प्रीति, अंगदा, पूर्ण, पुर्नामृत, अमावस्या)

16 – कामना कला – प्राण, श्रद्धा, आकाश, वायु, तेज, पृत्वी, जल, इन्द्रिय, मन, अन्न, वीर्य, तप, मन्त्र, कर्म, लोक, नाम.

- श्रद्धा, प्रीति, रति, भूति, कान्ति, मनोभवा, मनोहारिणी, मनोरमा, मदनोत्यादी, मोहिनी, दीप, रोषिनी, वंशकारी, रन्जनी, क्षोदशी, देवेशी.
- श्री, भू, कीर्ति, इला, लीला, कान्ति, विद्या, विमला, उत्कर्शिनी, ज्ञान, क्रिया, योग, प्रहवि, सत्य, इर्षना, अनुग्रह.
- अन्नमया, प्राणमया, मनोमया, विज्ञानमया, आनन्दमया, अतिशायनी, विपरिणाभिनी, संक्रमणी, प्रभवि, कुंथिनी, विकासनी, मर्यादिनी, संहालादिनी, आहवादिनी, परिपूर्ण, स्वरूप वस्थित .

16 – नाम दुर्गा – दुर्गा, नारायणी, ईशाना, विश्नुमया, शिवा, सती, नित्या, सत्या, भगवती, सर्वाणी, सर्वमंगला, अम्बिका, वैष्णवी, गौरी, पार्वती, सनातनी.

16 षोडश उपचार – 1 - आह्वान, फल, 2 – आसन, 3 - पाद्य, 4 - अर्ध्य, 5 - आचमन, 6 - स्नान, 7 - वस्त्र, 8 – यज्ञोपवीत, 9 – गन्ध, अक्षत, 10 – पुष्प, 11 – धूप, 12 – दीप, 13 – नवैद्य (मिठाई), 14 – ताम्बुल, दक्षिणा, जल, आरती, 15 – मंत्र, पुष्पांजली, 16 – प्रदक्षिणा, नमस्कार (आसन, स्वागत, पाद्य, अर्ध्य, मधुपर्क, आचमन, स्नान, वस्त्र, आभूषण, गन्ध, अक्षत, पुष्प, धूप, दीप, नैवेद्य, वन्दना).

16 तिथि व 16 श्राद – प्रथमा से लेकर 15 तक, जिसमें अमावस्या और पूर्णमासी तिथि आती हैं . 16 स्त्री सौन्दर्य गुण – 16 गुण स्त्री के भौतिक स्वरूप से सम्बन्धित हैं जो चार - चार के समूह से सम्बन्धित हैं जैसे चार लघु, चार दीर्घ, चार क्षीण तथा चार उभरे . इसका विवरण पद्मावत पुस्तक से है .

चार दीर्घ – केश, नयन, उंगली, गर्दन.

चार लघु – माथा (मस्तक), कुच (स्तन), नाभि, दन्त.

चार क्षीण (पतले) – अधर (होष्ठ), नाक, कटि, कमर .

चार उभरे – कपोल, कलाई, नितिम्ब, जांघ.

16 विकार – 5 ज्ञान इन्द्रियां, 5 कर्म इंद्रियां, 5 विषय इन्द्रियां, और 1 मन .

16 कला शरीर – 5 ज्ञान, 5 कर्म, 5 महाभूत (छिति, जल, पावक, गगन, समीर) और 1 मन .

संख्या इक्कीस (21) –

21 सेनापति – 5 ज्ञान इंद्रियां (आंख, कान, नाक, जिव्हा, त्वचा स्पर्श (शरीर), 5 – कर्म इंद्रियां (हाथ, पैर, वाणी, लिंग – मूत्रद्वार, गुदा - मल द्वार , 1 मन (कुल11), 5 प्राण – वास (अपान – गुदा, उदान - कंठ, सामान – नाभि, व्यान – सम्पूर्ण शरीर, प्राण – हृदय), 5 उप – प्राण – वास (नाग – छींक, कूर्म – संकोचनीय, कृकल – क्षुधा/प्यास, धनञ्जय – सम्पूर्ण शरीर पोषण/फूलना, देवदत्त – डकार – जम्बाई/निंद्रा)

21 पुरुषार्थ -

ब्रह्माण्ड की सामाग्री (समिधा) 21 प्रकार –

1. सूक्ष्म पदार्थ (प्रकृति, बुद्धि और जीव),- श्रोत, 3 - त्वचा, 4 - नेत्र, 5 - जिव्हा, 6 - नासिका, 7 - वाक, 8 - पग, 9 - हाथ, 10 - गुदा, 11 - उपस्कर (लिंग), 12 – शब्द, 13 - स्पर्श, 14 - रूप, 15 - रस, 16 - गंध, 17 - पृथ्वी, 18 - जल, 19 - अग्नि, 20 - वायु, 21 - आकाश ।

संख्या चौबीस (24) –

मानव के एक हाथ की लम्बाई उसके 24 अंगुल की लम्बाई के बराबर होती है . प्रत्येक मानव की लम्बाई उसके अपने साढ़े तीन (3 - 1/2) हाथ (कोहनी से लेकर मध्यमा उंगली तक) लम्बाई के बराबर होती है . एक हाथ की लम्बाई 24 अंगुल के बराबर, तब मानव की लम्बाई उसके 84 अंगुल के बराबर होती है .

24 मानव शरीर की पसलिया, 24 गर्तों में स्थित गुलिकाएं, 14 - वक्षास्थि .

24 नाड़ी – 10 - नाभि के ऊपर, 10 - नाभि के नीचे, 2 – उत्तर, 2 – दक्षिण

24 गुरु दत्तात्रेय के – पृथ्वी, जल, वायु, अग्नि, आकाश, सूर्य, चन्द्रमा, अजगर, कपोत, पतंगा, मछली, हिरण, हाथी, मधुमक्खी, शहद बनाने वाला, कुरर पक्षी, कुमारी कन्या, सर्प, बालक, पिंगला, वैश्या, वाण बनाने वाला, मकडी और भृंगी कीट .

24 कन्या (दक्ष से प्रसूति की 24 पुत्रियां/कन्याएं) – कन्याओं के नाम और उनके पति नाम – 13 कन्याओं की शादी धर्म से (श्रद्धा, लक्ष्मी, धृति, तुष्टि, पुष्टि, मेघा, क्रिया, बुद्धि, लज्जा, वपु, शान्ति, सिद्धि, कीर्ति), ख्याति (महर्षि - भृगु), सती (रुद्र), सम्भूति (महर्षि - मरीचि), स्मृति (महर्षि - अंगीरस), प्रीति (महर्षि – पुलत्स्य), क्षमा (महर्षि – पुलह), सन्नति (कृतु), अनुसूया (महर्षि – अत्रि), ऊर्जा (महर्षि – वशिष्ठ), स्वाहा (अग्नि), स्वधा (पितृस).

24 कला शरीर – 5 ज्ञान, 5 कर्म, 5 प्राण, 5 उप प्राण, 4 अन्त:करण .

24 ऋषि गायत्री मन्त्र के – वामदेव, अत्रि, वसिष्ठ, शुक्र, कण्व, पराशर, विश्वामित्र, कपिल, शौनक, याज्ञवल्क्य, भारद्वाज, जमदग्नि, गौतम, मुदगल, वेदव्यास, लोमेश, अगस्त्य, कौशिक, वत्स, पुलस्त्य, माण्डुक, दुर्वासा, नारद, कश्यप .

24 देवता गायत्री मन्त्र के – अग्नि, प्रजापति, चन्द्रमा, ईशान, सविता, आदित्य, बृहस्पति, मित्रावरुण, भग, अर्यमा, गणेश, त्वष्टा, पूषा, इन्द्र, अग्नि, वायु - वामदेव, मैत्रावरुण, विश्वदेवा, मातृकाएं, विष्णु, वसु, रुद्र, कुबेर, अश्विनी कुमार .

24 शक्ति गायत्री मन्त्र की – वामदेवी, प्रिया, सत्य, विश्वा, भद्रा, विलासनी, प्रभावती, जाया, शांता, कांता, दुर्गा, सरस्वती, विद्रुमा, विशालेशा, व्यापिनी, विमला, तमोहारिणी, सूक्ष्मा, विश्वयोनि, जया, वशा, पदमातया, परा, शोभा .

24 छंद - गायत्री, उष्णिक, अनुक्रम, बृहती, पंक्ति, त्रिष्टुप, जगती, अतिजगती, शक्बरी, अतिशक्बरी, धृति, अतिधृती, विराट, प्रस्तार पंक्ति, कृति, प्रकृति, आकृति, विकृति, संस्कृति, अक्षर पंक्ति, भू:, भुव, स्व, ज्योतिषी .

24 वर्ण - पृथ्वी, अप (जल), तेज, वायु, आकाश, गन्ध, रस, रूप, शब्द, स्पर्श, उपस्थ, गुद, चरण, हाथ, वाणी, नासा (नाक), जिव्हा, चक्षु, त्वचा, श्रोत, प्राण, अपान, व्यान, सामान .

संख्या अठठाईस (28) –

ब्रह्माण्ड में 28 नक्षत्र होते हैं , कुछ एक नक्षत्र (अभिजित) को छोड़कर 27 नक्षत्र कहते हैं

28 नक्षत्र - अश्विनी, भरिणी, कृतिका, रोहिणी, मृगशिरा, आर्द्रा, पुनर्वसु, पुष्प, आश्लेषा, मघा, पूर्व – फाल्गुनी, उत्तर – फाल्गुनी, हस्त, चित्रा, स्वाती, विशाखा, अनुराधा, ज्येष्ठा, मूल, पूर्व – अषाढा, उत्तर - अषाढा, अभिजित, श्रवण, धनिष्ठा, सतभिषा, पूर्व - भाद्रपद, उत्तर - भाद्रपद, रेवती.

28 उपासना - 10 इन्द्रिय, 10 प्राण, 4 अन्त:करण (मन, बुद्धि, चित्त, अहंकार), विद्या, स्वभाव, शरीर, बल .

संख्या तेतीस (33) –

33 देवता (मुख) – मानव मुख में 16 दांत ऊपर के, 16 दांत नीचे, तथा एक जीभ कुल.

33 देव – 12 आदित्य, 11 रुद्र, 8 वसु, और जीव, ब्रह्म. (रुद्र - 11 – हर, बहुरूप, त्रयम्बक, अपराजित, वृषारिप, शम्भू, कपर्दी, रैवत, मृगव्याध, शर्व, कपाली – हरिवंश पुराण पहला पर्व 3 अध्याय (51 – 52/ श्लोक)

संख्या चौंसठ (64) –

बहुरूप, तारा, नर्मदा, यमुना, शान्ति, वारुणी, क्षेमकारी, एँट्री, वाराही, रणवीरा, वानर – मुखी, वैष्णवी, कालरात्रि, वैद्य रूपा, चर्चिका, बेताली, छिन्नमस्तिका, वृष वाहन, ज्वाला - कामिनी, घटवार, करकाली, सरस्वती, बिरुपा, कौवेरी, भलुका, नारसिंही, बिरजा, विकंताना, महालक्ष्मी, कौमारी, महामाया, रति, करकरी, सर्पश्या, यक्षिणी, विनायकी, विंध्यवासिनी,

वीर कुमारी, माहेश्वरी, अम्बिका, कामिनी, घटाबरी, स्तुती, काली, उमा, नारायणी, समुद्र, ब्रहिम्नी, ज्वालामुखी, आग्नेयी, अदिति, चन्द्रकान्ति, वायुवेगा, चामुंडा, मूरति, गंगा, धूमावती, गांधार, सर्व मंगला, अजिता, सूर्य पुत्री, वायु वीणा, अघोर, भद्रकाली .

संख्या चौरासी (84) –

84 कन्याएं (पुत्रियां) – दक्ष की पत्नि प्रसूति से 24 कन्याएं (पुत्रियां) और दक्ष की पत्नि वीरणी से 60 कन्याएं (पुत्रियां) कुल 84 कन्याएं (पुत्रियां) . इनसे समस्त दैत्य, गन्धर्व, अप्सराएं, पक्षी, पशु, सब सृष्टि इन्हीं कन्याओं से उत्पन्न हुई . संक्षेप में प्रसूति की 24 पुत्रियों की शादी धर्म से 13 (श्रद्धा, लक्ष्मी, धृति, पुष्टि, तुष्टि, मेघा, क्रिया, बुद्धि, लज्जा, वपु, शान्ति, सिद्धि, कीर्ति) 9 – महर्षि से (1 – भृगु – ख्याति, 1 – रुद्र- सती, 1 – मरीचि- सम्भूति, 1 - अंगीरस – स्मृति, 1 – पुलत्स्य – प्रीति, 1 – पुलह – क्षमा, 1 – क्रतु – सन्नति, 1 – अत्रि – अनुसूया, 1 – वशिष्ठ – ऊर्जा) 1 – अग्नि –स्वधा 1 – पितृस - स्वाहा से हुई. तथा वीरणी की 60 पुत्रियों की शादी – 27 की चन्द्रमा से (27 नक्षत्र) (कृतिका, रोहिणी, मृगशिरा, आर्दा. पुनर्वसु, सुनिता, पुष्प, अश्लेशा, मेघा, स्वाती, चित्रा, फाल्गुनी, हस्ता, राधा, विशाखा, अनुराधा, ज्येष्ठा, मूला, अषाढा, श्रावण, भाद्रपदा, सर्विष्ठ, सताभिशक, प्रोष्ठ पदस, रेवती, अश्वयुज, भरनी), 13 – कश्यप से (अदिति, दिति, दनु, काष्ठा, अरिष्ठा, सुरसा, इला, मुनि, क्रोधवशा, तामरा, सुरभि, सरमा, तिमि), 10 की धर्म से (मरुवती, वसु, जामी, लम्बा, भानु, अरुंधती, संकल्प, मुहूर्त, संध्या, विश्रवा) शेष 10 का अन्य से हुआ .

चौरासी लाख योनियां (मानव – 4, कृमि – 9, नभचर – 10, जलचर – 11, पशु – 20, स्थावर (वनस्पति, ठोस, द्रव, गैस) - 30 लाख, कुल 84 लाख) ।

अन्य 84 का सम्बन्ध – ध्यान 12 प्रकार का है, प्रत्येक ध्यान की अवस्था के सात – सात मुद्राओं, इस प्रकार 84 मुद्राओं के 84 आसन, 84 सिद्धियाँ, सूर्यवंश 84, 12 माह के सूर्य नाम (12 आदित्य - धाता, मित्र, अर्यमा, शुक, वरुण, अंश, भग, विवस्वान, पूषा, सविता, त्वष्टा, विष्णु), ऋषि, गंधर्व, अप्सरा, यक्ष, राक्षस, सूर्यनाम । विष्णु पुराण चन्द्र वंश के श्री कृष्ण आठ पत्नियों (रुक्मणी, जाम्बवन्ती, सत्यभामा, मित्रावृन्दा, सत्या, लक्ष्मणा, भद्रा और कालिन्दी) से 80 पुत्र (प्रत्येक से 10 पुत्र) व 4 पुत्री, इस तरह 84 पुत्र, पुत्रियाँ । 28 नक्षत्रों के 3 तरह के प्रभाव (28 x 3 = 84), 4 युग के 21 (स्थूल, सूक्ष्म, करण, विज्ञान आदि), 14 मनु (स्वायंभुव, स्वरोचि, उत्तम, तामस, रैवत, चाक्षुष, वैवस्वत, सावर्णि, दक्षसावर्णि, ब्रह्म सावर्णि, धर्म सावर्णि, रुद्र सावर्णि, देव सावर्णि, इंद्रा सावर्णि), 14 भुवन – (7 – ऊपर के - भू, भुव, स्व:, मह:, जन:, तप:, सत्य तथा 7 नीचे के – तल, अतल, वितल, सुतल, तलातल, रसातल, पाताल), 14 शिव सूत्र (अइउण, ऋलक, एओड़, ऐऔच, हयवरट, लण, अमड़णनम, झमअ, घढधष, जबगड़दश, खफछठथचटतव, कपय, शषसर, हल), 14 – भगवान श्रीहरि विष्णु के 14 नाम (अनन्त, ऋषिकेश, पद्मनाभ, माधव, वैकुंठ, श्रीधर, त्रिविक्रम, मधुसूदन, वामन, केशव, नारायण, दामोदर, गोविंद और श्रीहरि), 14

विद्या – (6 वेदांग, 4 वेद, मीमांसा, न्याय/तर्क, पुराण -18, धर्म शास्त्र), 14 रत्न समुद्र मंथन से (हलाहल/विष – शिव ने पीया, सुरभि – गाय - कामधेनु, ऐरावत – हाथी, इन्द्र ने लिया,उच्चैश्रवा – घोडा,कौस्तुभ – मणि, कल्पवृक्ष – पारिजात, लक्ष्मी, मदिरा, धन्वंतरि – अमृत कुम्भ, मोहिनी – अप्सरा, चंद्रमा, धनुष, शंख और अमृत) का 6 से स्वाद/रस – (कड़ुआ, तीखा, मीठा, कसैला, खट्टा और नमकीन), 6 – रिपु – (काम, क्रोध, लोभ, मोह, मद और मत्सर), 6 - ऋतु – (बसन्त, ग्रीष्म, वर्षा, शरद, हेमन्त और शिशिर) 6 – दर्शन – (सांख्य, योग, न्याय, वैशेषिक, मीमांसा और वेदान्त इनके प्रणेता – कपिल, पतंजलि, गौतम, कणाद, जैमिनि और बादरायण), 6 – वेदांग – (शिक्षा, छंद, व्याकरण, निरुक्त, ज्योतिष और कल्प), 6 – राग – (प्रमुख 6 राग – श्रीराग, भैरवराण, हिंडोल राग, माल कोश राग, विहार राग और मेघराग), 6 शरीर अंग – षडंग – (सिर, धड़, दोनों भुजा और दोनों पैर) से (14 x 6=84) तथा प्रत्येक मानव अपने साढ़े तीन हाथ का होता है, एक हाथ में 24 अंगुल होते हैं। इस प्रकार प्रत्येक मानव अपने 84 अंगुल लम्बाई के बराबर होता है । मानव शरीर में भी रीढ़ की हड्डी में 84 हड्डियों की शृंखला को बताया है ।

3

अवतार एवं अवतार वाद

अवतार वाद को कुछ मानते है, कुछ नहीं मानते . विषय तर्क – वितर्क का नहीं है, केवल अपने – अपने विचार हैं . भक्ति में अद्वेत का द्वेत हो जाता है परन्तु ज्ञान में द्वेत का अद्वेत हो जाता है .

अवतारवाद – अवतारवाद में 10 मुख्य अवतार कहे गए है – यथा-

1. मत्स्य
2. कूर्म
3. वराह
4. नृसिंह
5. वामन
6. परशुराम
7. श्री राम (रामचन्द्र) (12 कला)
8. श्री कृष्ण (16 कला)
9. गौतम बुद्ध
10. कल्कि (64 कला)

अवतार – अवतारों की विस्तृत जानकरी से 24 अवतार कहे गए हैं –

श्री सनकादी मुनि, वराह, नारद, नर – नारायण, कपिल मुनि, दत्रातेय, यज्ञ, भगवान्ऋषभ देव, आदिराज पृथु, मत्स्य, कूर्म, भगवान धन्वन्तरि, मोहिनी, नृसिंह, वामन, हयग्रीव, श्री हरि, परशुराम, महर्षि वेदव्यास, हंस अवतार, श्रीराम, श्री कृष्ण, बुद्ध, कल्कि.

4

जीवधारी

मन का सीधा संबंध मानव से है और मानव का संबंध मशीन से है । तब यह भी कह सकते हैं कि मन का संबंध मशीन से है । किसको पहले लिया जाए, किसको बाद में, विषय यह नहीं है, विषय है इन तीनों को समझना और उनका आपसी संबंध ।

पहले मानव से शुरुआत की जाए – मानव जीवधारियों में सबसे उचित, उत्तम, बुद्धिमान, विवेकमान, विकासशील माना गया है । अन्य जीवधारियों से तुलना करने पर वह अधिक बुद्धिमान और विवेकमान है । यद्यपि अन्य जीवधारी भी बुद्धिमान और विवेकमान होते हैं ।

जीवधारी - ब्रह्मांड में केवल भूमि पर ही जीवधारी का जीवन कहा गया है यहा पृथ्वी/ भूमि/जमीन/छिति से आशय भूमि के साथ अन्य जल, वायु, अग्नि और आकाश भी हैं । अन्य ब्रह्मांड के स्थान जिन्हें हम ग्रह भी कहते हैं उन पर मानव जीवन नहीं है । वैज्ञानिक ब्रह्मांड में सूर्य को आधार मानते हैं और जो सूर्य का चक्कर लगाते हैं उन्हें ग्रह (प्लेनेट) कहते है जैसे पृथ्वी, मंगल, बुध, गुरु, शुक्र और शनि मुख्य हैं। सामान्य तौर पर सातों दिन के नाम ब्रह्मांड से ही संबन्धित हैं जैसे रविवार/इतवार (सूर्य), सोमवार (चंद्र), मंगलवार (मंगल), बुधवार (बुध), गुरुवार/बृहस्पतिवार (गुरु), शुक्रवार (शुक्र), और शनिवार/शनिचर (शनि) । सप्ताह के नामों में यहां पृथ्वी का नाम नहीं है, क्यों? जबकि ज्योतिष विज्ञान में भी पृथ्वी का नाम नहीं है । विज्ञान में पृथ्वी ग्रह है । ज्योतिष विज्ञान में पृथ्वी ग्रह नहीं है । जबकि दोनों के अध्ययन एक जैसे ही हैं, कोई असमानता नहीं । स्थिति और स्पष्ट करते हुए लेख है कि विज्ञान में चंद्र(चंद्रमा) पृथ्वी का उपग्रह (उपग्रह वह होता है जो ग्रह के चक्र लगाता है) है और पृथ्वी गृह है । वहीं ज्योतिष में चंद्र (चंद्रमा) को ग्रह माना गया है, पृथ्वी को नहीं, क्योंकि चंद्रमा पृथ्वी के चक्कर लगाता है । इसका मुख्य कारण है कि ब्रह्मांड में सब ग्रहों में से केवल पृथ्वी (ग्रह) पर ही जीवन है, अन्य ग्रहों पर नहीं । सभी जीवधारी पृथ्वी पर जीवन यापन करते हैं और उन पर अन्य ग्रहों का कैसा प्रभाव पड़ता है यह विज्ञान और ज्योतिष दोनों अपने - अपने अध्ययनों, अनुभवों, प्रयोगों से विवेचना करते

हैं ।

ब्रह्मांड एवं मानव जीवन से संबन्धित उत्पत्ति के विषय में विभिन्न मतानुसार अलग – अलग विचार धाराएँ हैं । फिर भी इन सब में प्रकृति, पुरुष, परमात्मा का कहीं न कहीं विशेष योगदान का उल्लेख उपलब्ध है । साकार, निराकार, जीव – निर्जीव, आत्मा - परमात्मा, उदय – अस्त, दिन – रात, जन्म – मृत्यु, शिव – शक्ति, स्त्री – पुरुष, जीव – ब्रह्म, स्थूल - सूक्ष्म, आशावाद – निराशावाद आदि भी एक दूसरे के पूरक हैं । एक ही जीवन (गाड़ी) के दो आयाम (पहिये) हैं, जिससे जीवन (गाड़ी चलती) चलता है ।

सांसारिक जीवों के लिए पवन (हवा) गुरु है, जल (पानी) पिता है तथा धरती माँ (माता) है । गुरु का कार्य मार्ग दर्शन कराना है, पवन शरीर को चलाता है इसलिए गुरु है, पवन (वायु) - पाँच प्राण (अपान, उदान, समान, व्यान, प्राण) तथा पाँच उपप्राण (कूर्म, कृकल, नाग, देवदत्त व धन्जय) कहे गए हैं । पानी जनक (पिता) है । उसी के प्रवेश से धरती (पृथ्वी) की वनस्पतियाँ फूटती हैं, धरती जननी है। दिन और रात दोनों ही इन जीवों की खेल – खिलौने वाले सेवक - सेविका हैं । (अर्थात सब जीव दिन - रात की गोद में खेलने या कार्यरत रहते हैं)। परलोक में परमात्मा के सन्मुख, धर्मराज इन जीवों का कर्म लेखा जाँचता है और अपने - अपने कर्मों के अनुसार कोई प्रभु नेक्टय पा लेते हैं और कई उससे भी दूर हो जाते हैं ।

कुछ लोग पृथ्वी को माता, वायु को पिता, जल को पितामह (दादा) और सूर्य को प्रपितामह (परदादा) मानते हैं । चंद्रमा (पृथ्वी का भाई, मामा ब्रह्मा का पुत्र), मंगल (अग्नि, पृथ्वी का पुत्र), बुध (चंद्र/पृथ्वी का पुत्र), गुरु (आकाश का पुत्र), शुक्र (जल का पुत्र), शनि (सूर्य पुत्र), तथा राहू - केतू पृथ्वी के छाया पुत्र (चंद्रमा के उत्तर, दक्षिण किनारे) कहलाते है । राहू – केतू उत्तरी – दक्षिणी किनारे होने का तात्पर्य ही दोनों एक दूसरे के आमने सामने (0 अंश/डिग्री – 180 अंश/डिग्री) हमेशा होते हैं ।

मन चन्द्रमा का प्रतीक है, सूर्य शरीर का प्रतीक है. सूर्य आत्मबल है, चन्द्रमा मनोबल है . चन्द्र को प्राण भी कहा है . चन्द्रमा अमृत है वह जीवन के लिए संजीवनी है . चन्द्रमा को औषधियों का स्वामी माना गया है . चन्द्र चराचर जगत और विशेषकर मानवीय संवेदनाओं, जीवनचर्या को मंगलमय बनाए रखने के लिए सर्वाधिक योग करक हैं . इसलिए प्रत्येक धर्माम्बली चन्द्र को अपने धार्मिक व ज्योतिषीय जीवन में विशेष प्रधानता दिया करता है .

5

ब्रह्मांड/सौर मण्डल

ईश्वरवादी कुछ का कहना है कि ब्रह्मांड न आदि है और न अन्त है । यह तो ईश्वर ने बनाया है और करोड़ों अरबों वर्ष पूर्व बनाया है, प्रतिवादी, विज्ञानवादी, दार्शनिक कहते हैं कि ब्रह्मांड की रचना सिर्फ 5000 ईसवी पूर्व में हुई । कुछ ने कहा कि इतिहास का अंतिम हिमकाल 920000 ईस्वी पूर्व था । अरिहंत समसामायिकी महासागर में कहा है कि ऋग्वेद कहता है कि ब्रह्मांड की कभी उत्पत्ति नहीं हुई, यह तो अनंतकाल से इसी रूप में विद्यमान है और आगे भी रहेगा, लेकिन मानव मन कहां मानने वाला था? उसने ब्रह्मांड की उत्पत्ति संबंधी नए सिद्धान्त बताए, नए नियम बताए, और आखिर खुद को किसी हद तक समझाने में सुन रहा कि आखिर यह असीम अनन्त और आश्चर्यजनक ब्रह्मांड कैसे बना? इसमें अगस्टाइन सईफेन, शाकिन, उउविल हव्वल, कार्ल वोपर, डार्विन आदि रहे हैं । किन्तु महाविस्फोट संबंधी अवधारणा (Big Bang Theory) बिग बैंग थ्यौरी को सबसे अधिक मान्यता मिली है । पृथ्वी की उत्पत्ति – सिद्धान्त एवं वैज्ञानिक परिकल्पनायें – वाष्पीय रश्मि (गैसीय) परिकल्पना, नीहारिका, ग्राहाथु, ज्वारय, द्वेतारक, सुपरनोमा, अंतरलाइक धूल, अनंतारक मेघ, बृहस्पति, देवारक, नीहारिका, मेघत्र, सीफीड (समुद्रीय) परिप्रेमण एवं ज्वारीय आदि ग्रह, विद्युत चुम्बकीय, महाविस्फोट (बिग बैंग) पुच्छल तारा तथा स्फीति सिद्धान्त परिकल्पनायें मुख्य हैं । महासागरों एवं महाद्वीपों की उत्पत्ति – महान वैज्ञानिक लाउकैमिन सेलास, एवं लाप वर्ष ने महासागरों एवं महाद्वीपों की उत्पत्ति के सम्बन्ध में लिखा है कि – पृथ्वी पर लगभग 29% भूमि तथा 71% जलीय हिस्सा है । पृथ्वी द्वारा सूर्य की परिक्रमा अवधि 365 दिन 5 घंटे 48 मिनट (लगभग 365 दिन 6 घंटे – सौर वर्ष), चंद्रमा को पृथ्वी की परिक्रमा के लिए 354 दिन का समय (चन्द्र वर्ष) लगता है । पृथ्वी द्वारा अपने अक्ष पर घूर्णन अवधि 23 घंटा 56 मिनट (लगभग 24 घंटा) है जिसे दिन रात कहते हैं । सम्पूर्ण पृथ्वी का महाद्वीप वार प्रतिशत है – एशिया (29.5%), अफ्रीका (20.3%), उत्तरी अमेरिका (16.4%), दक्षिण अमेरिका (12.1%), यूरोप (6.7%), आस्ट्रेलिया (5.3%) तथा एंटार्कटिका (9.7%)

सृष्टि में जीवन की उत्पत्ति -

1. – विशिष्ट सृष्टिवाद (Special Creation) – एक वर्ग की धारणा रही है कि सम्पूर्ण सृष्टि एवं जीव की रचना (उत्पत्ति) ईश्वर (देवी – देवों) ने किया ।

2. – स्वत: जननवाद (Spontaneous Generation) – में पदार्थों (Matter) की उत्पत्ति, परमाणु (Atom) अणु(Molecule), जीव पदार्थ (Protoplasm Cellular), ऊतक (Tissues), अंग (Organs), जीव जातियाँ (Species) से मानते हैं ।

3. – प्रकृतिवादी परिकल्पना (Naturalistic Theory) – (अ) - ब्रह्मांड की स्थापना अंतरिक्षी उदविकास (Cosmic Evolution) के साथ पृथ्वी पर जीवन की उत्पत्ति, पदार्थ के रासायनिक की उदविकास (Chemical Evolution) के फलस्वरूप हुई । (आ) - यह है कि पृथ्वी पर बने प्रारम्भिक जीवों के क्रमिक उदविकास अर्थात जैव विकास (Organic Evolution) से जंतुओं और पौधों के सभी वर्तमान विविध जातियों की उत्पत्ति हुई ।

4. – ब्रह्मांड वाद (सौर मण्डल) – पूर्व में लिखा जा चुका है ।

5. – प्रत्ययवादया आकस्मिक उत्पत्तिवाद (Catestrophism or Catecylsm) – (अ) - प्रकृतिवाद – अचानक भौतिक रसायन प्रक्रिया का होना, (आ) – पदार्थ/भौतिकवाद कार्बनिक पदार्थ पैराफीन, कार्बोहायड्रेट, लिमिटस रासायानिक विकास द्वारा जीव पदार्थ की उत्पत्ति डीएनए और आरएनए प्रक्रिया ।

जीवमंडल और जीवन चक्र – जल मण्डल, स्थल मण्डल तथा वायु मण्डल का वह क्षेत्र जिसमें जीवन है, उसका सृजन, प्रजनन एवं जिज्ञासा है, जीव मण्डल है । वायु मण्डल का 10 किमी स्थल मण्डल का समस्त भाग एवं जल मण्डल की अतल गहराई तक का माना जीवन मण्डल के अंतर्गत आता है ।

1. – मनुष्य उत्पत्ति – जैविक संसार (प्रोटोजोआ) एक कोशकीय अमीबा, पेरामशियम, यूग्लीना आदि ।

2. - मेटोजोए – मछली, चमगादड़, मेढ़क आदि ।

3. - गज श्रुज – छछुंदर जैसा स्तनधारी । (4) - लीमार – गिलहरी आदि ।

(5)- टोलिमर्स – अफ्रीका में पाये जाने वाले वृक्षादि स्तनधारी ।

(6) - कपि – कपि का मानव । (7) - लीमार – गिलहरी आदि ।

8. - मानव ऐपिएन्स – 5 लाख वर्ष पूर्व से आज तक का सफर ।

विकासवाद – (डार्विन - 1859) – एक मनुष्य एक बार के स्खलन में 10 लाख शुक्राणु छोड़ता है । एक सीप एक जननकाल में 10 लाख अंडे देती है । विकासवाद प्रक्रिया से उत्पत्ति होती है । इसमें संघर्ष (1) सजातीय, (2) अंतरजातीय, (3) वातावरणीय विभिन्नताओं के कारण जुड़वां सदस्य एक जैसे नहीं होते हैं ।

६

उत्पत्ति

भारतीयता के अनुसार भी ब्रह्मांड/सौर मण्डल की चर्चा वेद, पुराण, मनुस्मृति, उपनिषद, ज्योतिष शास्त्रों में की गई है ।

1. – वेदानुसार - ब्रह्मणास्यमुखयासीद बाहू राजन्य क्रत: ।

अढ़ तदस्य यद वैश्य: पदभ्याम शूद्रोदज्योत ॥
(ऋग्वेद 10/90/12 , यजुर्वेद 32/11)

हिरण्य गर्भ के मुख से ब्राह्मण, बाहु से क्षत्रिय, अरु से वैश्य तथा पाद से शूद्र की उत्पत्ति होना कहा है । इसका अन्य आशय यह भी है कि ब्राह्मण कार्य (मुख से, वाणी द्वारा, क्षत्रिय कार्य बाहुओं के द्वारा, वैश्य कार्य उदार पूर्ति के हेतु तथा शूद्र कार्य (शौच – सफाई), पैरों द्वारा चलकर अन्य स्थान पर शौच करना आदि ।

2. – मनु (सतरुपा पत्नि) – दायाँ – बायाँ भाग, विचार, सत्य आकार रूप से 3 पुत्री (देवभूति, आकूति, प्रसूति), 2 पुत्र प्रियव्रत तथा उत्तानपाद हुए, श्री रामचरित मानस के बालकांड में उल्लेख है कि –

स्वायम्भू मनु अरु सतरुपा, । जिन्ह ते यें नर सृष्टि अनुपा ॥
दंपति धरम आचरण नीका । अजहूँ गावश्रुति तिन्ह के लीना ॥
नृप उतानपाद सुत तासू । ध्रुव हरि भगत भयउ सुत जासू ॥
लघु सुत नाम प्रियव्रत ताहा । वेद पुरानन प्रशंसि जाहा ॥
(बालकांड 14/1 – 4)
देवहूति पुनि तासु कुमारी । जो मुनि कर्दम के प्रिय नारी ॥
आदि देव प्रभु दीन दयाला । जठर धरेऊ जेहि कपित कृपाला ॥
सांख्य सास्त्र जिन्ह प्रगट बखाना । तत्व विचार निपुन भगवाना ॥

(बालकांड 14(5-7))

देवभूति की शादी कर्दम से हुई जिनके कपिल हुए ,

आकूति की शादी प्रजापति से हुई जिनके कन्या हुई ।

प्रसूति की शादी दक्ष प्रजापति से हुई जिनके 60 कन्याएं और जिनकी शादी 10 धर्मराज, 13 कश्यप, 27 चंद्रमा, 2 भृगु, 2 अंगिरा, 1 कृयांश, 1 शिव (सती/उमा) तथा 4 अरिष्टनेम, दक्ष पुत्री सती की शादी शंकर से, हिमालय पुत्री उमा (पार्वती) की शादी शंकर से, जल से आकाश (जल + आकाश) से विष्णु (जल में शेष नाग पर शयन) नारायण की नाभि से ब्रह्मा से प्रकाश, ध्वनि (प्रकाश, शब्द) ॐ (ओम) ।

एक अक्षर से 24 अक्षर (गायत्री मंत्र विश्वामित्र प्रणेता) और महामृत्युंजय मंत्र वशिष्ठ प्रणेता रहे हैं ।

3.   – गीता – श्रीमद भगवत गीता के अध्याय 10 का श्लोक 6 जो निम्नानुसार है –

महर्षय सप्त पूर्वे चत्वारों मनवस्तथा ।

भदभावा मानसा जाता येषा लोक इमा प्रजा ॥ (10/6)

(4) - चार सनकादि – सनक, सनन्दन, सनातन, सनत कुमार, चार अंत:करण – मन, बुद्धि, चित्त, अहंकार ।

(7) – सप्त ऋषि – मारीचि, अंगिरा, अत्रि, पुलस्त्य, पुलह, वृतु तथा वसिष्ठ ।

योग की सात क्रमिक भूमिकाएँ – शुभेक्षु, शुभेक्षा, सुविधारणा, तनु मानसा, सत्वायांति, असंसक्ति, पदार्थ भावना एवं तुर्यगा, 14 मनु, 14 मनु स्वाध्यायमुख स्वरोचि, उत्तम, तामस, रैवत, चाक्षुष, वैवस्वत, सावर्णि, दक्षसावर्णि, ब्रह्मसावर्णि, धर्म सावर्णि, रुद्र सावर्णि, देव सावर्णि, इन्दु सावर्णि । प्रजा दो तरह की एक पुत्र परम्परा से बिंदुज (स्त्री पुरुष सनयोग से) दूसरे शिष्य परम्पराओं से नादज (शब्दों से) दीक्षा मंत्र आवेश, आदि ।

उत्पत्ति – पदम पुराण तथा अन्य पुराण भविष्य और गरुण पुराण में भी विवरण मिलता है . पदम् पुराण के अनुसार - जलज नव लक्षाणी, स्थावर लक्ष विव्शंति, क्रययो रुद्र संरक्षक | पक्षिणाम दश लक्षण, त्रिशंत लक्षाणी पशव:, चतुर लक्षाणी मानव ॥ (78:5 पदम पुराण)

अर्थात जलचर – 9 लाख, स्थावर अर्थात पेड़ - पौधे – 20 लाख, सरीसृय कृमि अर्थात कीड़े – मकोड़े – 11 लाख, पक्षी/नभचर – 10 लाख, स्थलीय/थलचर – 30 लाख और 4 लाख मानवीय नस्ल के | कुल 84 लाख ।

पदम् पुराण में 84 लाख योनिओं का ज़िक्र है | और यह कि 84 लाख योनियाँ 6 समूहों में बंटी हुई हैं — जलज (9 लाख), वनस्पति (20 लाख), कीट (11 लाख), पक्षी (10 लाख), पशु (30 लाख) और मानव (4 लाख) |

अनुराग सागर –

नौ लाख जल के जीव बखानी, चौदह लाख पक्षी परवानी ।

किरम किट सताईस लाख, तीस लाख पिंडज भाखा ॥

चतुर लख मानुष फरमाना, मानष देह परम पद जाना ।

और योनि परिचय नहीं पावे, कर्म बन्धभाव भटका खावे ॥ (अनुराग सागर – पृष्ठ 74)

जलज जन्तु योनि 9 लाख, पक्षिगण वर्ग योनि 14 लाख, कीट पतंग वर्ग योनि – 27 लाख , पशु वर्ग योनि 30 लाख, मानव वर्ग योनि – 4 लाख, कुल गणना – 84 लाख ।

रामचरित मानस (तुलसीदास रचित) –

आकर चार, लाख चौरासी, जात जीव जल थल नभ वासी ।

सियराम मय सब जग जानी, करूँ प्रणाम ज़ोर जुग पानी ॥ बालकांड (1/7/6)

जीवन की उत्पत्ति चार प्रकार से है – (1) - जेरज (मेमलस) – स्तनधारी जीव (मानव तथा पशु योनियां), अपवाद स्वरूप चमगादड़ (स्तनधारी जीव उड़ाने वाला प्राणी है)। (2) - अंडज (पक्षी) अंडे से उत्पन्न जीवधारी मुख्यत: उड़ने वाले पक्षी, अपवाद स्वरूप सर्प (बिना उड़ने वाला), (3) - उभिदज (स्थावर,वनस्पति) भूमि से उत्पत्ति ठोस, द्रव, गैस आदि अथवा खाद्यान (अनाज, फल, शाक, भाजी, दलहन, तिलहन), पेड़ - पौधे, धातु (सोना – चांदी, हीरा, तांबा, लोहा, जल, तेल तथा गैसीय पदार्थ) तथा (4) – स्वेदज (पसीना, सर्दी - गर्मी) से कीट पतंग, सिर व कपड़े में जूएँ, अनाज में घुन आदि की उत्पत्ति होती है । जो जल, थल, नभ में रहते हैं । कुछ लोग जीवन के अन्य चार आयाम भी कह लेते हैं यथा नीति (साम, दाम, दंड, भेद), (धर्म, अर्थ, काम, मोक्ष, आश्रम (ब्रह्मचर्य, गृहस्थ, वानप्रस्थ, सन्यास), दिशा (पूरब, पश्चिम, उत्तर, दक्षिण), वर्ण (ब्राह्मण, क्षत्रिय, वैश्य, शूद्र), युग (सतयुग, त्रेता, द्वापर, कलियुग), वेद (ऋग्वेद, यजुर्वेद, अथर्ववेद, सामवेद), देव (मातृ, पितृ, आचार्य, अतिथि), शक्ति (क्रिया, द्रव्य, इच्छा, ज्ञान), अन्न ($\frac{1}{4}$ - मन, $\frac{1}{4}$ - शुक्र, $\frac{1}{4}$ - मल, $\frac{1}{4}$ - रक्त), भोजन (भोज्य – खाना, पेय – पीना, लेह्य – चाटना, चौष्य – चूसना), वाणी (परा, पश्यंति, मध्यमा, वैखरणी), योग (कर्म, ज्ञान, ध्यान, भक्ति), वृद्धि (आयु, विद्या, यश, बल), आदि चार प्रकार से उत्पन्न जीवन चौरासी लाख योनियों में आता है । इसका विस्तृत विवरण श्री बाल गंगाधर तिलक द्वारा लिखित पुस्तक – " गीता रहस्य " में लिखा है । श्री बाल गंगाधर तिलक द्वारा लिखित पुस्तक " गीता रहस्य में श्री शिवाजी गुरु समर्थ रामदास जी द्वारा लिखित " दास बोध " का उल्लेख किया है । यही विवरण पुराणों (पदम पुराण) में भी मिलता है । चौरासी लाख योनियां (मानव – 4, कृमि – 9, नभचर – 10, जलचर – 11, पशु – 20, स्थावर (वनस्पति, ठोस, द्रव, गैस) - 30 लाख, कुल 84 लाख) ।

7

84 का सम्बन्ध

अन्य 84 का सम्बन्ध – ध्यान 12 प्रकार का है, प्रत्येक ध्यान की अवस्था के सात – सात मुद्राओं, इस प्रकार 84 मुद्राओं के 84 आसन, 84 सिद्धियाँ, सूर्यवंश 84, 12 माह के सूर्य नाम (12 आदित्य - धाता, मित्र, अर्यमा, शुक, वरुण, अंश, भग, विवस्वान, पूषा, सविता, त्वष्टा, विष्णु), ऋषि, गंधर्व, अप्सरा, यक्ष, राक्षस, सूर्यनाम । विष्णु पुराण चन्द्र वंश के श्री कृष्ण आठ पत्नियों (रुक्मणी, जाम्बवन्ती, सत्यभामा, मित्रावृन्दा, सत्या, लक्ष्मणा, भद्रा और कालिन्दी) से 80 पुत्र (प्रत्येक से 10 पुत्र) व 4 पुत्री, इस तरह 84 पुत्र, पुत्रियाँ । 28 नक्षत्रों के 3 तरह के प्रभाव (28x3 = 84), 4 युग के 21 (स्थूल, सूक्ष्म, करण, विज्ञान आदि), 14 मनु (स्वायंभुव, स्वरोचि, उत्तम, तामस, रैवत, चाक्षुष, वैवस्वत, सावर्णि, दक्षसावर्णी, ब्रह्म सावर्णि, धर्म सावर्णि, रुद्र सावर्णि, देव सावर्णि, इंद्रा सावर्णि), 14 भुवन – (7 – ऊपर के - भू, भुव, स्व:, मह:, जन:, तप:, सत्य तथा 7 - नीचे के – तल, अतल, वितल, सुतल, तलातल, रसातल, पाताल), 14 शिव सूत्र (अइउण, ऋलक, एओड़, ऐऔच, हयवरट, लण, अमड़णनम, झमअ, घढधष, जबगड्दश, खफछठथचटतव, कपय, शषसर, हल), 14 – भगवान श्रीहरि विष्णु के 14 नाम (अनन्त, ऋषिकेश, पद्मनाभ, माधव, वैकुंठ, श्रीधर, त्रिविक्रम, मधुसूदन, वामन, केशव, नारायण, दामोदर, गोविंद और श्रीहरि), 14 विद्या – (6 वेदांग, 4 वेद, मीमांसा, न्याय/तर्क, पुराण - 18, धर्म शास्त्र), 14 रत्न समुद्र मंथन से (हलाहल/विष – शिव ने पीया, सुरभि – गाय - कामधेनु, ऐरावत – हाथी, इन्द्र ने लिया, उच्चैश्रवा – घोडा, कौस्तुभ – मणि, कल्पवृक्ष – पारिजात, लक्ष्मी, मदिरा, धन्वंतरि – अमृत कुम्भ, मोहिनी – अप्सरा, चंद्रमा, धनुष, शंख और अमृत) का 6 से स्वाद/रस – (कड़ुआ, तीखा, मीठा, कसैला, खट्टा और नमकीन), 6 – रिपु – (काम, क्रोध, लोभ, मोह, मद और मत्सर), 6 – ऋतु – (बसन्त, ग्रीष्म, वर्षा, शरद, हेमन्त और शिशिर), 6 – दर्शन – (सांख्य, योग, न्याय, वैशेषिक, मीमांसा और वेदान्त इनके प्रणेता – कपिल, पतंजलि, गौतम, कणाद, जैमिनि और बादरायण), 6 – वेदांग – (शिक्षा, छंद, व्याकरण, निरुक्त, ज्योतिष और कल्प), 6 – राग – (प्रमुख 6 राग – श्रीराग, भैरवराण, हिंडोल राग, माल कोश

राग, विहार राग और मेघराग), 6 शरीर अंग – षडंग – (सिर, धड़, दोनों भुजा और दोनों पैर) से (14 x 6=84) तथा प्रत्येक मानव अपने साढ़े तीन हाथ(कोहनी से मध्यमा उंगली तक) की लम्बाई का होता है, एक हाथ में 24 अंगुल होते हैं। इस प्रकार प्रत्येक मानव अपने 84 अंगुल लम्बाई के बराबर होता है । मानव शरीर में भी रीढ़ की हड्डी में 84 हड्डियों की श्रृंखला को बताया है ।

चौरासी धारा क्यों बनी – धर्मदास पूछते हैं –

चौरासी योनिन की धारा, किह कारण यह कीन्ह पसारा ।

नर कारण यह सब सृष्टि बनाई , के कोई जिव भुगताई ॥

साहेब ने कहा –

धर्मनी नर देहि सुखदायी, नर देहि गुरु ज्ञान समायी ।

नर तन काजू कीन्ह चौरासी, शब्द न हगे मूढ़माती नाशी ॥

चौरासी की चाल न छोड़े, सत्यनाम सो नेह न मोड़े ।

ले डारे चौरासी माही, परचे ज्ञान जहां कछु नाहीं ॥

पुनि – पुनि दौड़ काल मुख जाही, ताहु ते जीव चेतत नाही ॥

यह तन पाय गाहे, सतनामा, नाम प्रताप लाहे निजधामा ॥ (अनुराग सागर पृष्ठ – 82)

मनु को वैवस्वत कहा गया है । विवस्वान सूर्य है, सूर्य वंशियों की पुत्री इला से ही सोमवंश की उत्पत्ति हुई है । इस दृष्टि से दोनों मनु पुत्र कहे गए हैं । मनु स्मृति के अनुसार क्षत्रियों से ही संसार के मनुष्यों की उत्पत्ति हुई है ।

शनकैस्तुक्रिया लोपादिया, क्षत्रिय जातस्य :।

वृषलत्वं गता लोके ब्राह्मण दर्शनेन च ॥

पौंडू काश्चौंडु द्रविड़: काम्बोजा यवन शाका : ।

पारवा पहुवारचीवा किराता दरदा खरा ॥ मनु स्मृति 10/43 - 44

इतिहासकार मैकिन्स कहता है कि यह बात विद्वानों ने मान ली है कि मनुष्य जाति के पूर्व पितामह मनु या मनस उसी तरह से है जिस तरह जर्मनों के मनस है, जो ट्यूटनों के मूल पुरुष माने जाते हैं । अंग्रेजी में मैन तथा जर्मन का मिन्न शब्द मनु से उसी तरह मिलता है जैसे जर्मन का मेनष और संस्कृत का मनुष्य शब्द मिलता है । अत: मनु से ही मनुष्यों की उत्पत्ति हुई है ।

मनुष्य की खास विशेषताएं दो ही हैं – मस्तिष्क का विकास और खड़े होकर चलना ।

मनुष्य – मनन या तर्क द्वारा किसी भी वस्तु का स्वरूप निश्चय करना इसका प्रधान मार्ग इसलिए इसे मनुष्य नाम दिया गया है । मन ही मनुष्य के बंधन और मुक्ति का कारण है । (मन एवं मनुष्यानाम कारणम बन्ध मोक्षयो)

गुरु ग्रंथ साहिब –

कुदरत कवण कहा वीचारु, वारिआ न जावा एक बार ।

जो सुध भावे साई भलीकर, तू सदा सलामति निरंकार ॥

सृष्टि का सम्पूर्ण संसार परमात्मा के एक शब्द (अर्थात एक से अनेक होने के संकल्प) से हुआ है । उसी से सृष्टि रचना की अनेक धाराएं फैली हैं ।(संकल्प मात्र से यह असंख्य पहलुओं में बंट गया प्रतीत होता है) उस परमात्मा की प्रकृति को परखने का सामर्थ्य मुझ में नहीं, मेरे क्या हस्ती है कि मैं उस अनंत: शक्तिशाली पर विचार भी कर सकूँ । मैं (इतना तुच्छ हूँ कि) एक बार भी उस प्रभु पर समर्पित होने योग्य नहीं हूँ । हे निराकार तुम्हें रिझाने वाले कार्य ही भले हैं । (केवल) तुम (ही) सदैव स्थिर हो ।

" प्राचीन भारत में विज्ञानं और शिल्प " ग्रन्थ में शरीर रचना के आधार पर प्राणियों का वर्गीकरण किया गया है जिसके अनुसार –

1 – एक शफ़ (एक खुर वाले पशु) – खर (गधा), अश्व (घोड़ा), अश्वतर (खच्चर), गौर (एक प्रकार की भैंस), हिरण इत्यादि .

2 – द्विशफ (दो खुर वाले पशु) - गाय, बकरी, भैंस, कृष्ण मृग आदि .

3 – पांच अंगुल (पांच अंगुली) नखों (पंजों) वाले पशु – सिंह, व्याघ्र, गज (हाथी), भालू, श्वान (कुत्ता), शृगाल (सियार – गीदड़) आदि.

इस प्रकार शास्त्रों में कुल 84 लाख योनियों का विवरण मिलता है .

8

जीवन - मरण (जन्म मृत्यु)

संसारी जीव का मरण के बाद नियम से जन्म होता है। वह जन्म कितने प्रकार का होता है। योनि एवं जन्म में क्या भेद है आदि का वर्णननिम्नानुसार है।

जन्म किसे कहते हैं ? - पूर्व शरीर को त्यागकर नवीन शरीर धारण करने को जन्म कहते हैं।

जन्म के कितने भेद हैं ? - जन्म के तीन भेद हैं -

1. **सम्मूच्छन जन्म** - जो चारों ओर के वातावरण से शरीर के योग्य पुद्गलों को ग्रहण करते हैं, वह सम्मूच्छन जन्म है। जैसे - चुम्बक अपने योग्य लोह कण को ग्रहण करता है।

2. **गर्भजन्म** - माता के उदर में रज और वीर्य के परस्पर गरण अर्थात् मिश्रण को गर्भ कहते हैं। अथवा माता के द्वारा उपभुत आहार के गरण होने को गर्भ कहते हैं। और इससे होने वाले जन्म को गर्भ जन्म कहते हैं।

3. **उपपाद जन्म** -देव - नारकियों के उत्पत्ति स्थान विशेष को उपपाद और उनके जन्म को उपपाद जन्म कहते हैं। (स.सि. 3/31/322)

गर्भ जन्म के कितने भेद हैं ? - गर्भ जन्म के तीन भेद हैं -

1. **जरायुज** - जन्म के समय प्राणियों के ऊपर जाल की तरह खून और माँस की जाली सी लिपटी रहती है, उसे जरायु कहते हैं और जरायु से उत्पन्न होने वाले जरायुज कहलाते हैं। जैसे - गाय, भैंस, मनुष्य, बकरी आदि ।

2. **अण्डज** - जो नख की त्वचा के समान कठिन (कठोर) है, गोल है और जिसका आवरण शुक्र और शोणित से बना है, उसे अण्ड कहते हैं और जो अण्डों से पैदा होते हैं, वे अण्डज कहलाते हैं। जैसे कबूतर, चिड़िया, छिपकली और सर्प आदि।

3. **पोत** - जो जीव जन्म लेते ही चलने-फिरने लगते हैं, उनके ऊपर कोई आवरण नहीं रहता है, उन्हें पोत कहते हैं। जैसे - हिरण, शेर आदि।

टिप्पणी (नोट) -जरायुज में माँस की थैली में उत्पन्न होता है और अण्डज में अण्डे के भीतर उत्पन्न होकर बाहर निकलता है वैसे पोत में किसी आवरण से युक्त नहीं होता, इसलिए पोतज नहीं कहलाता है, पोत कहलाता है। (रावा, 3/33/1-5)

कौन से जीवों का कौन सा जन्म होता है ? –

देव और नारकियो – उपपाद जन्म .

मनुष्यों और त्रियंजो का – गर्भ जन्म और सम्मुच्छन जन्म .

1, 2, 3, 4 इन्द्रियों का - सम्मुच्छन जन्म .

लब्धि अपर्याप्तक मनुष्य एवं त्रियंजो का - सम्मुच्छन जन्म .

योनि किसे कहते हैं ? - जिसमें जीव जाकर उत्पन्न हो, उसका नाम योनि है।

योनि और जन्म में क्या भेद है ? - योनि आधार है और जन्म आधेय है।

योनि के मूल में कितने भेद हैं ? - योनि के मूल में 2 भेद हैं। गुण योनि और आकार योनि। गुण योनि के मूल में 9 भेद और उत्तर भेद 84 लाख हैं।

गुण योनि के 9 भेद इस प्रकार हैं :-

1. **सचित योनि** - जो योनि जीव प्रदेशों से अधिष्ठित हो।
2. **अचित योनि** -जो योनि जीव प्रदेशों से अधिष्ठित न हो।
3. **सचिताचित योनि** - जो योनि कुछ भाग में जीव प्रदेशों से अधिष्ठित हो और कुछ भाग जीव प्रदेशों से अधिष्ठित न हो।
4. **शीत योनि** -जिस योनि का स्पर्श शीत हो।
5. **उष्ण योनि** - जिस योनि का स्पर्श उष्ण हो।
6. **शीतोष्ण योनि** -जिस योनि का कुछ भाग शीत हो, कुछ भाग उष्ण हो।
7. **संवृत योनि** -जो योनि ढकी हो।
8. **विवृत योनि** -जो योनि खुली हो।
9. **संवृतविवृत योनि** - जो योनि कुछ ढकी हो कुछ खुली हो।

आकार योनि के कितने भेद हैं ? - आकार योनि के तीन भेद हैं -

1. **शंखावत** - इसमें गर्भ रुकता नहीं है।
2. **कूर्मोन्नत** - इसमें तीर्थंकर, चक्रवर्ती, अर्द्धचक्रवर्ती, बलदेव तथा साधारण मनुष्य भी उत्पन्न होते हैं।
3. **वंशपत्र** - इसमें शेष सभी गर्भ जन्म वाले जीव जन्म लेते हैं।

कौन से जीव की कौन सी योनि होती है ? - देव और नारकियों की अचित योनि होती है, क्योंकि उनके उपपाद देश के पुद्गल प्रचयरूप योनि अचित है। गर्भजों की मिश्र योनि होती है, क्योंकि उनकी माता के उदर में शुक्र और शोणित अचित होते हैं, जिनका सचित माता की आत्मा से मिश्रण है इसलिए वह मिश्रयोनि है। संमूर्च्छनों की तीन प्रकार की योनियाँ होती हैं। किन्हीं की सचित योनि होती है अन्य की अचित योनि होती है और दूसरों की मिश्र योनि होती है। साधारण शरीर वाले जीवों की सचित योनि होती है, क्योंकि ये एक - दूसरे के आश्रय से रहते हैं। इनसे अतिरिक्त शेष संमूर्च्छन जीवों के अचित और मिश्र दोनों प्रकार की योनियाँ होती हैं। देव हैं और कुछ उष्ण। अग्निकायिक जीवों की उष्ण योनि होती है। इनसे अतिरिक्त जीवों की योनियाँ तीनों प्रकार की होती हैं। देव, नारकी और एकेन्द्रियों की संवृत योनियाँ होती हैं। विकलेन्द्रियों की विवृत योनि होती है तथा गर्भजों की मिश्र योनियाँ होती हैं। (स.सि. 2/32/324)

सुविधा के लिए निम्नलिखित देखिए –

सचित योनि – साधारण शरीर

अचित योनि – देव, नारकी

मिश्र योनि – गर्भज

अचित और मिश्र योनि – शेष सम्मुच्छनों की देव, नारकी

शीत और उष्ण योनि – अग्निकायक

उष्ण योनि – इनके अतिरिक्त

शीत, उष्ण और मिश्र योनि – देव, नारकी, एकेन्द्रिय विकेल्न्द्रिय एवं शेष .

सवृत योनि – सम्मूर्च्छनो की

विवृत योनि , मिश्र योनि – गर्भजों की

चौरासी लाख योनि निम्न हैं –

1 नित्य निगोद 7 लाख

2. इतर निगोद 7 लाख

3. पृथ्वीकायिक 7 लाख

4. जलकायिक 7 लाख

5. अग्निकायिक 7 लाख

6. वायुकायिक 7 लाख

7. वनस्पतिकायिक 10 लाख

8. दो इन्द्रिय 2 लाख

9. तीन इन्द्रिय 2 लाख

10. चार इन्द्रिय 2 लाख

11. नारकी 4 लाख

12. तिर्यञ्च 4 लाख

13. देव 4 लाख

14. मनुष्य 14 लाख

कुल योग – 84 लाख

कुल किसे कहते एवं उसके कितने भेद हैं ? –

योनि को जाति भी कहते हैं और जाति के भेदों को कुल कहते हैं। कुल 1995 लाख कोटि होते हैं।

पृथ्वीकायिक (22 लाख कोटि), जलकायिक (7 लाख कोटि), अग्निकायिक (3 लाख कोटि), वायुकायिक (7 लाख कोटि), वनस्पतिकायिक (28 लाख कोटि), दो इन्द्रिय (7 लाख कोटि),

तीन इन्द्रिय (8 लाख कोटि), चार इन्द्रिय (9 लाख कोटि), पञ्चेन्द्रिय (तिर्यउचो में – अ – जलचर 12.5 लाख कोटि, बी – थलचर – 19 लाख कोटि, स – नभचर – 12 लाख कोटि), नारकी (25 लाख कोटि), देव (26 लाख कोटि), मनुष्य (14 लाख कोटि) कुल योग 199.5 लाख कोटि .

ईश्वरका विषय – प्रश्नोतर नास्तिक और आस्तिक

नास्तिक - यदि वह ईश्वर अनेक नहीं तो वह व्यापक है या एक देशी ?

आस्तिक - वह सर्वव्यापक है एकदेशी नहीं।यदि एक देशी होता तो अनेक विधि संसार का पालन पोषण एवं संरक्षण कैसे कर सकता ?

नास्तिक - यदि वह सर्वव्यापक है तो पुनः दिखाई क्यों नहीं देता।

आस्तिक - दिखाई न देने के कई कारण होते हैं जैसे सांख्य-कारिका में कहा है-
अतिदूरात सामीप्यादिन्द्रियघातान्मनो ऽनवस्थनात् ।
सौक्ष्म्याद् व्यवधानादभिभवाद् समानाभिहाराच्च ।

(1) दिखाई न देने का प्रथम कारण है अति दूर होना जैसे लन्दन या अमेरिका दूर होने से दिखाई नहीं देते परन्तु दिखाई न देने पर भी उनकी सत्ता से इन्कार नहीं हो सकता।

(2) दूसरा कारण है अति समीप होना, अति समीप होने से भी वस्तु दिखाई नहीं देती जैसे आंख की लाली या आंख का सुरमा आंख के अति समीप होने पर भी दिखाई नहीं देते। अथवा पुस्तक आँख के अति समीप हो तो उसके अक्षर दिखाई नहीं देते।

(3) इन्द्रिय के विकृत या खराब होने पर भी कोई वस्तु दिखाई नहीं देती जैसे आंख दुखने पर या आंख के फूट जाने पर यदि कोई अन्धा कहे कि सूर्य चन्द्रादि की कोई सत्ता नहीं, तो क्या यह ठीक माना जायगा ।

(4) अति सूक्ष्म होने पर भी कोई वस्तु दिखाई नहीं देती, जैसे आत्मा, मन, बुद्धि, परमाणु, भूख, प्यास, सुख - दुःख, ईर्ष्या, द्वेष आदि।

(5) मन के अस्थिर होने पर भी कोई वस्तु दिखाई नहीं देती जैसे कोई व्यक्ति सामने से होकर निकल जाय, तो उसके विषय में पूछने पर उत्तर मिलता है कि मेरा ध्यान उस ओर नहीं था। इस लिये मैं नहीं कह सकता कि वह यहाँ से निकला है या नहीं।

(6) ओट में रखी या बीच में किसी वस्तु का पर्दा होने से भी वस्तु दिखाई नहीं देती जैसे दीवार के पीछे रखी वस्तु या ट्रंक के अन्दर रखी वस्तु।

(7) समान वस्तुओं के सम्मिश्रण हो जाने या परस्पर खलत मलत हो जाने पर भी वस्तु दिखाई नहीं देती जैसे दूध में पानी, तिलों में तेल, दही में मक्खन, लकड़ी में आग। इसी प्रकार परमात्मा सब वस्तुओं में व्यापक होने पर भी अत्यन्त सूक्ष्म होने के कारण आंखों से दिखाई नहीं देता। परन्तु -
जिस तरह अग्नि का शोला संग में मौजूद है।
इस तरह परमात्मा हर रंग में मौजूद है।

(8) अभिभव से अर्थात् दब जाने पर भी कोई वस्तु दिखाई नहीं देती यथा दिन को तारे सूर्य के प्रकाश में दब जाने के कारण दिखाई नहीं देते अथवा आग में पड़ा लोहा अग्नि के प्रभाव से दिखाई नहीं देता। परन्तु ज्ञान की आंख से वह दिखाई देते हैं – ऐसे ही परमात्मा के दर्शन के लिए भी अन्दर की आंख की आवश्यकता है। किसी ने ठीक कहा है कि -
कहाँ ढूंढ़ा उसे किस जा न पाया, कोई पर ढूंढने वाला न पाया।
उसे पाना नहीं आसान कि हमने, न जब तक आप को खोया न पाया।

नास्तिक – यदि वह सब जगह सर्वत्र व्यापक है तब तो मल - मूत्र, गन्दगी, कूड़े - करकट में भी उसका वास मानना होगा, इस प्रकार तो दुर्गन्ध से उसकी बड़ी दुर्गति होगी।

आस्तिक – आपका यह विचार ठीक नहीं क्योंकि सुगन्ध दुर्गन्ध इन्द्रियों द्वारा प्रतीत होती है और परमात्मा इन्द्रियातीत अर्थात् इन्द्रियों से रहित है इसलिये उसे सुगन्ध दुर्गन्ध नहीं आती।
दूसरे जो वस्तु अपने से भिन्न दूसरे स्थान पर या अपने से पृथक बाहर दूर हो उससे सुगन्ध दुर्गन्ध आती है जो वस्तु अपने ही अन्दर हो उससे सुगन्ध दुर्गन्ध नहीं आती। जैसे पाखाना अपने अन्दर हो तो दुर्गन्ध नहीं आती परन्तु बाहर पड़ा हो तो दुर्गन्ध आती है। इसी प्रकार यह सारा संसार और उस की सब वस्तुएँ भी ईश्वर के भीतर विद्यमान हैं इसलिये उसे सुगन्ध

दुर्गन्ध नहीं आती, न ही उस इनका कोई प्रभाव होता है, कठोपनिषद् में ठीक कहा है -

सूर्यो यथो सर्वलोकस्य चक्षुनं लिप्यते चाक्षुषै बाह्यदोषैः,

एकस्तथा सर्व भूतान्तरात्मा न लिप्यते लोक दुःखेन बाह्य। - (कठोअ 2 -वल्ली 2 -श्लोक11)

अर्थात् – जिस प्रकार सूर्य सब संसार की चक्षु है, परन्तु चक्षु के बाह्या दोषों से प्रभावित नहीं होता, इसी प्रकार सब प्राणियों का अन्तरात्मा लोक में होने वाले दुःखों से लिप्त नहीं होता क्योंकि वह सब में रहता और उसमें सब रहता है। संसार में रहते हुए भी वह सबसे बाह्य अर्थात् सब संसार से पृथक है, अर्थात् लिप्त नहीं है अलिप्त है।

नास्तिक – जब वह स्वयं इन्द्रिय रहित तथा इन्द्रियों से न जानने योग्य है तो उसका ज्ञान होना असम्भव है, पुनः जानने का प्रयत्न व्यर्थ है ?

आस्तिक - उसके जानने का प्रयत्न करना व्यर्थ नहीं क्योंकि ईश्वर की सत्ता का उसके विचित्र ब्रह्माण्ड और उसमें विचित्र नियमानुसार कार्यों को देखकर बुद्धिमान, ज्ञानी, तपस्वी भलीभांति अनुभव करते हैं। इसके अतिरिक्त प्रभु प्राप्ति का साधन इन्द्रियां नहीं अपितु जीवात्मा है, योगाभ्यास आदि क्रियाओं द्वारा जीवात्मा उनका प्रत्यक्ष अनुभव करता है तथा आनन्द का लाभ करता है – कठोपनिषद में ठीक कहा है -

एको वशी सर्व भूतान्तरात्मा, एकं रुपं बहुधा यः करोति,

तमात्मास्थं येऽनु पश्यन्ति धीरास्तेषां सुखं शाश्वतंनेतरेषाम्।

- (कठो अ 2 . वल्ली रचो 12)

अर्थात - वह एक, सब को वश में रखने वाला, सब प्राणियों की अन्तरात्मा में स्थित है अपनी आत्मा में स्थित उस परमात्मा का जो ज्ञानीजन जन दर्शन लाभ करते हैं वे परमानन्द को प्राप्त करते हैं।

नास्तिक – ईश्वर को मानने से मनुष्य की स्वतन्त्रता जाती रहती है, इसलिये मानना व्यर्थ है ?

आस्तिक – ईश्वर को मानने तथा उसकी उपासना करने का अन्तिम फल मुक्ति है। मुक्ति स्वतन्त्रता का केन्द्र है जहाँ सब प्रकार के बन्धन टूट जाते हैं। अतः ईश्वर के मानने से मनुष्य की स्वतन्त्रता के साथ दुःखों की समाप्ति तथा आनन्द की प्राप्ति भी होती है इसलिए उसका मानना तथा जानना आवश्यक है, व्यर्थ नहीं।

नास्तिक- ईश्वर को अज्ञेय अर्थात न जानने योग्य कहा है तो उसके जानने का परिश्रम

करना व्यर्थ है ।

आस्तिक – सृष्टि और उसके विविध पदार्थों तथा उसमें काम कर रहे अनेक विधनियमों को देखकर उसके रचयिता का बोध सरलता से हो जाता है । जैसे आकाश, वायु, अणु, परमाणु आदि इन्द्रिय रहित हैं। परन्तु उनका निश्चय बुद्धि से हो जाता है, इसी प्रकार शुद्धान्तःकरण द्वारा प्रभु का ज्ञान हो जाता है। इसमें किसी प्रकार की कोई बाधा नहीं, परिश्रम की आवश्यकता है।

नास्तिक – ईश्वर को सगुण कहा गया है प्रत्येक सगुण वस्तु नाशवान होती है । इसलिये ईश्वर को भी नाशवान मानना पड़ेगा ।

आस्तिक – प्रत्येक सगुण वस्तु नाशवान होती है यह कोई नियम नहीं, जब सत्व, राजस्, तमस् गुणवाली प्रकृति ही नाशवान् नहीं। तो ईश्वर सगुण होने से कैसे नाशवान् माना जा सकता है। ईश्वर न्याय, दया, ज्ञानादि गुणों से सगुण और अजर, अमर, अजन्मा आदि होने से निर्गुण कहाता है।

वेद मंत्र -

ओ३म् माहिर्भूर्मा पृदाकुर्नमस्तऽआतानानर्वा प्रेहि।
घृतस्य कुल्याऽउपऽऋतस्य पथ्याऽअनु॥ यजुर्वेद 6 -12॥

अर्थ:- हे विद्वान मनुष्य, तुम सर्प की तरह कुटिल मार्ग गामी ना बनो, ना ही बाघ की तरह हिंसक बनो और ना ही मूर्ख की तरह घमंडी बनो। तुम बिना हिंसा और घमंड के सीधे और सरल बनो। सत्य के मार्ग पर चलो तुम्हें सभी सुख साधन मिलते चले जाएंगे।

9

वंश परम्परा

वंश परम्परा मुख्यत तीन – चार बातों पर निर्भर करती है – पीढ़ी दर पीढ़ी अनुसरण अथवा धर्म परिवर्तन के बाद उसका अनुसरण, ऋषि परम्परा – ऋषियों के वंश का अनुसरण, शास्त्रीय वंश – जैसे द्विवेदी, त्रिवेदी, चतुर्वेदी, दीक्षित आदि, क्षेत्रीय (देशीय) परम्परा – गंगा, यमुना, सरस्वती, नर्मदा, सरयू, आदि से, स्थान से – पंजाबी, हरियाणवी, राजस्थानी, बिहारी, बंगाली आदि . जातीय परम्परा – बिन्दुज जातीय जीवन से आधारित, इसे ही अधिक प्रधानता दी जाती है .

प्राचीन काल में मनु वंश नामक एक ही वंश था इसके बाद एक वंश मनु पुत्रों से, एक वंश मनु पुत्री इला से प्रारम्भ हुआ जिन्हें क्रमश: सूर्य वंश और चन्द्रवंश के नाम से ऐतिहासिक पहचान मिली ।

सूर्य - वंश

ब्रह्मा, - मरीचि, - कश्यप, (अदिति), - विवस्वान – (सूर्य वंश आरम्भ) - - 12 आदित्य

ब्रह्मा – (पत्नि - सावित्री, गायत्री, सरस्वती), ब्रह्मा के भृगु (पत्नि - ख्याति) से दाता व विधाता पुत्र तथा लक्ष्मी पुत्री जिसकी शादी विष्णु जी से हुई), दक्ष की पुत्री की शादी शिव - शंकर (महेश) से हुई

दक्ष की 2 पत्नि (प्रसूति व वीरणी) प्रसूति से 24 कन्या, वीरणी से 60 कन्या उत्पन्न तथा एक पुत्र - पृषध । (शादी – 17 - कश्यप, 10- धर्म, 27 चंद्रमा, 2 भूत, 2 अंगिरा, 2 क्रशाश्च)

कश्यप (17 - पत्नी - अदिति, दिति, दनु, काष्टा, अरिष्ठा, सुरसा, इला, मुनि, क्रोधवंशा, तामा, सुरभि, सरमा, तिमि, विनीता, कद्रु, पंतागी, यामिनी)

विवस्वान (विवस्वान, अर्यमा, पूषा, त्वष्टा, सविता, भग, धाता, विधाता, वरुण, मित्र, इन्द्र, त्रिविक्रम)- वैवस्तुमनु, (इला, म्रग, इक्ष्वाक्षु, शर्याति, सुकन्या, आनर्त, रेवत, कुर्कदमी, नभाग) , - नभग,- नभाग, अम्बरीष (पृथ्वी के चक्रवर्ती सम्राट), - विरूप, - प्रषदश्व,- रतीथर, इक्ष्वाकु, (इक्ष्वाकु वंश, परम प्रतापी)

ब्रह्मा - मरीचि - कश्यप (दिति) - मरुत - हिरण्यकश्यप, व हिरण्याक्ष (होलिका/सिंहका – बहिन) – हिरण्यकश्यप के पुत्र (अनुहल्लाद, हल्लाद, भक्त – प्रहलाद, संहल्लाद) - पुरोचन - बलि - दानव आदि ,

इक्ष्वाकु, (कुक्षि, निमि, दण्डक, कुण, शकुनि, वसाति आदि) - कुक्षि,- विकुक्षि, पुरंजय, - अनरण्य प्रथम,- प्रथु,- विश्वरन्धि, - चन्द्र, - युवनाश्व,- ब्रहदश्व,- धुंधमार, - द्रढाश्व, हर्षश्व, - निकुंभ, - वर्णाश्व, - क्रश्यष्व, - प्र - सेनजित, युवनाश्व (द्वितीय) – (यहा से त्रेता युग आरम्भ होता है)

मान्धाता, - पुरुकुत्स,- त्रसदस्यु, - अनरण्य, हर्षश्व,- अरुण,- निबन्धन, - सत्यव्रत, सत्यव्रत (त्रिशंकु), सत्यवादी हरिश्चन्द्र, रोहिताश,- धम्प, - वसुदेव, विजय, भसक, व्रक, सुबाहु - वाहुक, सगर (पत्नि,- प्रभा एवं भानुमति, प्रभा पुत्र जो और्वाग्नि से साठ हजार, एवं कपिल मुनि के श्राप शापित , एवं , भानुमति से असमंजस), असमंजस,- अंशुमान, दिलीप प्रथम, भगीरथ,- (जो गंगा को पृथ्वी पर लाए) – श्रुत, - नाभ, - सिंधु दीप, आयुतानुष, ऋतुपर्व, सर्वकाम, सुदास, सौदास, अश्मक, मूलक, सतरथ, एडविड, विश्वसह, - खटवांग, - दिलीप (दीर्घबाहु),- रघु (यहा से रघु वंश आरम्भ, सूर्य वंश के सबसे प्रतापी राजा),- अज,- दशरथ,(पत्नि - कौशल्या - राम, कैकयी, - भरत, सुमित्रा – लक्ष्मण, व, शत्रुघन), - (राम, लक्ष्मण, भरत, शत्रुघन) राम से कुश (यहा से द्वापर आरम्भ)

कुश, अतिथि, निषध, नल, नभ, पुंडरीक, क्षेम धन्या, देवानीक, अनीह, परियात्र, बल, उक्थ, वज्रनाभ, खगण, व्यूतिताश्व, विश्वसह , हिरण्याभ, पुष्प, ध्रुवसंधि, सुदर्शन, अग्निवर्मा, शीघ्र, मरु, प्रश्रुत, सुसंधि, अमर्ष, महस्वान, विश्ववाहु, प्रसेनजित, तक्षक, ब्रहद्वल, ब्रहतछत्र, (कलियुग आरम्भ)

रामायण काल - -

राम (दशरथ - कौशल्या) - सीता (जनक – सीरध्वज, सुनयना) - से पुत्र - लव (लाहौर क्षेत्र), और कुश (कुशावति क्षेत्र)

लक्ष्मण – (दशरथ – सुमित्रा) - उर्मिला (सीरध्वज - जनक भ्राता, कुशध्वज की पुत्री) से पुत्र - अंगद (अंगद देश) और चन्द्र केतू (चंद्रावती, बहराइच, गोंडा क्षेत्र)

.भरत (दशरथ,- कैकयी) - मांडवी (कुशध्वज की पुत्री) से पुत्र - तक्ष (तक्षशिला) और पुष्कर (पेशावर क्षेत्र)

शत्रुघन (दशरथ - सुमित्रा) - श्रुति कीर्ति (कुशध्वज की पुत्री) से पुत्र - सुबाहु (मथुरा) और शत्रुघाती/बहुश्रुति (विदिशा)

इक्ष्वाकू - निमि – मिथि (पत्नि - इस्वरोमा) - जनक/विदेह/सीरध्वज, (पत्नि – सुनयना) एवं कुशध्वज,

(निमि - विदेह ये ही निमि जैन धर्म के 21 वे तीर्थंकर कहलाए)

जनक - पुत्री,- सीता, कुशध्वज पुत्री – उर्मिला, मांडवी, श्रुतिकीर्ति .

ब्रह्मा,- पुलस्त्य ऋषि (पत्नि – तृण - बिन्दु की पुत्री) - अगस्त्य, विश्रवा/विश्वस,

विश्रवा (पहली पत्नि - देवांगना जो भारद्वाज की पुत्री),- कुबेर.

विश्रवा (दूसरी पत्नि – कैकसी, सुमाली की पुत्री) - (सुपर्णखा, कुंभकर्ण, विभीषण, रावण, कुंभीनसी, त्रिशरा)

रावण के मौसेरे भाई – खर, दूषण, सौतेले भाई – महोदर (नील), महापर्श्व (ऋषभ)

मारिचि - सून्द तथा वाटका का पुत्र, ताम्रा की पौत्री, विनीता,- गरुण व वरुण - संपाती व जटायु,

रावण (मंदोदरी, गयासुर की पुत्री) - मेघनाद/इंद्रजीत (वध – लक्ष्मण), अक्षय कुमार (वध - हनुमान)

देवांतक (वध - हनुमान) नरानंतक (वध - अंगद)

रावण (दूसरी पत्नि, धन्य मालिनी), पुत्र - अतिकाय (वध - लक्ष्मण)

कुंभकर्ण (वज़्रवाला, विरोचन कुमार वाली की दौहित्री) - पुत्र - कुम्भ (वध - सुग्रीव) तथा निकुंभ (वध - हनुमान)

विभीषण (सरसा, महात्मा शैलुष्य की पुत्री) - पुत्री कला .

शूपर्णखा का पति - विध्युतजिह्वा, (कालका का पुत्र), (वध - रावण)

कुंभनसी – (पति - मधुदानव) - पुत्र - लवण (वध - शत्रुघन)

दशरथ – ऋषि – 2 – (वशिष्ठ, वामदेव,)

- मंत्री – 8 - (ध्रष्टि, ध्रष्टि - विजय, विजय, सुराष्ट्र, राष्ट्र वर्धन, अकोप, धर्म पाल, सुमंत्र)

- ब्राह्मण - 7 – (सुयज्ञ, जावालि, काश्यप, गौतम, दीर्घायु, मार्कन्डेय, कात्यासन)

वानर,- (वाली, सूर्य - पुत्र), सुग्रीव (इन्द्र पुत्र), अंगद (वाली - तारा - पुत्र), नल, नील (विश्वकर्मा), जामवंत, हनुमान (मारुति), सुहोम, सुषेण (वरुण), गज, गवाक्ष, गवय, गंधमाद (कुबेर))

अंगिरा – उतथ्य एवं अन्य,- ब्रहस्पति - भारद्वाज, द्रोणाचार्य, एवं, गौतम ऋषि, द्रोणाचार्य – अश्वत्थामा,

परशुराम – भृगु - ऋषि – श्रषीक - ऋषि (पत्नि - सत्यवती - राजा गाधि, कन्नोज - नरेश की पुत्री, विश्वामित्र की बहिन) - जमदग्नि ऋषि (पत्नि - रेणुका - प्रसेनजित की कन्या, राजा – मांधाता की बहिन - सूर्य - वंशी) - 4 पुत्र – रुक्मवान, सुखेणवसु, विश्वावसु, और परशुराम, (पत्नि - धारिणी)

परशुराम – (शिक्षा) - विश्वामित्र (नाना), ऋषीक (दादा), परशुराम (शिक्षक, गुरु) - भीष्म (गंगा, शांतनु पुत्र), द्रोण (कौरव, पांडव - गुरु), कर्ण (कुंती पुत्र), युद्ध – ध्रष्ट - हैहय वंशी क्षत्रियों का 21 वार संहार,

अश्वत्थामा, बलिर्व्यासो हनुमानश्च विभीषण,। क्रप: परशुरामश्च, सप्तैते चिरंजीविन ।।

सप्तैतान संस्मरेन्नित्यम मार्कण्डेयम धाष्टम । जीवे दर्षशतम सोपि सर्वव्याधि विवर्जिता । ।

गौतम ऋषि – (अहिल्या) - पुत्र - शतानन्द/शर्दवान, (जनक – पुरोहित), पुत्री – अंजना – (शादी – केशरी,) पुत्र - हनुमान .

चंद्र - वंश

ब्रह्मा – अत्रि (सती अनुसईया),- सोम - (ब्रहस्पति की पत्नि - तारा) (चंद्र वंश आरंभ) - बुध (इला) - पुरुरवा (उर्वशी अप्सरा),-, विजय, 4 अन्य, आयु,

आयु - क्षेत्र व्रन्द, 3 अन्य, नहुष,

नहुष,- ययाति, 5 - पुत्र, ययाति (देवयानी - शुक्राचार्य पुत्री) पुत्र - कच (गुरु पुत्र), ययाति (शर्मिष्ठा) - यदु (ज्येष्ठ) तुर्वसु, दोनों देवयानी से, द्रयु, अनु और पुरू (कनिष्ठ) - तीनों शर्मिष्ठा से

ययाति - यदु, (मथुरा) 3 अन्य (तुर्वसु, द्रयु, अनु), पुरू (हस्तिनापुर)

पुरू, अन्य वंश, दुष्यंत (शकुन्तला), भरत, भरद्वाज (दत्तक पुत्र), - मन्यु, - नर - संस्क्रिति, - गुरु, व, रन्तिदेव,

(कुश - कुशनाभ,- गाधि,- विश्वामित्र (मेनका) – शकुन्तला (कड्व ऋषि आश्रम)

रन्तिदेव, - अजमठि,- (रक्ष, नित्य, अन्य) नित्य – अन्य वंश - द्रुपद - द्रोपदी, धृष्ट धूमन .

नित्य, - अन्य वंश, द्रुपद, - द्रोपदी, धृष्टधुमन, अन्य

रक्ष – कुरु - जाहुन, - अन्य वंश,

कुरु - शांतनु (गंगा - हिमालय की पुत्री, सुमेरु की कन्या मेनका की पुत्री) - देव व्रत (भीष्म - आठवा वसु) (8 वसु)

शांतनु – (योजन गंधा, रजनी गंधा, मत्स्य कन्या, सत्यवती) - विचित्र वीर्य, व, चित्रांगद

विचित्र वीर्य (अम्बा x शिखंडी, अम्बे, अम्बालिका – काशी नरेश पुत्री) – पांडु, ध्रतराष्ट्र, विदुर,

पांडु (कुन्ती – वसुदेव की बहन, कृष्ण की बूआ) - (कर्ण - सूर्य), युधिष्ठर (धर्म), भीम (वायु), अर्जुन (इन्द्र),

पांडु (मादरी - मादर नरेश शल्य की बहन) - नकुल, सहदेव (अश्विनी कुमार)

ध्रतराष्ट्र (गांधारी, गांधार नरेश सुबल की पुत्री, शकुनि, शोण कणक की बहिन) - 100 पुत्र (दुर्योधन, दुशासन, आदि) 1 - पुत्री (दुशाला)

गांधारी - के साथ 10 बहन – (सत्यव्रता, सत्यसेना, सुदेष्णा, सुसंहिता, तेज - श्वा, सुश्रवा, निक्रति, शुभा, शंभूका, दशार्णा) शकुनि के भाई – शोण, कणक,

कर्ण (कुन्ती पुत्र, पालन - राधा/राधेय पुत्र)

कर्ण (पत्नि, व्रशाली) - सदामन, व्रषसेन, व्रषकेतु, सुषेण

कर्ण (पत्नि सुप्रिया) - चित्र सेन, भानुसेन, सुशर्मा, प्रसेन,

युधिष्ठर (द्रोपदी - सुगन्धा) - प्रति भीति/प्रतिबिन्ध, (पौरवी) - देवक पुत्र,

भीम/भीमसेन (द्रोपदी – सुभागे) - सुतसोम/श्रुतसेन, (हिडिंबा) - घटोत्कच (मौरवी - नाग कन्या) - का पुत्र – बब्रीक

भीम (बलन्धरा - काशीराज पुत्री) - शर्णत्रास, भीम (काली - शिशुपाल की बहन) - सर्वगत

अर्जुन (द्रोपदी – सुरेखा/श्यामा/कृष्णा/सुकेशा) - श्रुतिकीर्ति, अर्जुन (सुभद्रा, बलराम व कृष्ण की बहन, वसुदेव - पुत्री) – अभिमन्यु (उत्तरा, विराट पुत्री) - परीक्षत (इरावती/ माद्रवती – विराट पुत्र उत्तर की पुत्री) - जन्मेजय, (जनमेजय के भाई - श्रुतसेन, उग्रसेन, भीमसेन द्वितीय, ज्ञातानीक, शंकु वर्मा) जन्मेजय की 26 वी पीढ़ी के क्षेमक अंतिम राजा .

{जन्मेजय – शातनक - यज्ञदत्त – निशस्तचक – उस्त्रपाल - चित्ररथ - धृतिमान (उग्रसेन) – सुसेन – सुनित - मखपाल - चाकथु – सुखवन्त - पटील्ल्व - सुनाया – मेदावि – नरीपांजाया – मादु (मदु) – तीमजोति - वृहदत्त – वासुदान - शाष्टनक (शातनक) - उदावन – अहिनरे - निरामित्र (भीमपाल) - केशमक (क्षेमक)}

दुर्योधन – धृतराष्ट्र/गांधारी - पुत्र, द्रोणाचार्य/बलराम - शिष्य, कर्ण - मित्र (अंग देश का राजा बनाया) भीम द्वारा गदा युद्ध में मृत्यु, पत्नि - भानुमती, पुत्र - लक्ष्मण, लक्ष्मण का वध - अभिमन्यु द्वारा ,

जय द्रथ – सिंध - प्रदेश, पिता - व्रद्ध क्षत्र, पत्नि - दुशाला (दुर्योधन की बहिन), वध - अर्जुन

जरासंध – चेदि राज्य वसु के पुत्र ब्रहदरथ ने मगध राज्य स्थापित किया, (अस्ति, प्रास्ति - पुत्री, शादी - कंस), वध - भीम

महाभारत युद्ध के बाद बचे पुरुष - कौरव पक्ष - 3 - कृपाचार्य, कृतवर्मा, अश्वत्थामा, पांडव पक्ष - 7 , पांडव - 5, श्री कृष्ण , सात्यकि

अर्जुन (चित्रांगदा - मणिपुर चित्र वाहन पुत्री) – बभ्रुबाहन

अर्जुन (उलूपी - नाग कन्या) - इरावन

अर्जुन (उर्वशी – हरिद्वार) - शादी नही की

नकुल (द्रोपदी - याज्ञसेनी) - श्रुतानीक, नकुल (करेणुमति - शिशुपाल - पुत्री) - नरमित्र

सहदेव (द्रोपदी - पांचाली) - श्रुतकर्मा, सहदेव (विजया - मद्र नरेश शल्य की पुत्री) - सुहोत्र (भानुमति - संतान नही)

यदु वंश - - नहुष - ययाति – यदु - कोष्ट, अन्य वंश - विदर्भ - सात्वत, - (ब्रिष्णि, 5 अन्य अंधक,)

ब्रिष्णि – अन्य वंश, सूरसेन – वसुदेव, - बलराम व कृष्ण (रुकमणि - रुकमि की बहिन, भीष्मक की पुत्री) - प्रधूम्न (ककृदवती - पुत्री - रुकमि) - अनिरुद्ध (सुभद्रा, पौत्री - रुकमि) - वज्र/वज्रनाभ

वसुदेव (देवकी - देवक के पुत्री),

वसुदेव (रोहिणी) - बलराम (बलदेव, बलभद्र, हलधर,) पत्नि - रेवती (रेवत राज कूकिधानकी पुत्री), - पुत्र – निशठ, उल्मुक, (रोहिणी – गद, सारण,)

देवकी की बहिन – सहदेवा, शांति देवा (निःसंतान), श्री - देवा, देवरक्षिता (वसुदेव पति), व्रक देवा, उपदेवा (वसुदेव पति),

देवकी भाई - देवमान, उपदेव, सुदेव, देव - रक्षित

वसुदेव (देवकी) - पुत्र, कृष्ण - बलराम, कीर्तिमान, सुषेण, भद्रसेन, ऋजु, सम्मर्दन, भद्र

1 - वसुदेव – पत्नि — देवकी - 8 पुत्र

- पत्नि – कंसा - पुत्र – उद्वव, चित्र केतू, ब्रहद बल

- पत्नि - उपदेवा

- पत्नि - देव रक्षिता

2 - देव श्रवस – कंसवती - शत्रुघन, सुवीर, ईशुमान

3 – आतक - (मंत्री) - कंका – पुरूजित, सत्यजित

4 - श्यामक - शूरभू - हिरण्याक्ष, हरी केश

5 - श्रंजय - राष्ट्रपालिका - धनु, वज्र

6 - शमीक,- सौदामिनी – प्रतिक्षण

7 - कंक, (मंत्री) - कणिका – क्रतद्ग्वामान, जय

8 - वत्सक,- मित्र केशी - व्रक

9 - व्रक - दुर्वाक्षी, - तक्ष, पुशकर

10 – आनाधृष्ट – अश्मकी - यशस्वी

11 – गंडष - (पत्नि - नही)

कृष्ण – (माता - पिता), देवकी - वसुदेव (जन्मदाता), यशोधा - नन्द बाबा (पालन कर्ता), गुरु – संदीपनि (उज्जैन - आश्रम), घोर - अंगारिस (जो बाद में जैन गुरु भी कहलाए), बहिन - द्रोपदी, सुभद्रा, नन्द बाबा की पुत्री एक नंगा .

नन्द बाबा - भाई – नन्द, सुनंद, उपनन्द, महानन्द, नन्दन, कुल नन्द, बंधु नन्द, केली नन्द, प्राण नन्द

कृष्ण – पत्निया -

1. - रुक्मणी - विदर्भ के राजा भीष्मक (पत्नि - शुद्धमति) की पुत्री, 5 भाई बहन, (रुकिम, रुक्म मालि, रुक्म केश, रुक्म रथ, रुक्म बाहु)

2 . - जामवंती – निषाद राज जामवंत की पुत्री

3. - सत्यभामा - सत्याजित की पुत्री,

4. - मित्रवृन्दा – अवन्ति नरेश जयसेन - राजाधिदेवी की पुत्री

5. - सत्या – (नागजित), कौसल पुत्री

6. - लक्ष्मणा - म्रद देश के ब्रहदसेन की पुत्री

7. - भद्रा - केकयाधिपति ध्रष्टकेतू - श्रुति कीर्ति की पुत्री

8. - कालिंदी – जलकन्या,

कृष्ण भ्राता – बलराम, कीर्तीमान, सुषेण, भद्रसेन, ऋजु, सम्मर्दन, भद्र

यादव वंश – 18 मुख्य – वृष्णि, अंधक, भोज, सात्वत, यदु, तुवर्सु, चेदि, कुकुर, दिवमिढ़,

कौशिक, शैनेय (शैन्य), महाभोज, हैहय, मधु, आभीर, राष्ट्रिक, दाशार्ह (दशरह), क्रोष्टु,

कंस – पत्नी, अस्ति, व, प्राप्ति (जरासंध की पुत्री)

कंस – 8 सहोदर भाई – नागोथ, कंक, शंकु, सुहु, राष्ट्रपाल, श्रष्टी, सुनामा, तुष्टिमान,

कंस – बहिन – कंसवती, कंका, शूरभू, राष्ट्रपालिका, कंसा,

वसुदेव – भ्राता

1 - देवभाग, पत्नि - कंसा, पुत्र – उद्धव, चित्र केतू, ब्रहदबल

2 - देव श्रवस, पत्नि – कंस वती, पुत्र - शत्रुघन, सुवीर, ईशुमान,

3 - आनक, पत्नि - कंका, पुत्र - पुरूजित, सत्यजित,

4 - श्रंजय, पत्नि – राष्ट्रपालिका, पुत्र - धनु, वज्र

5 - श्यामक, पत्नि – शूरभू, पुत्र - हिरण्याक्ष, हरिकेश

6 - शमीक, पत्नि – सौदामिनी, पुत्र - प्रति क्षत्र

7 - कंक, पत्नि – कणिका, पुत्र - क्रतधामन, जय

8 - वत्सक, पत्नि - मित्रकेशी, पुत्र – व्रक

9 - व्रक, पत्नि – दुर्वाक्षी, पुत्र - तक्ष, पुष्कर

10 - अनाधाशिट, पत्नि - अशमकी, पुत्र – यशस्वी,

11 - गण्डष, पत्नि - नही

वसुदेव की बहिन – (कृष्ण की बुआ) – वश्रुत श्रुवा, (पति - दमघोष) - पुत्र – शिशुपाल,
चेदि - नरेश

वसुदेव की बहिन – राजाधि देवी (पति - जय सेन) पुत्र - बिन्दु, अनुबिन्दु, (अवन्ति)

ऋतदेवी, (पति - ब्रदशर्मन) पुत्र - दन्तव्रक, (करुष देश)

कुंती देवी (पति – पांडु) पुत्र – कर्ण, युधिष्ठर, भीम, अर्जुन (हस्तिनापुर)

माद्री (पति - पांडु) पुत्र - नकुल, सहदेव

देवकी – कंस के पिता उग्रसेन, के भाई देवक की कन्या, वसुदेव की पत्नि,

देवकी की बहिन - सहदेवा, शान्तिदेवा, श्रीदेवा, देवरक्षिता (पति - वसुदेव), व्रक देवा,
उपदेवा (पति - वसुदेव)

देवकी भ्राता – देवमान, उपदेव, सुदेव, देव रक्षित,

नन्द बाबा – 8 भ्राता – सुनंद, उपनन्द, महानन्द, नन्दन, कुलनन्द, धुनन्द, केलिनन्द,
प्राण नन्द

द्रुपद – (सौत्रामणि - पत्नि) यज्ञ से पुत्र - धृष्ट धूमन, शिखंडी, द्रोपदी

8 पुत्र - सुमित्र, प्रियदर्शन, चित्रकेतु, ध्वज केतू, वीरकेतु, सुकेतु, सुरष, शत्रुंजय

अंगिरा - उतशय - ब्रहस्पति - भारद्वाज - द्रोणाचार्य – अश्वत्थामा

अक्रूर – (पत्नि - सुतानु, पुत्री - अहुक) – कृष्ण के चाचा, माता - नंदिनी (काशीनरेश पुत्री), पिता - स्वफालिका – के 12 पुत्रो मे से एक, (यदु – क्रोष्ट – सात्वत – वृष्णि - युद्धाजित - प्रस्नि - स्वफालका - अक्रूर)

नाग वंश

नाग वंश - प्राचीन काल से ही भारत में नागों की पूजा की परम्परा रही है, माना जाता है कि 3000 ईसा पूर्व आर्य काल में भारत में नाग वंशियों के कबीले रहा करते थे, जो सर्प की पूजा करते थे, उनके देवता सर्प थे, यही कारण था कि प्रमुख नाग वंश के नाम पर ही जमीन पर रेंगने वाले नागों के नाम पड़े थे, पुराणों के अनुसार कश्मीर में कश्यप ऋषि की पत्नि कद्रू (दक्ष - कन्या) से उन्हे आठ पुत्र हुए, जिनके नाम क्रमश: इस प्रकार थे – अनंत (शेष नाग), वासुकी, तक्षक, कर्कोटक, पद्म, महापद्म, शंख, कुलिक।

नाग शासकों में सबसे महत्वपूर्ण और संघर्षमय इतिहास तक्षकों का और फिर शेषनागों का है, पंचनद (पंजाब), कश्मीर में कर्कोटक और अनंतनाग, मारवाड़ में वासुकि नाग आदि बहुत प्रभावी रहे है । तक्षशिला, शंकघर, सिंधपुर,टोंक, मथुरा, कर्कोटनगर, इन्दोरपुरा, नागौर पदमावाती, कान्तिश्री, भोगवती, विदिशा, उज्जैन, नागदा, पूरिका, यौनी, भरहुत, नागपूर, नंदीवर्धन एरण, पैठन, आदि नाग राजाओं के महत्वपूर्ण केंद्र है । महाभारत के विभिन्न पर्वों एवं अध्यायों में नाग राजाओं का वर्णन किया गया है । (1,35 ,1.65 ,2.7 ,5.103 ,14.4) आर्य जातियों का इन नागवंशियों के साथ संघर्ष होता रहा है ।

कश्मीर का अनंतनाग इलाका अनंतनाग समुदायों का गढ़ था, उसी तरह कश्मीर के बहुत से सारे अन्य इलाके भी कद्रू के दूसरों पुत्रों के अधीन थे, कुछ अन्य पुराणों के अनुसार नागों के प्रमुख पाँच कुल थे, अनंत, वासुकी, तक्षक, कर्कोटक और पिंगला, जबकि कुछ और पुराणों ने नागों के अष्ट कुल बताये, वासुकी, तक्षक, कुलक, कर्कोटक, पद्म, शंख, चूड़, महापद्म और धनंजय । अग्नि पुराण में 80 प्रकार के नाग कुलों का वर्णन है, जिसमे वासुकी, तक्षक, पद्म महापद्म प्रसिद्ध है । नागों का पृथक नागलोक पुराणों में बताया गया है, अनादि काल से ही नागों का अस्तित्व देवी - देवताओं के साथ वर्णित है, जैन बौद्ध देवताओं के सिर पर भी शेष छत्र होता है, असम, नागालेंड, मणिपुर, केरल और आंध - प्रदेश में नागा जातियों का वर्चस्व रहा है, भारत में इन आठ कुलों का ही क्रमश: विस्तार हुआ जिनके नागवंशी रहे थे, नल, कवर्धा फणि - नाग, भोगिन, सदाचन्द, धनधर्मा, भुतनंदि, शिशु नंदिया यश नंदि, तनक तुरा, ऐरावत, धृतराष्ट्र, अहि, मणि भद्र, अलाफ़त्र, कम्बल, अंशतर, धनंजय, कालिया, सौफू, द्धोदिध्या, काली तखतू, धूमल, फाइल, काना, गुलिका, सरकोटा इत्यादि ।

अन्य तथ्य -

कृष्ण काल में नाग जाति बृज में आकार बस गई थी, इस जाति की अपनी एक पृथक संस्कृति थी, कालिया - नाग को संघर्ष में पराजित करके श्रीकृष्ण ने उसे बृज से निर्वासित कर दिया था, किन्तु नाग जाति यहाँ प्रमुख रूप से बसी रही, मथुरा पर भी उन्होने काफी

समय तक शासन भी किया ।

नागसेन आदिनाथ नरेश बृज के इतिहास में उल्लेखनीय रहे, जिनहे गुप्त वंश के शासकों ने पराजित किया था, नाग देवताओं के अनेक मंदिर आज भी बृज में विध्यमान हे ।

इतिहास में यह बात प्रसिद्ध है कि महाप्रतापी गुप्त वंशी राजाओं ने शक या नागवंशियों को परास्त किया था, प्रयाग के किले के भीतर जो स्तम्भ लेख हे उसमे स्पष्ट लिखा है कि महाराज समुद्रगुप्त ने गणपति नाग को पराजित किया, इस गणपति नाग के सिक्के बहुत मिलते है ।

महाभारत में भी कई स्थानो पर नागों का उल्लेख है, पांडवों ने नागों के हाथ से मगध राज्य छीना था, खांडव वन जलाते समय भी बहुत से नाग नष्ट हुए थे, जनमेजय के सर्प - यज्ञ का भी यही अभिप्राय मालूम होता है कि पुरू वंशी आर्य राजाओं से नागवंशी राजाओं का विरोध था इस वात का समर्थन सिकंदर के समय के प्राप्त वृत से होता है जिस समय सिकंदर भारत में आया था तब उससे सबसे पहले तक्षशिला का नागवंशी राजा ही मिला था, उस राजा ने सिकंदर का कई दिनों तक तक्षशिला में आतिथ्य किया और अपने शत्रु पौरस राजा के विरुद्ध चढ़ाई करने में सहायता पहुचाई, सिकंदर के साथियों ने तक्षशिला में राजा के यहाँ भारी - भारी साँप पले देखे थे, जिनकी नित्य पूजा होती थी यह शक या नाग जाति हिमालय के उस पार की थी, अब तक तिब्बती भी अपनी भाषा को नाग भाषा कहते है ।

ऋषि वंश

माना जाता है कि मूल पुरुष ब्रह्मा के चार पुत्र, भृगु, अंगिरा, मरीचि और अत्रि, भृगु कुल में जमदग्नि, परशुराम, अंगिरा के गौतम और भारद्वाज, मरीचि के कश्यप, वसिष्ठ एवं अत्रि के विश्वामित्र, इस प्रकार वैदिक साहित्यानुसार – जमदग्नि (भार्गव), गौतम, भारद्वाज (बृहस्पति के पुत्र (वंशज) माँ - ममता), कश्यप (मारीचि), वसिष्ठ, अत्रि (भौम) और विश्वामित्र (गाथिन) ये सात ऋषि कहलाए । अन्य सप्त ऋषि - मरीचि (कश्यप, मनु पुत्र), अंगिरा (अग्नि के पुत्र, पत्नि - दक्ष की पुत्री - स्मृति) (उतश्य - बृहस्पति भारद्वाज - द्रोणाचार्य - अश्वथामा, गौतम - शतानन्द - कृपाचार्य), अत्रि (अनुसईया पत्नि, पुत्र ब्रह्मा से चंद्र, विष्णु से दत्तात्रेय, महेश से दुर्वासा), पुलस्त्य (अगस्त्य, दंतेली, विश्वश्रवा - कुबेर, रावण परिवार), पुलह (गौतम), कृतु (भृगु के पुत्र च्यवन) और वसिष्ठ (आग्नेय पुत्र, मित्र वरुण के पुत्र, पत्नी अरुंधती) भी कहते है ।

10

भाषा

सब जीवों में श्रेष्ठ मानव ने भाषा (वाणी) का प्रयोग किया है । जहां ज्ञान शिक्षा की परंपरा रहती है, वहां ज्ञान रहता है और जहां परम्परा टूट जाती है, वहां ज्ञान नष्ट हो जाता है । इसलिए बिना सीखे ज्ञान नहीं होता । ज्ञान के लिए भाषा भी अपेक्षित होती है, क्योंकि ऐसा कोई भी ज्ञान नहीं होता जिसके सूक्ष्म शब्द का अनुवेधन हो, भाषा भी सीखकर बोली जाती है । माता – पिता तथा कुटुंबियों की बोलचाल सुनकर ही प्राणी बोलता है, स्वतन्त्रता से कोई नई भाषा बना भी नहीं सकता । कहते हैं कि गूंगे बहरे भी होते हैं, वे सुन नहीं सकते इसलिए बोल नहीं सकते । परन्तु उनके मुँह में बोलने के लिए साधन होते हैं । इसलिए यंत्रों द्वारा उन्हें बुलवाया जाता है। बिना सिखाये कोई बोल नहीं सकता । गुरु बिन ज्ञान न होई, गुरु शिष्य परम्परा । वाणी को ध्वनित्माक व वर्णनात्मक कहा गया है । ध्वनित्माक वाणी – परा (नाभि स्थान), पश्यंती (हृदय स्थान), मध्यमा (कंठ स्थान), तथा वैखरणी (मुख जिव्हा स्थान) बताया जाता है । अन्य मतानुसार संत, ऋषि, मुनियों ने मानव के विभिन्न स्थान (मूलाधार, स्वाधिष्ठान, मणिपुर, अनाहत, विशुद्ध, आज्ञा व सहस्त्राधार) चक्रों से उत्पन्न ध्वनि से अक्षरों से बने हैं । महर्षि पाणिनि द्वारा संस्कृत भाषा में व्याकरण के 14 सूत्रों का उल्लेख किया है । कुछ इन्हीं को शंकर जी के डमरू से उत्पन्न कहते हैं। श्रुति को याद करना - स्मृति कहा है यही श्रुति स्मृति है । ध्वनित्माक भाषा को आकारित करने को ही वर्णनत्माक (रूपात्मक) कहते हैं। यही लिपि है । ब्रह्म लिपि (देवनागिरी) लिपि द्वारा ही भाषा को ध्वनित्माक निराकार से वर्णनात्मक साकार किया गया है । जो साकार है उसका जीवन और अंत है ।

सृष्टि के आदि में परमेश्वर से ज्ञान प्राप्त होता है, और अब भी पूर्वजों, अध्यापकों, आचार्यों से ही ज्ञान सीखा जाता है। डिस्कोर्ट का कहना है कि ईश्वर सम्बन्धी ज्ञान मनुष्य के हृदय में स्वत: उत्पन्न नहीं होता है, क्योंकि वह अनन्त है । मेडम व्लषेटस्की ने सीक्रेट डॉक्टर में लिखा है कि कोई नवीन धर्म का प्रवर्तक नहीं हुआ है । आर्यों, सेमीटिकों, तुरानियों, ने नया धर्म, नई सभ्यता का आविष्कार किया था, इसका मतलब यही है कि वे धर्म पुन:

उद्धारक थे, मूल शिक्षक नहीं ।

ज्ञान - ज्ञान (जानकारी) मानव शरीर की 5 ज्ञान इंद्रियों (आँख – देखना, जिव्हा - स्वाद, त्वचा – स्पर्श, नाक – सूंघना और कान – सुनना) के द्वारा विषय (रूप, रस, स्पर्श, गन्ध और श्रवण/शब्द) की अनुभूति होती है । तब वह कर्मेन्द्रियां (हाथ/हस्त – करना, पैर/पाद – चलना, लिंग/योनि – मूत्र त्याग, गुदा/त्याजा – मल त्याग तथा वाणी - बोलना) के ज्ञान से कर्म करता है । कर्म से ज्ञान होना, ज्ञान से कर्म करना दोनों ही स्थिति हैं । लेकिन ज्ञान योग की अपेक्षा कर्म योग को किसी प्रकार से कम नहीं मानना चाहिए । कर्मयोगी शरीर को संसार का ही मानकर उसको संसार की ही सेवा में लगा देता है । इसलिए कर्म से संबन्धित गीता में कहा गया है – " कर्मण्येवाधिकारस्ते मा फलेषु कदाचन ", रामचरित (तुलसीकृत) मानस में – " कर्म प्रधान विश्व करि राखा ", हिन्दी में – " कर्म ही पूजा है ", अंग्रेजी में – वर्क इज वरशिप (WORK IS WORSHIP), सभी कर्म प्रधानता को मानते हैं । कर्म में साकार की प्रधानता है, जहां ज्ञान में निर्गुण (निराकार) की मुख्यता है, अक्षर(जीवात्मा) की प्रधानता है ।

भाषा विज्ञान – ज्ञान के लिए भाषा भी अपेक्षित होती है, क्योंकि ऐसा कोई भी ज्ञान नहीं होता जिसके सूक्ष्म शब्द का अनुवेधन हो, भाषा भी सीखकर बोली जाती है । माता – पिता तथा कुटुंबियों की बोलचाल सुनकर ही प्राणी बोलता है, स्वतन्त्रता से कोई नई भाषा बना भी नहीं सकता । कहते हैं कि गूंगे बहरे भी होते हैं, वे सुन नहीं सकते इसलिए बोल नहीं सकते । परन्तु उनके मुँह में बोलने के लिए साधन होते हैं । इसलिए यंत्रों द्वारा उन्हें बुलवाया जाता है। बिना सिखाये कोई बोल नहीं सकता । गुरु बिन ज्ञान न होई, गुरु शिष्य परम्परा ।

भाषा – विज्ञान के आधुनिक विद्वान मनुष्य सृष्टि के साथ ईश्वर द्वारा भाषा का प्रादुर्भाव नहीं मानते । उनके अनुसार पहले हस्त संकेत आदि द्वारा ही व्यवहार होता है । बाद में व्यवहार के लिए बुद्धि पूर्वक मनुष्यों ने भाषा बनाई । विचारों और भाषाओं का अटूट सम्बन्ध होता है। विकासवादियों का कहना है कि भाषा की उत्पति न एकाएक मनुष्य की स्वेच्छा से हुई, न स्वभाव से, न दैव शक्ति की प्रेरणा से, किन्तु सभ्यता के अन्य अंगों की तरह इसका धीरे – धीरे विकास हुआ है । उनके मतानुसार जड़ चेतना बाह्य जगत की ध्वनियों के अनुकरण के आधार पर नाम रखे गए । परन्तु बाहर की ध्वनियां ही जब स्पष्ट नहीं हैं तब उनके द्वारा शब्दों का उच्चारण कैसे सीखा जा सकता है? मनुष्य के मुख को छोड़ कर अन्यत्र से वर्णों का उच्चारण हो ही नहीं सकता । उसके लिए मनुष्य के कंठ, तालु, मूर्छा, दाँत, ओष्ठ, जिव्हा एवं अन्तर बाह्य प्रयत्न अपेक्षित हैं । उदाहरणार्थ – खाल, बाल, ताल और गाल से ध्वनि उत्पति के माध्यम हैं । कुछ लोग कहते हैं कि ईश्वर ने ही मनुष्य के मुख में वर्णों के उच्चारण की शक्ति दी है । तब फिर यह भी क्यों नहीं माना जाता है कि ईश्वर ने ही मनुष्य को भाषा सिखायी है ? जब पशु मनुष्य की बोली नहीं बोलता, तब मनुष्य ही पशु की बोली की नकल करते हैं । भाषा बोलना कैसे सीख गया? मैक्समूलर का कहना है कि मनुष्य की भाषा ध्वनि और पशुओं की बोली से नहीं बनी । लॉकएडम, स्मिथ एवं उयुगता

स्टुवर्ड आदि कहते हैं कि मनुष्य बहुत काल तक गूंगा रहा, संकेत से, भूक्षेप से वह काम चलाता रहा । जब काम न चला तब परस्पर संवाद करके शब्दों के अर्थ नियत करके भाषा बनाई । इस पर भी विचार करने से मालूम पड़ता है कि जब ज्ञान और भाषा दोनों ही से शिक्षा अपेक्षित है तब बिना शिक्षा के ज्ञान और भाषा कैसे उत्पन्न हुई । अत: अंतिम सिद्धान्त यह मानना ही पड़ता है कि परमेश्वर ने ही मनुष्य को निर्मित कर उसे ज्ञान और भाषा प्रदान की । वेदों से भी यही स्पष्ट मालूम पड़ता है कि परमेश्वर ने ब्रह्मा को उत्पन्न करके उन्हें वेद प्रदान किए । योंवैन्नब्रह्माणे विदधाती पूर्व यो वै वेदांश्च प्रहिबोति तस्मै(श्वेतांबर 6.18) ब्रह्मा ने अपने पुत्रों को और उन्होनें इसी तरह अपने पुत्रों और शिष्यों को आदिम भाषा और ज्ञान का उपदेश दिया । आगे चलकर ज्ञान और भाषा में अपभ्रंश भी होता गया । जब संस्कृत भाषा एवं वेद से पुरानी पुस्तक संसार में उपलब्ध नहीं हैं। इसकी अति प्राचीनता तर्कों से भी सिद्ध होती है । तब मनु आदि के अनुसार उसे ही अनादि भाषा मानना युक्त है । उसके व्यापक धातुओं से संसार की सभी भाषाएं निष्पन्न भी हो जाती हैं । अत: ईश्वर ने आदिम प्राणियों को भाषा एवं विज्ञान सिखलाया यही पक्ष ठीक है । वैदिकों का तो स्पष्ट कहना है कि अनादि – निधन सच्चिदानंद ब्रह्म ही शब्द ब्रह्म है, उसी से विश्व की प्रक्रिया चलती है । आर्य, सेमिटिक और पुरानी भाषाएं एक ही परिवार की हैं, इनमें भेद भी है और वह भेद बहुत पुराना भी हो सकता है । जब सब के मूल पुरुष एक ही थे तब आदि ज्ञान एवं भाषा का रूप भी रूप एक ही होना चाहिए । वसुधैव कुटुम्बकम, वैदिक भाषा की लिपि भी प्राचीन है और उसी आधार पर लिपि भी यंत्र आदि के काम आती है, अब बहुत से प्राचीन लेख मिल रहे हैं। ब्राह्मी लिपि के पहले कहे जाने वाले लेखों में कोई लिपि नहीं ।

स्तनधारी प्राणी एशिया से ही यूरोप में गया है । आज भी संसार का सबसे प्राचीन ग्रन्थ ऋग्वेद माना जाता है । मोहन जोदड़ों, हड़प्पा की खुदाई से मिलने वाली वस्तुओं से भी वैदिक सभ्यता को अति प्राचीनता/विदित होती है । अभी – अभी उत्तर – प्रदेश के जिले बागपत के गाँव सनोली/सनौली की खुदाई भी मोहन - जोदड़ों और हड़प्पा के समकालीन और उससे भी पुरानी है । उत्तर प्रदेश के मुख्यमंत्री श्री संपूर्णानन्द ने अपनी पुस्तक " आर्यों का आदि देश भारत " पुस्तक में भारत को ही आर्यों की जन्मभूमि माना है । पाश्चात्य लोग, गोरे, लम्बे, बड़े सिर वाले भारतीय, ईरान, यूरोप वासियों को आर्य कहते हैं । परन्तु भारतीय कहते है कि जो रूप, रंग, आकृति, प्रकृति, धर्म, कर्म, विज्ञान, आचार – विचार, तथा शील में सर्वश्रेष्ठ है । वही आर्य है ।

कर्तव्यमाचरन का ममकर्तव्य मनाचरन । तिष्ठति प्रकृताचारें म: स आर्य, इति स्मृत: ॥ (वसिष्ठ – स्मृति)

11

ज्ञान - विज्ञान - उत्पति गर्भकाल, भोजन, रंगभेद, जीवनकाल

विज्ञान (Science) – क्रमबद्ध ज्ञान ही विज्ञान है (The Continuous Knowledge is Science), विस्तृत ज्ञान ही विज्ञान है । विज्ञान में साकार (सगुण) की मुख्यता है तथा कर्म योग में क्षर (संसार) की प्रधानता है ।

ज्ञान (निराकार) का विज्ञान (साकार) के माध्यम से कार्य क्षेत्र में उपयोग अभियांत्रिकी (इंजीनियरिंग - Engineering) के माध्यम से हो रहा है । वर्तमान में प्रौद्योगिकी (टेक्नोलोजी –Technology) का उपयोग इंजीनियरिंग से निम्न बिन्दुओं पर विचार करने हेतु प्रेरित करता है । टेक (TECH का - T (टी) – TIME(समय), E (ई) – ENERGY (एनर्जी – ऊर्जा), C (सी) – COST (कॉस्ट – कीमत/मूल्य) तथा H(एच) – HARMONY (हारमोनी – स्वीकारना/पसंद) किसी भी उत्पाद में समय, ऊर्जा, कीमत में समानता होने पर भी ग्राहक की पसंद (रंग आदि जैसे एक ही मॉडल की कार, कपड़ा अथवा अन्य उत्पाद) से विक्रय होता है न कि विक्रेता से । यही कारण है कि प्रबन्धक, ग्राहक की पसंद (स्वीकारता) का ख्याल (ध्यान) रखते हुए उत्पाद तैयार कराते हैं । वसुधैव कुटुम्बकम के लिए विश्व बंधुत्वीकरण (GLOBALIZATION), उदारीकरण (LIBERALIZATION), प्रतिस्पर्धा (COMPETITION), तथा पारदर्शिता (TRANSPARENCY) इन सभी पहलुओं के साथ कार्य करना पड़ता है ।

उत्पति – गर्भकाल – सामान्यत: गर्भकाल भी जीवन जाति विशेष पर निर्भर करता है । खरगोश 1 माह, कुता 2 माह, बिल्ली 2 माह, बन्दर 4 माह, शेर 4 माह, गाय 9 माह, भेद बकरी 6 माह, मनुष्य 9 माह, भैंस 10 माह, गधा, घोड़ी 12 माह, तथा हाथी का 20 – 21 माह का समय कहा गया है ।

शरीर – मानव जन्म के बाद शरीर में नष्ट होने की प्रकृति – 10 वर्ष बाद – बालपन नष्ट, 20 वर्ष बाद – शरीर का बढ़ना नष्ट, 30 वर्ष बाद – रौनक का बढ़ना नष्ट, 40 वर्ष बाद – ग्रंथ याद करने की शक्ति नष्ट, 50 वर्ष बाद - चमड़ी का तनना नष्ट, 60 वर्ष बाद – दृष्टि शक्ति नष्ट, 70 वर्ष बाद – वीर्य शक्ति नष्ट, 80 वर्ष के बाद – पराक्रम शक्ति नष्ट, 90 वर्ष के बाद – बुद्धि शक्ति नष्ट, 100 वर्ष बाद – कर्मेन्दियाँ नष्ट, 110 वर्ष बाद – मन नष्ट, 120 वर्ष बाद जीवन ह्वास ।

भोजन – देश, काल, परिस्थिति, जलवायु के अनुसार भोजन, खानपान रहा है । भोजन, वृक्ष जिस दूषित वायु को खाकर जीते हैं । अन्य प्राणी उसे खाकर मर जाते हैं । पेट्रोल की गाड़ी डीजल से नहीं चलती है । मानव के दांत भी शाकाहार के अनुसार बनाए हैं जो जानवर मांसाहारी हैं उनके दांतों की संरचना शाकाहारी दातों से भिन्न हैं । जिनका मांसाहार किया जाता है वे प्रायः शाकाहारी जीव ही होते हैं । जैसे मुर्गा, बकरा, भैंस, हिरण, अन्य पशु आदि ।

रंगभेद वर्ण में - भौगोलिक एवं एक ही माता – पिता की संतान में भी यह भेद पाया जाता है । प्रायः तीन ही रंग वर्ण मुख्य कहे गए हैं । गोरा (भूरा) वर्ण, काला (श्याम) वर्ण, लाल (रक्त) वर्ण । गोरे वर्ण के लक्ष्मण, शत्रुघन, बलराम, शंकर तथा महासरस्वती हैं । श्याम वर्ण (काला) राम, भरत, कृष्ण, विष्णु, महाकाली जी है । रक्त वर्ण में मुख्यतः ब्रह्मा व महालक्ष्मी जी हैं ।

जीवन क्रम – श्वांस के लेने, रोकने, छोड़ने (रेचक, कुंभक, पूरक) की गति प्रत्येक जीवधारी की अलग – अलग रहती है। उसी के अनुरूप जीवन रहता है, तेज गति की श्वांसवाले जीवधारी प्रायः कम उम्र तथा कम गति की श्वांस वाले जीवधारी अधिक उम्र के होते हैं । चूहा 4 वर्ष, खरगोश 8 वर्ष, कबूतर 8 वर्ष, कुत्ता 12 – 14 वर्ष, लोमड़ी 14 वर्ष, बकरा – बकरी 15 वर्ष, बन्दर 21 वर्ष, गाय 22 वर्ष, शेर 22 - 25 वर्ष, चमगादड़ 24 वर्ष, बैल 24 - 25 वर्ष, घोड़ा 32 वर्ष, भैंस 32 वर्ष, मगरमच्छ 45 वर्ष, गधा 45 वर्ष, घड़ियाल 58 वर्ष, हाथी 40 – 70 वर्ष, मानव 70 - 80 वर्ष, सर्प 120 वर्ष, कछुआ 160 वर्ष आदि ।

सत्य असत्य बेईमानी ईमानदारी जैसे कर्म केवल मनुष्य ही कर सकता है। कोई और पशु नहीं। आत्महत्या करना पाप है, यह कर्म भी मानव ही करता है, अन्य जीवधारी नहीं करते !. मनुष्य जीवन ही स्वर्ग नर्क का अधिकारी होता है। आप का परिचय आपके कर्म से जाना जाता है। इतिहास कभी नहीं भूलता। यही वजह है कि आज भी राम व दुर्योधन को कोई नहीं भूला। लोग तुमको तुम्हारे बैंक बैलेंस से नहीं तुम्हारे चरित्र तुम्हारे व्यवहार से जानते हैं। विद्या एवं चरित्र आकर भी विनम्र होना कठिन काम है क्योंकि पांडित्य पाकर अहंकार आ जाता है। कल्याण तभी हो सकता हैं जब विद्या से मनुष्य में शील और फिर विनम्रता आती है।

किसी समस्या का समाधान तत्काल करना चाहिए उसे कल पर नहीं छोड़ना चाहिए। यदि क्रोध आता है तो उसका हल निकालना चाहिए। उस पर शांतिपूर्वक विचार करना चाहिए क्योंकि चित शांत होने पर ही नींद आती है। क्रोध भूतकाल है, पुरानी घटनाओं, घटित बातों

पर ही क्रोध आता है. काम वर्त्तमान है और लोभ भविष्यकाल से सम्बन्धित है . काम अर्थात कामना की दो तरह की क्रियाएं होती हैं – इष्ट की प्राप्ति, और अनिष्ट की निवृत्ति. इष्ट की प्राप्ति दो तरह – 1 - संग्रह – संग्रह की इच्छा का नाम लोभ करना है . 2 – सुख भोगना – सुख भोग की इच्छा का नाम काम है . परन्तु सुख भौतिक वाद है, जरुरी नहीं कि सुख की प्राप्ति पर आपको आनन्द आए या न आए . आनन्द अध्यात्मवाद है यह व्यक्ति विशेष पर निर्भर करता है . एक उदाहरण – एक गांव में मंदिर निर्माण कार्य चल रहा था. मजदूर कार्य कर रहे थे. वहां से गुजर रहे एक व्यक्ति ने तीन मजदूरों से एक ही प्रश्न पूछा, प्रश्न था आप क्या कर रहे हैं ? जबकि तीनों मजदूर एक ही तरह का कार्य कर रहे थे . एक ने उत्तर दिया, देख नहीं पत्थर तोड़ रहे हैं, अपनी किस्मत को रो रहे हैं . दूसरे ने कहा कि मजदूरी कर रहे हैं पत्थर तोड़ने का कार्य कर रहे हैं, नौकरी मिल गयी है, तीसरे ने कहा, मैं बड़ा सौभाग्यशाली हूं कि मेरे हाथों से मंदिर निर्माण हो रहा है मुझे सेवा करने का मौक़ा मिल रहा है . अब आप ही पता लगाए कि किसे कितना सुख और आनन्द आ रहा होगा .

जब तक कर्मों का क्षय और मनुष्य को ईश्वर का साक्षात्कार होकर विवेक प्राप्त नहीं होगा, जन्म व मरण का चक्र चलता ही रहेगा। जन्म मरण का चक्र मोक्ष पर विराम पाता है। मोक्ष मिलने पर मनुष्य का जन्म व मरण लम्बी अवस्था के लिये बन्द हो जाता है और जीवात्मा ईश्वर के सान्निध्य में रहकर आनन्द का भोग करता है।

जन्म मृत्यु -

हम संसार में मनुष्य जन्म और मृत्यु दोनों को समय - समय पर होते देखते हैं। यदि हम अपने परिवार के सदस्यों पर विचार करें तो हमें ज्ञात होता है कि हमारे माता, पिता हैं, उनके माता - पिता भी होते हैं या रहे होंगे और जिन्हें हम दादा - दादी कहते थे उनके भी माता - पिता अर्थात् परदादी व परदादा थे। आज जब हम इन सभी संबंधियों को देखते हैं तो किसी परिवार में दादा - दादी यदि हैं भी तो परदादा व परदादी तो बहुत ही कम परिवारों में होने की आशा की जाती है। वह और उनसे पूर्व के सभी सम्बन्धी मृत्यु को प्राप्त हो चुके हैं। इससे हमें यह ज्ञान मिलता है कि संसार में जन्म और मृत्यु का चक्र चल रहा है। यह चक्र कब से आरम्भ हुआ ? यदि इस पर विचार करें तो विवेक से ज्ञात होता है कि यह जन्म - मृत्यु का चक्र तभी से चल रहा है जब से कि यह सृष्टि बनी है और पृथ्वी पर अमैथुनी प्राणी सृष्टि हुई। उसके बाद से मैथुनी सृष्टि हुई और अमैथुनी के सभी प्राणी अपनी आयु पूरी होने पर मृत्यु को प्राप्त हुए। मैथुनी सृष्टि के प्राणी भी जन्म लेने के बाद अपनी - अपनी आयु भोग कर मृत्यु को प्राप्त होते आ रहे हैं। आज भले ही हम स्वस्थ हों, परन्तु हम यह नहीं कह सकते कि हम मरेंगे नहीं। मृत्यु तो एक दिन आनी ही है, वह कब आयेगी यह निश्चित रूप से वर्ष महीने व दिन के रूप में नहीं बता सकते परन्तु यह कभी भी आ सकती है।

जन्म व मृत्यु का चक्र अन्य प्राकृतिक नियमों की तरह परमात्मा ने बनाया है। जन्म व मृत्यु की यह व्यवस्था सृष्टि की अटल व्यवस्था है। संसार में यह नियम काम कर रहा है कि जिसका जन्म व उत्पत्ति होती है उसकी मृत्यु व नाश अवश्य होता है। संसार में भौतिक

पदार्थों से जो भी वस्तुयें बनी हैं, वह बनने के बाद से ही पुरानी व क्षीण होने लगती हैं और कुछ काल बाद वह नष्ट हो जाती हैं। हम अपने लिये अच्छे वस्त्र सिलवाते हैं। यह बनने के समय नवीन व आकर्षक होते हैं। दिन प्रतिदिन हम इनका उपयोग करते हैं। इससे यह पुराने होते जाते हैं और जीर्ण होकर नष्ट हो जाते हैं। इसी को इनका नाश होना, कहते हैं। ऐसा ही अन्य सभी भौतिक पदार्थों के विषय में होता है। हमारी यह सृष्टि भी 1.96 अरब वर्ष पहले बनी है। इसकी कुल आयु 4.32 अरब वर्ष है। जब इसका काल पूरा हो जायेगा तो परमात्मा इसकी प्रलय व नाश कर देंगे। प्रलय के बाद यह पुनः अपने मूल स्वरूप सत्व, रज, तम की साम्यावस्था को प्राप्त होती है और इतनी ही अवधि तक प्रलय अवस्था में रहकर ईश्वर के द्वारा इससे पुनः नई सृष्टि का सृजन किया जायेगा। सृष्टि में सृष्टि – प्रलय - सृष्टि का क्रम व चक्र अनादि काल से चल रहा है और अनन्त काल तक चलता रहेगा। कभी इस सृष्टि - प्रलय क्रम का अन्त होने वाला नहीं है। इसी को सृष्टि का प्रवाह से अनादि होना कहते है।

मनुष्य का शरीर जड़ है और यह प्रकृति के परमाणुओं व कणों से बना हुआ है। शरीर को बनाने वाला परमात्मा है। कोई भी ज्ञानपूर्वक रचना किसी निमित चेतन ज्ञानवान सत्ता से ही होती है। जीवात्मा स्वयं अपने व दूसरों के शरीर की रचना नहीं कर सकते। हां, वह इस कार्य में सहायक हो सकते हैं। परमात्मा जीवात्माओं को सुख व उनके कर्मों का भोग कराने के लिये उनके पूर्व जन्म के कर्मानुसार शरीर को बनाते है। यदि पूर्वजन्म में हमने आधे से अधिक शुभ व पुण्य कर्म किये हैं तो जीवात्मा को मनुष्य का शरीर मिलता है अन्यथा पशु, पक्षी आदि प्राणियों के शरीर मिलतें हैं। मनुष्य योनि उभय योनि हैं जहां वह शुभाशुभ कर्म करने के साथ पूर्व किये हुए कर्मों का फल भी भोगता है जबकि सभी मनुष्येतर योनियों में जीवात्माओं को अपने कर्मों का भोग करना होता है। वह स्वतन्त्र कर्ता नहीं होते जिसका कारण यह है कि उनके पास विचार शक्ति व बुद्धि नहीं है। उनके पास कर्म करने के लिये हाथ भी नहीं हैं और न ही बोलने व अपनी बात को किसी दूसरे पशु को कहने के लिए वाणी ही है। यही कारण है कि कोई मनुष्य पशु बनना नहीं चाहता परन्तु ज्ञान व संकल्प की कमी के कारण वह अशुभ व पाप करते है जिससे उन्हें परजन्मों में पशु - पक्षियों आदि अनेकानेक यानियों में जन्म लेना पड़ता है। मनुष्यों को पशु आदि निम्न योनियों व मनुष्यों में भी अशिक्षित व अज्ञानी तथा निर्धन व दुर्बल माता - पिता के यहां जन्म मिले, इसके लिये सृष्टिकर्ता ईश्वर ने सृष्टि के आरम्भ में ही वेद ज्ञान दिया था। वह ज्ञान आज भी सुरक्षित एवं उपलब्ध है। उस ज्ञान को पढ़कर व उन पर ऋषियों के भाष्य व टीकायें पढ़कर तथा उनके अनुसार अपना जीवन बनाकर हम पशु - पक्षी योनियों में जाने से बच सकते हैं और मनुष्य योनि में भी अच्छे ज्ञानी व वेद धर्मनिष्ठ माता - पिता से जन्म लेकर अपने जीवन को वेद मार्ग पर चला कर सुखी व सम्पन्न रहकर सुख भोग सकते हैं।

मनुष्य का जन्म हमें पूर्व जन्मों के कर्मों के आधार पर मिलता है। हम इस जन्म में मनुष्य बने हैं, अतः हमारा कर्तव्य है कि हम अपने कर्तव्यों व अकर्तव्यों का ज्ञान प्राप्त करें। वेद और ऋषि मुनियों के वेदानुकूल ग्रन्थों जैसा निर्भ्रान्त ज्ञान मत - मतान्तरों के ग्रन्थों से

प्राप्त नहीं होता। इसके लिये मुख्य आश्रय केवल वेद व वेदानुकूल ग्रन्थ हैं जो ऋषियों के बनाये हुए हैं। इनका स्वाध्याय कर इनसे लाभ उठाया जा सकता है। इसका लाभ यह होता है कि मनुष्य इन ग्रन्थों में उपदिष्ट कर्तव्यों का पालन करके शुभ व पुण्य कर्मों का संग्रह कर सकता है जिससे उसे इस जीवन में सुख मिलता है और उसका परजन्म भी श्रेष्ठ मनुष्य योनि में होने के साथ माता - पिता भी वेद ज्ञानी व देव कोटि के मिलते हैं।

हमारा मानव शरीर पृथ्वी, अग्नि, जल, वायु और आकाश इन पंच भौतिक तत्वों से बना है। यह शरीर अमर नहीं हो सकता। यह अधिक से अधिक 1 सौ या तीन चार सौ वर्ष ही जीवित रह सकता है जिसका आधार जीवात्मा का प्रारब्ध और इस जन्म में उसका ज्ञान व कर्म होते हैं। महाभारत काल में 100 वर्ष व उससे अधिक 200 वर्ष तक की आयु के मनुष्य रहे हैं। भीष्म पितामह की आयु लगभग 180 वर्ष थी। आजकल भी 100 व 150 वर्ष की बीच की आयु के मनुष्य जापान व चीन आदि देशों में हैं। इससे अधिक आयु के मनुष्य वर्तमान में किसी देश में नहीं हैं। अतः मनुष्य कितना भी ध्यान रखे, उसे 100 व 150 से अधिक वर्ष की आयु प्राप्त नहीं हो सकती। इस बीच तो मृत्यु आयेगी और आत्मा को अपने शरीर को छोड़कर जाना ही होगा। वेदों में बताया गया है कि परमात्मा ही जीवात्मा को शरीर से युक्त करता है व मृत्यु के समय पर उसे शरीर से वियुक्त करता है। शरीर से वियुक्त करने का कारण यह है मानव शरीर जीवात्मा के रहने योग्य नहीं रहा। उसमें अनेक विकार आ चुके हैं। अब जीवात्मा शरीर में रहकर कर्मों का भोग नहीं कर सकता। यही मृत्यु का कारण प्रतीत होता है। मृत्यु होने के बाद जीवात्मा अपने कर्मों के अनुसार परमात्मा की कृपा से नये माता-पिता परिवार व नया देह प्राप्त करता है और शिशु अवस्था में जन्म से उन्नत होता हुआ पुनः युवा व वृद्धावस्था तक जाता है।

इस नये जीवन में उसे पुनः शिशु, किशोर, कुमार, युवा आदि अवस्थाओं में मिलने वाले सुख पुनः प्राप्त होते हैं जो पूर्वजन्म के शरीर में सम्भव नहीं थे। इससे मनुष्य का पुनर्जन्म भी सिद्ध होता है। जिस प्रकार रात्रि के बाद दिन और दिन के बाद रात्रि अवश्य आती है उसी प्रकार जन्म के बाद मृत्यु और मृत्यु के बाद जन्म भी निश्चित रूप से होता है। जब तक कर्मों का क्षय और मनुष्य को ईश्वर का साक्षात्कार होकर विवेक प्राप्त नहीं होगा, जन्म व मरण का चक्र चलता ही रहेगा। जन्म मरण का चक्र मोक्ष पर विराम पाता है। मोक्ष मिलने पर मनुष्य का जन्म व मरण लम्बी अवस्था के लिये बन्द हो जाता है और जीवात्मा ईश्वर के सान्निध्य में रहकर आनन्द का भोग करता है। यही जीवात्मा की चरम सुख की अवस्था होती है। इसके बाद जीवात्मा की कोई अभिलाषा शेष नहीं रहती। समाधि अवस्था में ईश्वर का साक्षात्कार होने पर उसे जीवन का सबसे बड़ा सुख व आनन्द मिलता है। यह आनन्द सभी भौतिक सुखों से परिमाण व अनुभव में सर्वश्रेष्ठ होता है।

जीवात्मा के विषय में यह भी जानना है कि ईश्वर ही इसका सनातन व शाश्वत साथी है। ईश्वर जीवात्मा का पिता, माता, बन्धु व सखा है। वही जीवात्मा का वरणीय व उपासनीय है। जीवात्मा को ईश्वर के गुण, कर्म व स्वभाव का ध्यान कर उसे अपनाना और अपने दुष्ट

कर्मों का त्याग करना ही जीवात्मा की उन्नति है। इसके विपरीत जीवात्मा दुःख व अवनति को प्राप्त होकर अपना परजन्म बिगाड़ता है। जीवात्मा का अपने परिवारजनों व सामाजिक व्यक्तियों से शारीरिक सम्बन्ध होता है परन्तु दो जीवात्माओं का आपस में माता – पिता – भाई – बहिन - मित्र व अन्य कोई सम्बन्ध नहीं होता। मृत्यु होने पर मृतक की जीवात्मा के अपने परिवार व देशवासियों से सभी सम्बन्ध समाप्त हो जाते हैं। परिवार के जो लोग जीवित रहते हैं उनका भी मृतक जीवात्मा से कोई सम्बन्ध शेष नहीं रहता। अतः अन्त्येष्टि संस्कार के बाद मृतक की जीवात्मा के लिये कुछ भी किया जाना उचित नहीं होता और न ही वेदों में इसका कहीं विधान है। हां, परिवार के जीवित व्यक्तियों के सुख व शान्ति के लिये हम ईश्वरोपासना, अग्निहोत्र - यज्ञ, परोपकार व दान आदि के काम कर सकते हैं। यह भी जान लें कि ईश्वर व जीवात्मा स्वरूप से सत्य, चित्त, अनादि, नित्य हैं। इनका परस्पर सर्वज्ञ - अल्पज्ञ, व्याप्य - व्यापक, स्वामी - सेवक का सम्बन्ध है। ईश्वर अजन्मा है तथा जीव जन्म - मरण में फंसा हुआ है। मनुष्य ईश्वरोपासना, यज्ञ, दान व परोपकार आदि कर्म करके बन्धनों से मुक्त होता है व ऐसा न करने से बन्धनों में फंसता है। ईश्वर सदा मुक्त और आनन्द से युक्त रहता है। जीवात्मा के जीवन का उद्देश्य वैदिक विधि से उपासना करके ईश्वर को पाना है।

12

जन्म, मृत्यु और पुनर्जन्म

जन्म, मृत्यु और पुनर्जन्म किसे कहते हैं ?

अधिकतर लोगों को यह प्रश्न कठिन या धार्मिक लग सकते हैं क्योंकि उन्होंने वेद, उपनिषद या गीता को नहीं पढ़ा है। उसमें शाश्वत प्रश्नों के शाश्वत उत्तर है।

जैसे कोई पूछ सकता है कि जन्म क्या है? हो सकता है कि आपके पास उत्तर हो कि किसी आत्मा का किसी शरीर में प्रवेश करना जन्म है, लेकिन यह सही उत्तर नहीं है।आत्मा का भी सूक्ष्म शरीर होता है। इसीलिए कहते हैं कि आत्मा का सूक्ष्म शरीर को लेकर स्थूल शरीर से संबंध स्थापित हो जाना ही जन्म है। अब सवाल यह उठता है कि यह संबंध कैसे स्थापित होता है? दरअसल, प्राणों के द्वारा यह संबंध स्थापित होता है। सूक्ष्म शरीर और स्थूल शरीर के बीच प्राण प्राण सेतु की तरह या रस्सी के बंधन की तरह है। जन्म को जाति भी कहा जाता है। जैसे उदाहरणार्थ.: वनस्पति जाति, पशु जाति, पक्षी जाति और मनुष्य जाति। जन्म को जाति कहते हैं। कर्मों के अनुसार जीवात्मा जिस शरीर को प्राप्त होता है वह उसकी जाति कहलाती है। शरीर को योगासनों से सेहतमंद बनाए रखा जा सकता है।

जन्म के बाद मृत्यु क्या है ?

इसका उत्तर जन्म के उत्तर में ही छिपा हुआ है। दरअसल, सूक्ष्म शरीर और स्थूल शरीर के बीच जो प्राणों का संबंध स्थापित है उसका संबंध टूट जाना ही मृत्यु है। प्रश्न यह भी है कि प्राण क्या है ? आपके भीतर जो वायु का आवागमन हो रहा है वह प्राण है। प्राण को प्राणायाम से सेहतमंद बनाए रखा जा सकता है। प्राण के निकल जाने से व्यक्ति को मृत घोषित किया जाता है। यदि प्राणायाम द्वारा प्राण को शुद्ध और दीर्घ किया जा सके तो व्यक्ति की आयु भी दीर्घ हो जाती है। जिस तरह हमारे शरीर के बाहर कई तरह की वायु विचरण कर रही है उसी तरह हमारे शरीर में भी कई तरह की वायु विचरण कर रही है। वायु है तो ही प्राण है। अत: वायु को प्राण भी कहा जाता है। वैदिक ऋषि विज्ञान के अनुसार कुल 28 तरह के प्राण होते हैं। प्रत्येक लोक में 7 – 7 प्राण होते हैं। जिस तरह ब्राह्माड में कई लोकों की स्थिति है

जैसे स्वर्ग लोक (सूर्य या आदित्य लोक), अंतरिक्ष लोक (चंद्र या वायु लोक), पृथ्वी (अग्नि लोक) लोक आदि, उसी तरह शरीर में भी कई लोकों की स्थिति है।

मृत्यु के बाद पुनर्जन्म क्या है ?

उपनिषदों के अनुसार एक क्षण के कई भाग कर दीजिए उससे भी कम समय में आत्मा एक शरीर छोड़ तुरंत दूसरे शरीर को धारण कर लेता है। यह सबसे कम समयावधि है। सबसे ज्यादा समायावधि है 30 सेकंड। सूक्ष्म शरीर को धारण किए हुए आत्मा का स्थूल शरीर के साथ बार - बार संबंध टूटने और बनने को पुनर्जन्म कहते हैं। कर्म और पुनर्जन्म एक - दूसरे से जुड़े हुए हैं। कर्मों के फल के भोग के लिए ही पुनर्जन्म होता है तथा पुनर्जन्म के कारण फिर नए कर्म संग्रहीत होते हैं। इस प्रकार पुनर्जन्म के दो उद्देश्य हैं - पहला, यह कि मनुष्य अपने जन्मों के कर्मों के फल का भोग करता है जिससे वह उनसे मुक्त हो जाता है। दूसरा, यह कि इन भोगों से अनुभव प्राप्त करके नए जीवन में इनके सुधार का उपाय करता है जिससे बार - बार जन्म लेकर जीवात्मा विकास की ओर निरंतर बढ़ती जाती है तथा अंत में अपने संपूर्ण कर्मों द्वारा जीवन का क्षय करके मुक्तावस्था को प्राप्त होती है।

13

चौरासी कोस यात्रा

कब होती है यात्रा : - ज्यादातर यात्राएं चैत्र, बैसाख मास में ही होती है चतुर्मास या पुरुषोत्तम मास में नहीं। कुछ विद्वान मानते हैं कि परिक्रमा यात्रा साल में एक बार चैत्र पूर्णिमा से बैसाख पूर्णिमा तक ही निकाली जाती है। कुछ लोग आश्विन माह में विजया दशमी के पश्चात शरद् काल में परिक्रमा आरम्भ करते हैं। शैव और वैष्णवों में परिक्रमा के अलग - अलग समय है। संतों में इस यात्रा को लेकर मतभेद हैं।

क्यों करते हैं यात्रा : - माना जाता है कि 84 कोस की यात्रा 84 लाख योनियों से छुटकारा पाने के लिए है। हमारा शरीर भी चौरासी अंगुल की माप का है। 84 कोस की यात्रा के धार्मिक महत्व के अलावा इसका सामाजिक महत्व भी है।

कहां - कहां होती परिक्रमा : - चौरासी कोसी परिक्रमा पूरी तरह से संतों और भक्तों द्वारा संचालित धार्मिक व परम्परागत है। इस परिक्रमा को किसी विशेष समय और स्थान पर लोग करते हैं जैसे - बृज क्षेत्र में गोवर्धन, अयोध्या में सरयू, चित्रकूट में कामदगिरि व दक्षिण भारत में तिरुवन्मलई की परिक्रमा यात्रा है। उज्जैन में चौरासी महादेव की यात्रा का आयोजन किया जाता है।

मान्यताओं के मुताबिक अयोध्या के राजा राम का साम्राज्य 84 कोस (252 किलोमीटर) में फैला था। राज्य का नाम कौशलपुर था जिसकी राजधानी अयोध्या थी। इसी वजह से दशकों से 84 कोसी परिक्रमा की परंपरा है।

यात्रा के मार्ग में उत्तर प्रदेश के छह जिले आते हैं : -बाराबंकी, फैजाबाद, गोंडा, बहराइच, अंबेडकरनगर और बस्ती जिला। उक्त जिलों में यात्रा के महत्वपूर्ण पड़ाव होते हैं जहां रुककर यात्री आराम करते हैं।

कैसे करते हैं परिक्रमा : - परिक्रमा करने वाले 84 कोस की दूरी पैदल, बस, ट्रैक्टर - ट्रॉली तथा अन्य साधनों से तय करते हैं। इनमें अधिकांश परिक्रमार्थी संपूर्ण परिक्रमा पैदल चलकर पूर्ण करते हैं।

यात्रा के अपने नियमहैं इसमें शामिल होने वालों के प्रतिदिन 36 नियमों का कड़ाई से पालन करना होता है, इनमें प्रमुख हैं - धरती पर सोना, नित्य स्नान, ब्रह्मचर्य पालन, जूते - चप्पल का त्याग, नित्य देव पूजा, कथा संकीर्तन, फलाहार, क्रोध, मिथ्या, लोभ, मोह व अन्य दुर्गुणों का त्याग प्रमुख है।

प्राचीन काल में तिब्बत हिन्दू धर्म का प्रमुख केंद्र था। इसे वेद - पुराणों में त्रिविष्टप कहा गया है। तिब्बत प्राचीन काल से ही योगियों और सिद्धों का घर माना जाता रहा है तथा अपने पर्वतीय सौंदर्य के लिए भी यह प्रसिद्ध है। संसार में सबसे अधिक ऊंचाई पर बसा हुआ प्रदेश तिब्बत ही है। तिब्बत मध्य एशिया का सबसे ऊंचा प्रमुख पठार है। वर्तमान में यह बौद्ध धर्म का प्रमुख केंद्र है।

तिब्बत का द्रुकपा संप्रदाय और हेमिस मठ तिब्बत में ही भगवान शिव का निवास स्थान कैलास पर्वत और मानसरोवर स्थित है। इसे धरती का स्वर्ग कहा गया है। महाभारत के महाप्रस्थानिक पर्व में स्वर्गारोहण में स्पष्ट किया गया है कि तिब्बत हिमालय के उस राज्य को पुकारा जाता था जिसमें नंदनकानन नामक देवराज इंद्र का देश था। इससे सिद्ध होता है कि इंद्र स्वर्ग में नहीं धरती पर ही हिमालय के इलाके में रहते थे। वहीं शिव और अन्य देवता भी रहते थे। राहुलजी सांस्कृतायन के अनुसार तिब्बत के 84 सिद्धों की परम्परा 'सरहपा' से आरंभ हुई और नरोपा पर पूरी हुई। सरहपा चौरासी सिद्धों में सर्व प्रथम थे। इस प्रकार इसका प्रमाण अन्यत्र भी मिलता है लेकिन तिब्बती मान्यता अनुसार सरहपा से पहले भी पांच सिद्ध हुए हैं। इन सिद्धों को हिन्दू या बौद्ध धर्म का कहना सही नहीं होगा क्योंकि ये तो वाममार्ग के अनुयायी थे और यह मार्ग दोनों ही धर्म में समाया था। बौद्ध धर्म के अनुयायी मानते हैं कि सिद्धों की वज्रयान शाखा में ही चौरासी सिद्धों की परंपरा की शुरुआत हुई, लेकिन आप देखिए की इसी लिस्ट में भारत में मनीमा को मछींद्रनाथ, गोरक्षपा को गोरखनाथ, चोरंगीपा को चोरंगीनाथ और चर्पटीपा को चर्पटनाथ कहा जाता है। यही नाथों की परंपरा के 84 सिद्ध हैं।

यहांप्रस्तुतहैतिब्बतके84 सिद्धोंकीलिस्ट...

1.लूहिपा, 2.लोल्लप, 3.विरूपा, 4.डोम्भीपा, 5.शबरीपा, 6.सरहपा, 7.कंकालीपा, 8.मीनपा, 9.गोरक्षपा, 10.चोरंगीपा, 11.वीणापा, 12.शांतिपा, 13.तंतिपा, 14.चमरिपा, 15.खंड्पा, 16.नागार्जुन, 17.कराहपा, 18.कर्णरिया, 19.थगनपा, 20.नारोपा, 21.शलिपा, 22.तिलोपा, 23.छत्रपा, 24.भद्रपा, 25.दोखंधिपा, 26.अजोगिपा, 27.कालपा, 28.घोम्भिपा, 29.कंकणपा, 30.कमरिपा, 31.डेंगिपा, 32.भदेपा, 33.तंघेपा, 34.कुकरिपा, 35.कुसूलिपा, 36.धर्मपा, 37.महीपा, 38.अचिंतिपा, 39.भलहपा, 40.नलिनपा, 41.भुसुकपा, 42.इंद्रभूति, 43.मेकोपा, 44.कुड़ालिया, 45.कमरिपा, 46.जालंधरपा, 47.राहुलपा, 48.धर्मरिया, 49.धोकरिया, 50.मेदिनीपा, 51.पंकजपा, 52.घटापा, 53.जोगीपा, 54.चेलुकपा, 55.गुंडरिया, 56.लुचिकपा, 57.निर्गुणपा, 58.जयानंत, 59.चर्पटीपा, 60.चंपकपा,

61.भिखनपा, 62.भलिपा, 63.कुमरिया, 64.जबरिया, 65.मणिभद्रा, 66.मेखला, 67.कनखलपा, 68.कलकलपा, 69.कंतलिया, 70.धहुलिपा, 71.उधलिपा, 72.कपालपा, 73.किलपा, 74.सागरपा, 75.सर्वभक्षपा, 76.नागोबोधिपा, 77.दारिकपा, 78.पुतलिपा, 79.पनहपा, 80.कोकालिपा, 81.अनंगपा, 82.लक्ष्मीकरा, 83.समुदपा और 84.भलिपा।

14

नवनाथ

आदिनाथ, अचल अचंभानाथ, संतोषनाथ, सत्यानाथ, उदयनाथ, गजबलिनाथ, चौरंगीनाथ, मत्स्येंद्रनाथ और गौरखनाथ । इन नामों के अंत में पा जो प्रत्यय लगा है, वह संस्कृत ' पाद ' शब्द का लघुरूप है। नवनाथ की परंपरा के इन सिद्धों की परंपरा के कारण ही मध्यकाल में हिन्दू, बौद्ध और जैन धर्म के अस्तित्व की रक्षा होती रही। इन सिद्धों के कारण ही अन्य धर्म के संतों की परंपरा भी शुरू हुई। इन सिद्धों के इतिहास को संवरक्षित किए जाने की अत्यंत आवश्यकता है।सिद्धों की भोग - प्रधान योग - साधना की प्रतिक्रिया के रूप में आदिकाल में नाथपंथियों की हठयोग साधना आरम्भ हुई। इस पंथ को चलाने वाले मत्स्येन्द्रनाथ (मछंदरनाथ) तथा गोरखनाथ (गोरक्षनाथ) माने जाते हैं। इस पंथ के साधक लोगों को योगी, अवधूत, सिद्ध, औघड़ कहा जाता है। कहा यह भी जाता है कि सिद्धमत और नाथ मत एक ही हैं।

सिद्धों की भोग - प्रधान योग - साधना की प्रवृति ने एक प्रकार की स्वच्छंदता को जन्म दिया जिसकी प्रतिक्रिया में नाथ संप्रदाय शुरू हुआ। नाथ - साधु हठयोग पर विशेष बल देते थे । वे योग मार्गी थे। वे निर्गुण निराकार ईश्वर को मानते थे। तथाकथित नीची जातियों के लोगों में से कई पहुंचे हुए सिद्ध एवं नाथ हुए हैं। नाथ - संप्रदाय में गोरखनाथ सबसे महत्वपूर्ण थे। आपकी कई रचनाएं प्राप्त होती हैं। इसके अतिरिक्त चौरन्गीनाथ, गोपीचन्द, भरथरी आदि नाथ पन्थ के प्रमुख कवि है। इस समय की रचनाएं साधारणतः दोहों अथवा पदों में प्राप्त होती हैं, कभी - कभी चौपाई का भी प्रयोग मिलता है। परवर्ती संत - साहित्य पर सिद्धों और विशेषकर नाथों का गहरा प्रभाव पड़ा है। गोरक्षनाथ के जन्मकाल पर विद्वानों में मतभेद हैं। राहुल सांकृत्यायन इनका जन्मकाल 845 ई. की 13 वीं सदी का मानते हैं। नाथ परम्परा की शुरुआत बहुत प्राचीन रही है, किंतु गोरखनाथ से इस परम्परा को सुव्यवस्थित विस्तार मिला। गोरखनाथ के गुरु मत्स्येन्द्रनाथ थे। दोनों को चौरासी सिद्धों में प्रमुख माना जाता है। गुरु गोरखनाथ को गोरक्षनाथ भी कहा जाता है। इनके नाम पर एक नगर का नाम गोरखपुर है। गोरखनाथ नाथ साहित्य के आरम्भकर्ता माने जाते हैं।

गोरखपंथी साहित्य के अनुसार आदिनाथ स्वयं भगवान शिव को माना जाता है। शिव की परम्परा को सही रूप में आगे बढ़ाने वाले गुरु मत्स्येन्द्रनाथ हुए। ऐसा नाथ सम्प्रदाय में माना जाता है। गोरखनाथ से पहले अनेक सम्प्रदाय थे, जिनका नाथ सम्प्रदाय में विलय हो गया। शैव एवं शाक्तों के अतिरिक्त बौद्ध,जैन तथा वैष्णव योगमार्गी भी उनके सम्प्रदाय में आ मिले थे।

गोरखनाथ ने अपनी रचनाओं तथा साधना में योग के अंग क्रिया - योग अर्थात तप, स्वाध्याय और ईश्वर प्राणीधान को अधिक महत्व दिया है। इनके माध्यम से ही उन्होंने हठयोग का उपदेश दिया। गोरखनाथ शरीर और मन के साथ नए - नए प्रयोग करते थे। गोरखनाथ द्वारा रचित ग्रंथों की संख्या 40 बताई जाती है किन्तु डा. बड़थ्याल ने केवल 14 रचनाएं ही उनके द्वारा रचित मानी है जिसका संकलन 'गोरखबानी' मे किया गया है।

जनश्रुति अनुसार उन्होंने कई कठिन (आड़े – तिरछे) आसनों का आविष्कार भी किया। उनके अजूबे आसनों को देख लोग अचम्भित हो जाते थे। आगे चलकर कई कहावतें प्रचलन में आईं। जब भी कोई उल्टे - सीधे कार्य करता है तो कहा जाता है कि ' यह क्या गोरखधंधा लगा रखा है।

'गोरखनाथ का मानना था कि सिद्धियों के पार जाकर शून्य समाधि में स्थित होना ही योगी का परम लक्ष्य होना चाहिए। शून्य समाधि अर्थात समाधि से मुक्त हो जाना और उस परम शिव के समान स्वयं को स्थापित कर ब्रह्मलीन हो जाना, जहाँ पर परम शक्ति का अनुभव होता है। हठयोगी कुदरत को चुनौती देकर कुदरत के सारे नियमों से मुक्त हो जाता है और जो अदृश्य कुदरत है, उसे भी लाँघकर परम शुद्ध प्रकाश हो जाता है।

सिद्ध योगी :- गोरखनाथ के हठयोग की परम्परा को आगे बढ़ाने वाले सिद्ध योगियों में प्रमुख हैं :- चौरंगीनाथ, गोपीनाथ, चुणकरनाथ, भर्तृहरि, जालन्ध्रीपाव आदि। 13 वीं सदी में इन्होंने गोरख वाणी का प्रचार - प्रसार किया था। यह एकेश्वरवाद पर बल देते थे, ब्रह्मवादी थे तथा ईश्वर के साकार रूप के सिवाय शिव के अतिरिक्त कुछ भी सत्य नहीं मानते थे।

नाथ सम्प्रदाय गुरु गोरखनाथ से भी पुराना है। गोरखनाथ ने इस सम्प्रदाय के बिखराव और इस सम्प्रदाय की योग विद्याओं का एकत्रीकरण किया। पूर्व में इस समप्रदाय का विस्तार असम और उसके आसपास के इलाकों में ही ज्यादा रहा, बाद में समूचे प्राचीन भारत में इनके योग मठ स्थापित हुए। आगे चलकर यह सम्प्रदाय भी कई भागों में विभक्त होता चला गया।

यह सम्प्रदाय भारत का परम प्राचीन, उदार, ऊँच - नीच की भावना से परे एवं अवधूत अथवा योगियों का सम्प्रदाय है। इसका आरम्भ आदिनाथ शंकर से हुआ है और इसका वर्तमान रुप देने वाले योगाचार्य बालयति श्री गोरक्षनाथ भगवान शंकर के अवतार हुए है। इनके प्रादुर्भव और अवसान का कोई लेख अब तक प्राप्त नही हुआ। पद्म, स्कन्द शिव

ब्रह्मण्ड आदि पुराण, तंत्र महापर्व आदि तांत्रिक ग्रंथ बृहदारण्याक आदि उपनिषदों में तथा और दूसरे प्राचीन ग्रंथ रत्नों में श्रीगुरु गोरक्षनाथ की कथायें बड़े सुचारु रुप से मिलती है।

श्री गोरक्षनाथ वर्णाश्रम धर्म से परे पंचमाश्रमी अवधूत हुए है जिन्होने योग क्रियाओं द्वारा मानव शरीरस्थ महा शक्तियों का विकास करने के अर्थ संसार को उपदेश दिया और हठ योग की प्रक्रियाओं का प्रचार करके भयानक रोगों से बचने के अर्थ जन समाज को एक बहुत बड़ा साधन प्रदान किया।

श्री गोरक्षनाथ ने योग सम्बन्धी अनेकों ग्रन्थ संस्कृत भाषा में लिखे जिनमे बहुत से प्रकाशित हो चुके है और कई अप्रकाशित रुप में योगियों के आश्रमों में सुरक्षित हैं।

श्री गोरक्षनाथ की शिक्षा एंव चमत्कारों से प्रभावित होकर अनेकों बड़े - बड़े राजा इनसे दीक्षित हुए। उन्होंने अपने अतुल वैभव को त्याग कर निजानन्द प्राप्त किया तथा जन-कल्याण में अग्रसर हुए। इन राजर्षियों द्वारा बड़े – बड़े कार्य हुए। श्री गोरक्षनाथ ने संसारिक मर्यादा की रक्षा के अर्थ श्री मत्स्येन्द्रनाथ को अपना गुरु माना और चिरकाल तक इन दोनों में शका समाधान के रुप में संवाद चलता रहा। श्री मत्स्येन्द्र को भी पुराणों तथा उपनिषदों में शिवावतर माना गया अनेक जगह इनकी कथायें लिखी हैं।

यों तो यह योगी सम्प्रदाय अनादि काल से चला आ रहा किन्तु इसकी वर्तमान परिपाटियों के नियत होने के काल भगवान शंकराचार्य से 200 वर्ष पूर्व है। ऐस शंकर दिग्विजय नामक ग्रन्थ से सिद्ध होता है।

बुद्ध काल में वाम मार्ग का प्रचार बहुत प्रबलता से हुआ जिसके सिद्धान्त बहुत ऊँचे थे, किन्तु साधारण बुद्धि के लोग इन सिद्धान्तों की वास्तविकता न समझकर भ्रष्टाचारी होने लगे थे।

इस काल में उदार चेता श्री गोरक्षनाथ ने वर्तमान नाथ सम्प्रदाय का निर्माण किया और तत्कालिक 84 सिद्धों में सुधार का प्रचार किया। यह सिद्ध वज्रयान मतानुयायी थे। इस सम्बन्ध में एक दूसरा लेख भी मिलता है जो कि निम्न प्रकार है: -

1 ओंकारनाथ,

2 उदयनाथ,

3 सन्तोषनाथ,

4 अचलनाथ,

5 गजबेलीनाथ,

6 ज्ञाननाथ,

7 चौरंगीनाथ,

8 मत्स्येन्द्रनाथ,

9 गुरुगोरक्षनाथ।

सम्भव है यह उपयुक्त नाथों के ही दूसरे नाम है।

यह योगी सम्प्रदाय बारह पन्थ में विभक्त है, यथाः-

1 सत्यनाथ,

2 धर्मनाथ,

3 दरियानाथ,

4 आईपन्थी,

5 रासके,

6 वैराग्यके,

7 कपिलानी,

8 गंगानाथी,

9 मन्नाथी,

10 रावलके,

11 पावपन्थी

12 पागल।

इन बारह पन्थ की प्रचलित परिपाटियों में कोई भेद नही हैं। भारत के प्रायः सभी प्रान्तों में योगी सम्प्रदाय के बड़े - बड़े वैभवशाली आश्रम है और उच्च कोटि के विद्वान इन आश्रमों के संचालक हैं।

श्री गोरक्षनाथ का नाम नेपाल प्रान्त में बहुत बड़ा था और अब तक भी नेपाल का राजा इनको प्रधान गुरु के रुप में मानते है और वहाँ पर इनके बड़े - बड़े प्रतिष्ठित आश्रम हैं। यहाँ तक कि नेपाल की राजकीय मुद्रा (सिक्के) पर श्री गोरक्ष का नाम है और वहाँ के निवासी गोरक्ष ही कहलाते हैं।

काबुल - गान्धर सिन्ध, विलोचिस्तान, कच्छ और अन्य देशों तथा प्रान्तों में यहा तक कि मक्का मदीने तक श्री गोरक्षनाथ ने दीक्षा दी थी और ऊँचा मान पाया था।

इस सम्प्रदाय में कई भाँति के गुरु होते हैं यथाः- चोटी गुरु, चीरा गुरु, मंत्र गुरु, टोपा गुरु आदि।

श्री गोरक्षनाथ ने कर्ण छेदन - कान फाडना या चीरा चढ़ाने की प्रथा प्रचलित की थी। कान फाडने को तत्पर होना कष्ट सहन की शक्ति, दृढ़ता और वैराग्य का बल प्रकट करता है।

श्री गुरु गोरक्षनाथ ने यह प्रथा प्रचलित करके अपने अनुयायियों शिष्यों के लिये एक कठोर परीक्षा नियत कर दी। कान फडाने के पश्चात मनुष्य बहुत से सांसारिक झंझटों से स्वभावतः या लज्जा से बचता हैं। चिरकाल तक परीक्षा करके ही कान फाड़े जाते थे और अब भी ऐसा ही होता है। बिना कान फटे साधु को 'ओघड़ ' कहते है और इसका आधा मान होता है।

भारत में श्री गोरखनाथ के नाम पर कई विख्यात स्थान हैं और इसी नाम पर कई महोत्सव

मनाये जाते हैं।

यह सम्प्रदाय अवधूत सम्प्रदाय है। अवधूत शब्द का अर्थ होता है " स्त्री रहित या माया प्रपंच से रहित " जैसा कि " सिद्ध सिद्धान्त पद्धति " में लिखा हैः-

" सर्वान् प्रकृति विकारन वधु नोतीत्यऽवधूतः।"

अर्थात् जो समस्त प्रकृति विकारों को त्याग देता या झाड़ देता है वह अवधूत है। पुनश्चः-

" वचने वचने वेदास्तीर्थानि च पदे पदे।

इष्टे इष्टे च कैवल्यं सोऽवधूतः श्रिये स्तुनः।"

"एक हस्ते धृतस्त्यागो भोगश्चैक करे स्वयम्

अलिप्तस्त्याग भोगाभ्यां सोऽवधूतः श्रियस्तुनः॥"

उपर्युक्त लेखानुसार इस सम्प्रदाय में नव नाथ पूर्ण अवधूत हुए थे और अब भी अनेक अवधूत विद्यमान है।

नाथ लोग अलख (अलक्ष) शब्द से अपने इष्ट देव का ध्यान करते है। परस्पर आदेश या आदीश शब्द से अभिवादन करते हैं। अलख और आदेश शब्द का अर्थ प्रणव या परम पुरुष होता है जिसका वर्णन वेद और उपनिषद आदि में किया गया है।

योगी लोग अपने गले में काली ऊन का एक जनेऊ रखते है जिसे ' सिले ' कहते है। गले में एक सींग की नादी रखते है। इन दोनों को सींगी सेली कहते है यह लोग शैव हैं अर्थात शिव की उपासना करते है। षट् दर्शनों में योग का स्थान अत्युच्च है और योगी लोग योग मार्ग पर चलते हैं अर्थात योग क्रिया करते है जो कि आत्म दर्शन का प्रधान साधन है। जीव ब्रह्म की एकता का नाम योग है। चित्त वृत्ति के पूर्ण निरोध का योग कहते है।

वर्तमान काल में इस सम्प्रदाय के आश्रम अव्यवस्थित होने लगे हैं। इसी हेतु " अवधूत योगी महासभा " का संगठन हुआ है और यत्र तत्र सुधार और विद्या प्रचार करने में इसके संचालक लगे हुए है।

प्राचीन काल में स्याल कोट नामक राज्य में शंखभाटी नाम के एक राजा थे। उनके पूर्णमल और रिसालु नाम के पुत्र हुए। यह श्री गोरक्षनाथ के शिष्य बनने के पश्चात क्रमशः चोरंगी नाथ और मन्नाथ के नाम से प्रसिद्ध होकर उग्र भ्रमण शील रहें। " योगश्चित वृति निरोधः " सूत्र की अन्तिमावस्था को प्राप्त किया और इसी का प्रचार एंव प्रसार करते हुए जन कल्याण किया और भारतीय या माननीय संस्कृति को अक्षूणण बने रहने का बल प्रदान किया। उपर्युक्त 12 पंथो में जो " मन्नाथी " पंथ है वह इन्ही का श्री मन्नाथ पंथ है। श्री मन्नाथ ने भ्रमण करते हुए वर्तमान जयपुर राज्यान्तर्गत शेखावाटी प्रान्त के बिसाऊ नगर के समीप आकर अपना आश्रम निर्माण किया। यह ग्राम अब ' टाँई ' के नाम से प्रसिद्ध है। श्री मन्नाथ ने यहीं पर अपना शरीर त्याग किया था, यही पर इनका समाधि मन्दिर है और मन्नाथी योगियों का गुरु द्वार हैं। ' टाँई ' के आश्रम के अधीन प्राचीन काल से 2000 बीघा

जमीन है, अच्छा बड़ा मकान है और इसमे कई समाधियाँ बनी हुई है। इससे ज्ञात होता है कि श्री मन्नाथ के पश्चात् यहाँ पर दीर्घकाल तक अच्छे सन्त रहते रहे है। इस स्थान में बाबा श्री ज्योतिनाथ जी के शिष्य श्री केशरनाथ रहते थे। अब श्री ज्ञाननाथ रहते हैं। इन दिनों इस आश्रम का जीर्णोद्वार भी हुआ हैं। श्री मन्नाथ के परम्परा में आगे चल कर श्री चंचलनाथ अच्छे संत हुए और इन्होने कदाचित सं. 1700 वि. के आस पास झुंझुनु (जयपुर) में अपना आश्रम बनाया यही इनका समाधि मन्दिर हैं।

नाथ लक्षणः-
" नाकरोऽनादि रुपंच'थकारः' स्थापयते सदा "
भुवनत्रय में वैकः श्री गोरक्ष नमोल्तुते।
" शक्ति संगम तंत्र॥
अवधूत लोग अद्वैत वादी योगी होते है जो कि बिना किसी भौतिक साधन के यौगग्नि प्रज्वलित करके कर्म विपाक को भस्म कर निजानन्द में रमण करते है और अपनी सहज शिक्षा के द्वारा जन कल्याण करते रहते है। तभी उपयुक्त नाथ शब्द सार्थक होता है।
इनका सिद्धान्तः-
न ब्रह्म विष्णु रुद्रौ, न सुरपति सुरा,
नैव पृथ्वी न चापौ।
नैवाग्निनर्पि वायुः न च गगन तलं,
नो दिशों नैव कालः।
नो वेदा नैव यज्ञा न च रवि शशिनौ,
नो विधि नैव कल्पाः।
स्व ज्योतिः सत्य मेकं जयति तव पदं,
सच्चिदानन्दमूर्ते,
ॐ शान्ति ! प्रेम!! आनन्द !!!
नवनाथ
नवनाथ नाथ सम्प्रदाय के सबसे आदि में नौ मूल नाथ हुए हैं । वैसे नवनाथों के सम्बन्ध में काफी मतभेद है, किन्तु वर्तमान नाथ सम्प्रदाय के 18 - 20 पंथों में प्रसिद्ध नवनाथ क्रमशः इस प्रकार हैं -
1 - आदिनाथ – ॐ - कारशिव, ज्योति - रुप
2 - उदयनाथ - पार्वती, पृथ्वी रुप
3 - सत्यनाथ - ब्रह्मा, जल रुप
4 - संतोषनाथ - विष्णु, तेज रुप
5 - अचलनाथ (अचम्भेनाथ) - शेषनाग, पृथ्वी भार - धारी
6 - कंथडीनाथ - गणपति, आकाश रुप

7 - चौरंगीनाथ - चन्द्रमा, वनस्पति रुप

8 - मत्स्येन्द्रनाथ - माया रुप, करुणामय

   9 - गोरक्षनाथ - अयोनिशंकर त्रिनेत्र, अलक्ष्य रुप

15

चौरासी सिद्‍ध

चौरासी सिद्‍ध जोधपुर, चीन इत्यादि के चौरासी सिद्‍धों में भिन्नता है । अस्तु, यहाँ यौगिक साहित्य में प्रसिद्ध नवनाथ के अतिरिक्त 84 सिद्‍ध नाथ इस प्रकार हैं -

1 - सिद्‍ध चर्पतनाथ,

2 - कपिलनाथ,

3 - गंगानाथ,

4 - विचारनाथ,

5 - जालंधरनाथ,

6 - श्रृंगारिपाद,

7 - लोहिपाद,

8 - पुण्यपाद,

9 - कनकाई,

10 - तुषकाई,

11 - कृष्णपाद,

12 - गोविन्द नाथ,

13 - बालगुंदाई,

14 - वीरवंकनाथ,

15 - सारंगनाथ,

16 - बुद्‍धनाथ,

17 - विभाण्डनाथ,

18 - वनखंडिनाथ,

19 - मण्डपनाथ,

20 - भग्नभांडनाथ,

21 - धूर्मनाथ ।

22 - गिरिवरनाथ,

23 - सरस्वतीनाथ,

24 - प्रभुनाथ,

25 - पिप्पलनाथ,

26 - रत्ननाथ,

27 - संसारनाथ,

28 - भगवन्त नाथ,

29 - उपन्तनाथ,

30 - चन्दननाथ,

31 - तारानाथ,

32 - खार्पूनाथ,

33 - खोचरनाथ,

34 - छायानाथ,

35 - शरभनाथ,

36 - नागार्जुननाथ,

37 - सिद्ध गोरिया,

38 - मनोमहेशनाथ,

39 - श्रवणनाथ,

40 - बालकनाथ,

41 - शुद्धनाथ,

42 - कायानाथ ।

43 - भावनाथ,

44 - पाणिनाथ,

45 - वीरनाथ,

46 - सवाइनाथ,

47 - तुक नाथ,

48 - ब्रह्मनाथ,

49 - शील नाथ,

50 - शिव नाथ,

51 - ज्वालानाथ,

52 - नागनाथ,

53 - गम्भीरनाथ,

54 - सुन्दरनाथ,

55 - अमृतनाथ,

56 - चिड़ियानाथ,

57 - गेलारावल,

58 - जोगरावल,

59 - जगमरावल,

60 - पूर्णमल्लनाथ,

61 - विमलनाथ,

62 - मल्लिकानाथ,

63 - मल्लिनाथ ।

64 - रामनाथ,

65 - आम्रनाथ,

66 - गहिनीनाथ,

67 - ज्ञाननाथ,

68 - मुक्तानाथ,

69 - विरुपाक्षनाथ,

70 - रेवणनाथ,

71 - अडबंगनाथ,

72 - धीरजनाथ,

73 - घोड़ीचोली,

74 - पृथ्वीनाथ,

75 - हंसनाथ,

76 - गैबीनाथ,

77 - मंजुनाथ,

78 - सनकनाथ,

79 - सनन्दननाथ,

80 - सनातननाथ,

81 - सनत्कुमारनाथ,

82 - नारदनाथ,

83 - नचिकेता,

84 - कूर्मनाथ ।

बारह पंथ

नाथ सम्प्रदाय के अनुयायी मुख्यतः बारह शाखाओं में विभक्त हैं, जिसे बारह पंथ कहते हैं ।
इन बारह पंथों के कारण नाथ सम्प्रदाय को ' बारह – पंथी ' योगी भी कहा जाता है । प्रत्येक

पंथ का एक-एक विशेष स्थान है, जिसे नाथ लोग अपना पुण्य क्षेत्र मानते हैं । प्रत्येक पंथ एक पौराणिक देवता अथवा सिद्ध योगी को अपना आदि प्रवर्तक मानता है । नाथ सम्प्रदाय के बारह पंथों का संक्षिप्त परिचय इस प्रकार है -

1॰ सत्यनाथ पंथ - इनकी संख्या 31 बतलायी गयी है । इसके मूल प्रवर्तक सत्यनाथ (भगवान् ब्रह्माजी) थे । इसीलिये सत्यनाथी पंथ के अनुयायियों को " ब्रह्मा के योगी " भी कहते हैं । इस पंथ का प्रधान पीठ उड़ीसा प्रदेश का पाताल भुवनेश्वर स्थान है ।

2॰ धर्मनाथ पंथ – इनकी संख्या 25 है । इस पंथ के मूल प्रवर्तक धर्मराज युधिष्ठिर माने जाते हैं । धर्मनाथ पंथ का मुख्य पीठ नेपाल राष्ट्र का दुल्लुदेलक स्थान है । भारत में इसका पीठ कच्छ प्रदेश धिनोधर स्थान पर हैं ।

3॰ राम पंथ - इनकी संख्या 61 है । इस पंथ के मूल प्रवर्तक भगवान् श्रीरामचन्द्र माने गये हैं । इनका प्रधान पीठ उत्तर-प्रदेश का गोरखपुर स्थान है ।

4॰ नाटेश्वरी पंथ अथवा लक्ष्मणनाथ पंथ – इनकी संख्या 43 है । इस पंथ के मूल प्रवर्तक लक्ष्मणजी माने जाते हैं । इस पंथ का मुख्य पीठ पंजाब प्रांत का गोरखटिल्ला (झेलम) स्थान है । इस पंथ का सम्बन्ध दरियानाथ व तुलनाथ पंथ से भी बताया जाता है ।

5॰ कंथड़ पंथ - इनकी संख्या 10 है । कंथड़ पंथ के मूल प्रवर्तक गणेशजी कहे गये हैं । इसका प्रधान पीठ कच्छ प्रदेश का मानफरा स्थान है ।

6॰ कपिलानी पंथ - इनकी संख्या 26 है । इस पंथ को गढ़वाल के राजा अजयपाल ने चलाया । इस पंथ के प्रधान प्रवर्तक कपिल मुनिजी बताये गये हैं । कपिलानी पंथ का प्रधान पीठ बंगाल प्रदेश का गंगासागर स्थान है । कलकत्ते (कोलकाता) के पास दमदम गोरखवंशी भी इनका एक मुख्य पीठ है ।

7॰ वैराग्य पंथ - इनकी संख्या 124 है । इस पंथ के मूल प्रवर्तक भर्तृहरिजी हैं । वैराग्य पंथ का प्रधान पीठ राजस्थान प्रदेश के नागौर में राताढुंढा स्थान है ।इस पंथ का सम्बन्ध भोतंगनाथी पंथ से बताया जाता है ।

8॰ माननाथ पंथ - इनकी संख्या 10 है । इस पंथ के मूल प्रवर्तक राजा गोपीचन्द्रजी माने गये हैं । इस समय माननाथ पंथ का पीठ राजस्थान प्रदेश का जोधपुर महा - मन्दिर नामक स्थान बताया गया है ।

9॰ आई पंथ - इनकी संख्या 10 है । इस पंथ की मूल प्रवर्तिका गुरु गोरखनाथ की शिष्या भगवती विमला देवी हैं । आई पंथ का मुख्य पीठ बंगाल प्रदेश के दिनाजपुर जिले में जोगी गुफा या गोरखकुई नामक स्थान हैं । इनका एक पीठ हरिद्वार में भी बताया जाता है । इस पंथ का सम्बन्ध घोड़ा चौली से भी समझा जाता है ।

10॰ पागल पंथ – इनकी संख्या 4 है । इस पंथ के मूल प्रवर्तक श्री चौरंगीनाथ थे । जो पूरन भगत के नाम से भी प्रसिद्ध हैं । इसका मुख्य पीठ पंजाब - हरियाणा का अबोहर स्थान है ।

11॰ ध्वजनाथ पंथ - इनकी संख्या 3 है । इस पंथ के मूल प्रवर्तक हनुमानजी माने जाते हैं । वर्तमान में इसका मुख्य पीठ सम्भवतः अम्बाला में है ।

12॰ गंगानाथ पंथ - इनकी संख्या 6 है । इस पंथ के मूल प्रवर्तक श्री भीष्म पितामह माने जाते हैं । इसका मुख्य पीठ पंजाब में गुरुदासपुर जिले का जखबार स्थान है ।

कालान्तर में नाथ सम्प्रदाय के इन बारह पंथों में छह पंथ और जुड़े - 1॰ रावल (संख्या -71), 2॰ पंक (पंख), 3॰ वन, 4॰ कंठर पंथी, 5॰ गोपाल पंथ तथा 6॰ हेठ नाथी ।

इस प्रकार कुल बारह - अठारह पंथ कहलाते हैं । बाद में अनेक पंथ जुड़ते गये, ये सभी बारह - अठारह पंथों की उपशाखायें अथवा उप - पंथ है । कुछ के नाम इस प्रकार हैं - अद्र्धनारी, अमरनाथ, अमापंथी। उदयनाथी, कायिकनाथी, काममज, काषाय, गैनीनाथ, चर्पटनाथी, तारकनाथी, निरंजन नाथी, नायरी, पायलनाथी, पाव पंथ, फिल नाथी, भृंगनाथ आदि

16

चौरासी सिद्ध चालीसा

दोहा -

श्री गुरु गणनायक सिमर, शारदा का आधार।

कहूँ सुयश श्रीनाथ का, निज मति के अनुसार।

श्री गुरु गोरक्षनाथ के चरणों में आदेश।

जिनके योग प्रताप को, जाने सकल नरेश।

चौपाई -

जय श्रीनाथ निरंजन स्वामी, घट घट के तुम अन्तर्यामी।

दीन दयालु दया के सागर, सप्तद्वीप नवखण्ड उजागर।

आदि पुरुष अद्वैत निरंजन, निर्विकल्प निर्भय दुःख भंजन।

अजर अमर अविचल अविनाशी, ऋद्धि सिद्धि चरणों की दासी।

बाल यती ज्ञानी सुखकारी, श्री गुरुनाथ परम हितकारी।

रूप अनेक जगत में धारे, भगत जनों के संकट टारे।

सुमिरण चौरंगी जब कीन्हा, हुये प्रसन्न अमर पद दीन्हा।

सिद्धों के सिरताज मनावो, नव नाथों के नाथ कहावो।

जिनका नाम लिये भव जाल, आवागमन मिटे तत्काल।

आदि नाथ मत्स्येन्द्र पीर, घोरम नाथ धुन्धली वीर।

कपिल मुनि चर्पट कण्डेरी, नीम नाथ पारस चंगेरी।

परशुराम जमदग्नी नन्दन, रावण मार राम रघुनन्दन।

कंसादिक असुरन दलहारी, वासुदेव अर्जुन धनुधारी।

अचलेश्वर लक्ष्मण बल बीर, बलदाई हलधर यदुवीर।

सारंग नाथ पीर सरसाई, तुङ्गनाथ बद्री बलदाई।

भूतनाथ धारीपा गोरा, बटुकनाथ भैरो बल जोरा।

वामदेव गौतम गंगाई, गंगनाथ घोरी समझाई।

रतन नाथ रण जीतन हारा, यवन जीत काबुल कन्धारा।
नाग नाथ नाहर रमताई, बनखंडी सागर नन्दाई।
बंकनाथ कंथड़ सिद्ध रावल, कानीपा निरीपा चन्द्रावल।
गोपीचन्द भर्तृहरी भूप, साधे योग लखे निज रूप।
खेचर भूचर बाल गुन्दाई, धर्म नाथ कपली कनकाई।
सिद्धनाथ सोमेश्वर चण्डी, भुसकाई सुन्दर बहुदण्डी।
अजयपाल शुकदेव व्यास, नासकेतु नारद सुख रास।
सनत्कुमार भरत नहीं निंद्रा, सनकादिक शारद सुर इन्द्रा।
भंवरनाथ आदि सिद्ध बाला, ज्यवन नाथ माणिक मतवाला।
सिद्ध गरीब चंचल चन्दराई, नीमनाथ आगर अमराई।
त्रिपुरारी त्र्यम्बक दुःख भंजन, मंजुनाथ सेवक मन रंजन।
भावनाथ भरम भयहारी, उदयनाथ मंगल सुखकारी।
सिद्ध जालन्धर मूंगी पावे, जाकी गति मति लखी न जावे।
ओघड़देव कुबेर भण्डारी, सहजई सिद्धनाथ केदारी।
कोटि अनन्त योगेश्वर राजा, छोड़े भोग योग के काजा।
योग युक्ति करके भरपूर, मोह माया से हो गये दूर।
योग युक्ति कर कुन्ती माई, पैदा किये पांचों बलदाई।
धर्म अवतार युधिष्ठिर देवा, अर्जुन भीम नकुल सहदेवा।
योग युक्ति पार्थ हिय धारा, दुर्योधन दल सहित संहारा।
योग युक्ति पंचाली जानी, दुःशासन से यह प्रण ठानी।
पावूं रक्त न जब लग तेरा, खुला रहे यह सीस मेरा।
योग युक्ति सीता उद्धारी, दशकन्धर से गिरा उच्चारी।
पापी तेरा वंश मिटाऊं, स्वर्ण लड़क विध्वंस कराऊँ।
श्री रामचन्द्र को यश दिलाऊँ, तो मैं सीता सती कहाऊँ।
योग युक्ति अनुसूया कीनों, त्रिभुवन नाथ साथ रस भीनों।
देवदत्त अवधूत निरंजन, प्रगट भये आप जग वन्दन।
योग युक्ति मैनावती कीन्ही, उत्तम गति पुत्र को दीनी।
योग युक्ति की बंछल मातू, गूंगा जाने जगत विख्यातू।
योग युक्ति मीरा ने पाई, गढ़ चित्तौड़ में फिरी दुहाई।
योग युक्ति अहिल्या जानी, तीन लोक में चली कहानी।
सावित्री सरसुती भवानी, पारबती शङ्कर सनमानी।
सिंह भवानी मनसा माई, भद्र कालिका सहजा बाई।
कामरू देश कामाक्षा योगन, दक्षिण में तुलजा रस भोगन।
उत्तर देश शारदा रानी, पूरब में पाटन जग मानी।

पश्चिम में हिंगलाज विराजे, भैरव नाद शंखध्वनि बाजे।
नव कोटिक दुर्गा महारानी, रूप अनेक वेद नहिं जानी।
काल रूप धर दैत्य संहारे, रक्त बीज रण खेत पछारे।
मैं योगन जग उत्पति करती, पालन करती संहृति करती।
जती सती की रक्षा करनी, मार दुष्ट दल खप्पर भरनी।
मैं श्रीनाथ निरंजन दासी, जिनको ध्यावे सिद्ध चौरासी।
योग युक्ति विरचे ब्रह्मण्डा, योग युक्ति थापे नवखण्डा।
योग युक्ति तप तर्पे महेशा, योग युक्ति धर धरे हैं शेषा।
योग युक्ति विष्णू तन धारे, योग युक्ति असुरन दल मारे।
योग युक्ति गजआनन जाने, आदि देव तिरलोकी माने।
योग युक्ति करके बलवान, योग युक्ति करके बुद्धिमान।
योग युक्ति कर पावे राज, योग युक्ति कर सुधरे काज।
योग युक्ति योगीश्वर जाने, जनकादिक सनकादिक माने।
योग युक्ति मुक्ती का द्वारा, योग युक्ति बिन नहिं निस्तारा।
योग युक्ति जाके मन भावे, ताकी महिमा कही न जावे।
जो नर पढ़े सिद्ध चालीसा, आदर करें देव तेंतीसा।
साधक पाठ पढ़े नित जोई, मनोकामना पूरण होई।
धूप दीप नैवेद्य मिठाई, रोट लंगोट को भोग लगाई।

दोहा -

रतन अमोलक जगत में, योग युक्ति है मीत।
नर से नारायण बने, अटल योग की रीत।
योग विहंगम पंथ को, आदि नाथ शिव कीन्ह।
शिष्य प्रशिष्य परम्परा, सब मानव को दीन्ह।
प्रातः काल स्नान कर, सिद्ध चालीसा ज्ञान।
पढ़ें सुने नर पावही, उतम पद निर्वाण।

17

शिक्षा

शिक्षा – मानव जीवन के आदि काल से अंत, भूतकाल से भविष्यकाल, दिन – रात, जन्म से मृत्यु, घर – परिवार समाज से देश – विदेश तक सनातन व्यवस्था है । शिक्षा का माध्यम वाणी भाषा के अनुसार देशकाल (स्थान – समय) में बदलता रहा है और अनेक लिपि व भाषाएं हैं विश्व में, परन्तु यह सार्वभौमिक सत्य है कि भौतिक (साकार) की वाणी (निराकार) के द्वारा एक दूसरे की भाषा समझकर निरंतर जीवन यापन कर रहा है । वाणी के चार प्रकार कहे गये हैं – परा, पश्यंति, मध्यमा और वैखरनी । शरीर में इनके स्थान – परा का स्थान नाभि, पश्यंति का स्थान हृदय, मध्यमा का स्थान गला और वैखरनी का स्थान मुख (जिव्हा) है । बोलने –चालने की भाषा वैखरनी कहलाती है और प्रगति की इसी व्यवस्था को संस्कार भी कहते हैं । परिवार में जन्म लेकर उसी पारिवारिक भाषा में वाणी का उपयोग करते हैं, उसे मातृभाषा कहते हैं । अन्य दूसरी भाषाएं उनके नामकरण के अनुसार यथा – संस्कृत, हिन्दी, पंजाबी, गुजराती, मराठी, मलयालम, तमिल, तेलगु, कन्नड़, बंगाली, उर्दू, अंग्रेजी, फ्रेंच, जर्मन, अरबी, फारसी आदि, यद्यपि मातृ भाषा इनमें से भी एक हो सकती है । वाणी को संकेतों द्वारा लिपिबद्ध करना ही भाषा है । हिन्दी भाषा भी स्थान परिवर्तन, बोली परिवर्तन के अनुसार खड़ी – हिन्दी, बृज –हिन्दी, अवधी – हिन्दी, भोजपुरी – हिन्दी, बिहारी – हिन्दी, हरियाणवी – हिन्दी, राजस्थानी – हिन्दी, मालवी – हिन्दी, बुंदेलखंडी – हिन्दी आदि कहलाती हैं । किन्तु इन सभी में हिन्दी भाषा के अक्षरों का ही प्रयोग है । यही स्थिति सामाजिक व्यवस्था की है, एक ही जाति के मानवों का भी देशकाल के अनुसार रहन – सहन, रीति – रिवाज, खान – पान आदि कार्य प्रणाली बदलती रहती है पर जाति एक ही होती है । मानव और समाज के विकास में शिक्षा, स्वास्थ्य का महत्वपूर्ण योगदान रहा है और रहेगा । जनसंख्या और कार्य संस्कृति की दृष्टि से गांव, शहर बने, प्रायः कम जनसंख्या वाले गांव (सीमित व्यवस्था) और अधिक जनसंख्या (अधिक व्यवस्था) वाले शहर, पर दोनों ही स्थानों पर शिक्षा का अपना महत्व रहा है ।

गांव से संबन्धित व्यक्ति/समाज अधिकतर कृषि कार्य, पशु पालन, बागवानी, और इस व्यवस्था से संबन्धित कार्य जैसे पढ़ाई (पंडित), लकड़ी (बढ़ई), लोहा (लुहार), मिट्टी (प्रजापति/कुम्हार), कपड़े धोना (धोबी), बाल कटिंग (नाई), कपड़ा (बुनकर), पानी (धीमर), सफाई आदि करते रहे हैं, पहले शिक्षा के लिए गांव – गांव यह कहावत चरितार्थ थी कि – " कम पढ़े तो हर (हल) से गये, और ज्यादा पढ़े तो घर से गये " । कहने का आशय यह है कि जो कुछ पढ़ लिख लेता था वह हर (हल – खेत जोतने का उपकरण) चलाने अर्थात कृषि कार्य में कम रुचि रखने लगता था, हर (हल) नहीं चलाता था और अधिक पढ़ाने वाला, उसकी शिक्षा अनुसार सेवा कार्य मिलने पर अपने घर से बाहर जाना पड़ता था । उस समय शिक्षा व्यवस्था बहुत दुर्लभ भी थी । अब परिस्थियां काफी बदल गई हैं, पानी काफी बह चुका है, पहले संचार, आवागमन, सिंचाई, बिजली, मोबाइल, इंटरनेट, कम्प्युटर आदि जैसी व्यवस्था बहुत दुर्लभ थी। पहले शिक्षा प्रणाली सुनना (श्रुति) से शुरू होकर याद (स्मृति) करना अर्थात श्रुति – स्मृति से शुरू होकर लेखन (लिपि) – भोज पत्र (पेड़ का पत्ता), तख्ती (पट्टी – लकड़ी, पत्थर) - दवात, स्लेट – बत्ती, कलम, स्याही (इंक), कागज का उपयोग आया । परन्तु आज भी श्रुति – स्मृति के साथ अन्य उपरोक्त शिक्षा साधन लुप्त प्राय: हो गये हैं, इनका स्थान कागज, पेन – पेन्सिल, पुस्तक से होता हुआ कम्यूटर, इन्टरनेट, मोबाइल, वीडियो कोन्फ्रेंस आदि में परिवर्तित हो गया है ।

इसका आशय यह निकाल लेना गलत है कि पढ़ा – लिखा खेती कार्य नहीं कर सकता है ।

समय परिवर्तन, व्यवस्था परिवर्तन ने हर (हल) को ही प्राय: समाप्ति की स्थिति में ला दिया है । जैसे सूखी खेती से सिंचित खेती, सिंचाई पद्यति (तालाब, नदी - नाले, कूआ आदि से चरस – बरत, ढेंकुली, परोहे, रहट आदि), तालाब व बांध से नहर, बाद में डीजल पम्प, बिजली मोटर पम्प (ट्यूबेल, सबमर्सिबिल) आदि का सफर रहा है । तदानुसार फसल खरीफ (वर्षा कालीन) – (मक्का, ज्वार, बाजरा, उड़द, मोठ, मूंग, अरहर (तुअर), धान, मूँगफली, तिल (तिली), कपास, ग्वार (ग्वाल), सोयाबीन आदि), रवी फसल (शीतकालीन) – (गेंहू, जौ, चना, मटर, जई, आलू, गन्ना, सरसों, लाहा, सौंहा (दूंआ), अलसी, कुसुम, सूरजमुखी, मसूर, तिलहन, आदि) और जायद फसल (ग्रीष्मकालीन) – (ककड़ी, खरबूज, तरबूज, मूंग, सब्जी आदि) का सफर रहा है । इनके (सिंचाई व्यवस्था और फसल चक्र) के साथ खाद नवीन उन्नत किस्म के बीज और उपकरणों का भी अपना महत्वपूर्ण योगदान रहा है, जैसे पहले बिना खाद के, बाद में बिना गोबर खाद से, फिर कम्पोस्ट खाद और रासायनिक खाद की विशेष भूमिका के साथ उन्नत किस्म के शंकर बीज एवं नवीन उपकरण ट्रेकटर, हेरों, कल्टीवेटर, रोटोवेटर, सीड ड्रिल मशीन, प्लाऊ आदि में भी शिक्षा का अपना महत्वपूर्ण योगदान रहा है ।

इन सबका परिणाम आज अधिकांशत: हल – बैल का प्रयोग खेती में न्यून हो गया है और उसका स्थान ट्रेक्टर व्यवस्था ने ले लिया है । क्या इसका आशय निकाला जाए कि हल

खत्म हो गए ? नहीं, पहले एक बैल जोड़ी में एक हल और अब एक ट्रैक्टर में पांच, सात, नौ हल होते हैं । कहने का आशय यह है कि हलों की संख्या मशीन युग में बढ़ी है, हां बैलों की संख्या में कृषि कार्य के लिए कमी आई है । तकनीकी प्रगति के कारण दूसरा अधिक पढ़ने पर घर से बाहर उच्च शिक्षा अनुसार कार्य मिलने पर घर से बाहर होना स्वाभाविक था ।

शिक्षा प्रगति के लिए गांव – गांव प्राथमिक, माध्यमिक शिक्षा और उच्च शिक्षण संस्थानों की व्यवस्था हुई । स्वास्थ्य सुविधा में सुधार एवं अन्य संचार व्यवस्था (डाक – तार, रेडियो, टेलीफोन, मोबाइल, टीवी, इन्टरनेट, कम्प्युटर) गांव – गांव बिजली, आवागमन व्यवस्था (बैलगाड़ी, ऊंट - गाड़ी, घोड़ा – गाड़ी (तांगा), साइकिल, मोटर साइकिल, जीप कार एवं बस आदि) कच्चे मार्ग से पक्के सड़क मार्ग, प्रगति के ध्योतक हैं । जिसने गांव और शहर में सुविधाओं के अंतर को कम किया है फिर भी गांवों के लिए और बहुत कुछ करना शेष है । जिससे अधिक पढ़ने – लिखने वाला भी स्थानीय सेवा/ रोजगार व्यवस्था से संबन्धित हुआ और पुरानी कहावत पुरानी हो गई । इस सब में सबसे बड़ा योगदान शिक्षा का ही है ।

जब गांव छोड़कर शहर जाते थे तो यह भी कहा जाता था –

बाहर की लगी हवा ऐसी, घर का भी आंगन भूल गए ।

खा केक, पी बिस्किट – टी, होटल का टोटल बड़ा दिया ।

दधि, दूध, मलाई, मक्खन खाना सब भूल गए ॥

और गांव में रहने वालों की नजर शहर पर होती है, शहर में रहने वालों की नजर विदेश पर होती हैं । विदेश में रहने वालों की नजर चांद – तारों पर होती है । फिर भी कोई सुखी नहीं है । सुखी वही है जिसकी नजर अपने परिवार/समाज/देश पर होती है । और एक कटाक्ष -

ये दुनिया शौकीन बड़ी, जिनकी बहुएं बांधे घड़ी ।

मिला हाथ चलें, मिल साथ चलें, वो इंगलिश बोलें बिना पढ़ी ॥

असंतोष के कारण ही, तभी तो कवि रसखान ने कहा है कि –

गौ धन, गज धन, वाज धन और रतन धन खान ।

जब आवे संतोष धन, सब धन धूरि समान ॥

इसलिए कहा गया है कि – जरूरी नहीं कि सारे सबक किताबों से सीखें, कुछ सबक जिंदगी और रिश्ते सिखा देते हैं । और यह भी कहा गया है कि –

करत – करत अभ्यास के जड़मत होत सुजान ।

रसरी (रस्सी) आवत – जावत सिल (पत्थर) पर पड़त निशान ॥

अर्थात जब लड़कियां पढ़ जाएंगी तब कितना विकास होगा ? लड़कों से आगे होंगी ।

अगर तुम गरीब पैदा हुए हो तो ये तुम्हारी गलती नहीं है, लेकिन तुम गरीब मर जाते हो तो ये तुम्हारी गलती है ।

दुनिया में बड़ा होने और मेहनत करने से किसी ने क्या कभी रोका है ? फिर मेहनत क्यों नहीं करते ? रुक जाने के लिए तो आप स्वयं जिम्मेदार हैं । इंगलिश नहीं आती, कम्प्यूटर

नहीं आता तो सीख सकते हैं । कोई पेट से सीख कर नहीं आता, बस यहीं सब सीखते हैं । हर कोई महाभारत का अभिमन्यु नहीं, जिसने मा के पेट में चक्रव्यूह सीख लिया अपवाद छोड़कर । आसपास किसी का सपोर्ट नहीं मिलता तो दूर जाकर सपोर्ट ले सकते हैं । यह कठिन हो सकता है, लेकिन असम्भव नहीं । इसलिए बहाना बनाना छोड़िए । पढाई करना जरुरी है .

18

शिक्षा - स्वास्थ्य

स्वस्थ व्यक्ति ही उन्नति की ओर अग्रसर होता है । स्वास्थ्य के लिए व्यक्तिगत स्वास्थ्य सुधार जिसे सामान्य भाषा में बिना मात्रा का शब्द " कसरत " या व्यायाम, अंग्रेजी में एक्सरसाइज़ कहा है, जिसमें घूमना, टहलना, दौड़ना, दंड, बैठक, मुदगल उठाना, बजन उठाना, साइकिल चलाना, तैरना, योग करना (अलग से विस्तृत चर्चा), आदि ऐसी प्रक्रियाएं जिसे स्वयं व्यक्ति अकेला (किसी के उचित मार्ग दर्शन में) किसी अन्य व्यक्ति के शरीर स्वास्थ्य संबन्धित प्रक्रियाएं कर सकता है । इस प्रक्रिया में केवल स्वयं का शरीर और समय की आवश्यकता होती है, धन विशेष की नहीं । दूसरे जिन्हें सामान्य भाषा में खेल, अंग्रेजी में गेम (GAME) कहते हैं जिसमें पहलवानी, कबड्डी, वालीवाल, क्रिकेट, बेडमिंटन, हॉकी, फुटवाल आदि इसमें अपने स्वयं के अलावा दूसरे व्यक्ति और संसाधन व धन की भी जरूरत होती है, से स्वस्थ्य सुविधा में सुधार तथा चिकित्सा व्यवस्था में भी सुधार शिक्षा का ही परिणाम है । घरेलू उचार तथा आयुर्वेद उपचार अलग से चर्चा की जाएगी । पानी पीने के साधारण नियम भी स्वस्थ्य के लिए लाभकारी हैं – जैसे – प्रात: पानी पीना पेट की सफाई करता है, खाना खाना से पहले और खाना खाने के आधा/एक घंटा बाद पानी पीना पाचन शक्ति को बढ़ाता है। नहाने से पहले पानी पीना रक्त चाप (बीपी – ब्लड प्रेशर) को नियंत्रित करता है । सोने से पहले पानी पीने से शरीर में पानी की कमी की समस्या नहीं होती है । अष्टांग योग (यम, नियम, आसान, प्राणायाम, प्रत्याहार, ध्यान, धारणा और समाधि) भी कुशल मार्गदर्शन में जरूरी है । इसलिए कहा गया है कि - " तंदूरस्ती हजार नियामत ", सुखों में पहला सुख निरोगी काया ही बताया गया है । स्वस्थ शरीर में ही स्वस्थ मन का वास होता है, मन (दस इंद्रियों – पांच कर्म और पांच ज्ञान) इंद्रियों पर निर्भर है, जैसे कुए के पानी को कुए की मन (दीवार, बाउंडरी, घेरा) बनाकर पानी को रोककर उपयोगितानुसार उपयोग किया जाता है । ठीक उसी प्रकार दसों इंद्रियों से नियंत्रित कर अपनी सुविधा अनुसार उपयोग करना होता है । कुछ कहते है कि मन ही नहीं लगता, उसे लगाना पड़ता है । जैसे जंगल में एक शेर रहता है, वह सब पर काबू करता है, एक जगह नहीं रहता, वजन - तोल की पुरानी

पद्यति में कहा गया है कि आठ पसेरी (40सेर/शेर) को कहते हैं एक मन, इसका कहने का तात्पर्य यह है कि अधिकतर मानव का वजन एक मन से ज्यादा ही होता है जो जंगल के चालीस शेरों से तो बड़ा ही हुआ, तब फिर चिंता किस बात की ? आपका मन आपके काबू का जो चाहे वह करें । एक और संस्कृत श्लोक में कहा है – " काक चेष्टा वकोध्यानम स्वान निद्रा तदैव च, अल्पाहारी, गृह त्यागी विद्यार्थी पंच लक्षण:,। विद्यार्थी (शिक्षार्थी) के पांच लक्षण – कोए जैसी चेष्टा, वगुला जैसा ध्यान, कुत्ते जैसी नींद, कम खाने वाला (अल्पहारी) और गृह त्यागने (छोड़ने) वाला । यहां यह भी कहना उचित नहीं है कि पढ़ाई का स्तर ठीक नहीं है, यह व्यक्ति – विशेष पर भी निर्भर करता है, इसके लिए कुछ बातें हैं – एक – सोचें उसी कक्षा में अध्यापक द्वारा एक जैसा कार्यक्रम (सिलेबस) पढ़ाने पर भी उसी कक्षा में प्रथम, द्वितीय, तृतीय श्रेणी पास और कुछ फेल भी होते हैं । दूसरे पात्रता – जब बरसात (पढ़ाई) होती है तब एक समान बरसात (पढ़ाई) के बाद पात्र (बर्तन – शिक्षार्थी) की मात्रा के अनुसार पानी (शिक्षा) का संग्रहण होता है, यदि पात्र (विद्यार्थी) उस समय उल्टा (सोया हुआ) रखा है तो बिलकुल भी पानी (शिक्षा) नहीं भरता (भरती), इसमें वर्षा (पढ़ाई – शिक्षक) का दोष न होते हुए, पात्र (विद्यार्थी) का दोष है ।

तीसरा – देशकाल स्थिति मिलने (घुलने) की स्थिति – " कहा है – पानी रे पानी तेरा रंग कैसा, जिस में मिला दो रंग उस जैसा ". जैसा दूध में पानी दूध, मट्ठा में पानी मट्ठा, आटे में पानी आटा, शर्बत में पानी शर्बत, दाल में पानी दाल, आदि और यह भी कहा है कि " बिन पानी सब सून, मोती, मांस चून (आटा) " और तो और कोई ऐसा अपने जीवन में चाहेगा कि वह फेल हो फिर फेल क्यों होते हैं ? एक विचारणीय प्रश्न है । जिसका जबाव तुलसी कृत रामचरित मानस के किष्किंधा कांड की चौपाई से स्पष्ट होता है – " कृषी निरावहि चतुर किसाना । जिमिबुध तजहि मोह मद माना" ॥ (4/4/8) अर्थात वह किसान ही खेती कर पाता है जो अपने खेत में बीज बोने के बाद सिंचाई/खाद आदि वातावरण के कारण फसल के साथ खर – पतवार (घास – फूंस) जो उगता है उसे कुशलता पूर्वक निराकर खतम करता रहता है तो अपनी फसल उगा कर काट लेता है, अन्यथा नहीं । गाली – गलौज सभी जानते हैं, लेकिन सभ्य इन को घास की तरह उखाड़ कर फेंक देते हैं और इनका उपयोग नहीं करते और सभ्यता के दायरे में रहते हैं । गुण के साथ दोष भी उसी वातावरण में पनपते हैं, परंतु यह आप पर निर्भर करता है कि आप किसको प्राथमिकता देते हैं और उसी अनुसार परिणाम मिलता है, चौरासी के चक्कर लगाने पड़ते हैं । जैसे अयोध्या में कैकई और मंथरा भी थी, उधर लंका में विभीषण भी था और मंदोदरी भी थी । किसी पर दोषारोपण करना उचित नहीं, कि हमारे मा – बाप ने हमें पढ़ाया नहीं, सुविधा नहीं प्रदान की, उनको शिक्षा से संबन्धित जानकारी नहीं थी आदि । यह भी सोचें कि हम कितने जागरूक रहे जैसे कि किसान अपनी खेती में, वह अपने निर्णय (सलाह) लेते हुए हर साल खेती प्राकृतिक आपदाओं (परिस्थितियों) से जूझते हुए निरंतर खेती कर रहा है और उसी के अन्न उत्पादन से जीवन यापन हो रहा है । क्या कभी एकाद बार खेती खराब होने पर वह खेती करना तो नहीं

छोड़ता, वह तो उससे प्रेरणा लेकर पुन: उसी उत्साह से निरंतर खेती कर प्रगति कर रहा है । ठीक यही स्थिति शिक्षा में अपनानी है, यदि किन्ही कारणों से एकाद बार असफलता मिले तो निराश होने की बजाय पुन: किसान की तरह अधिक उत्साह से शिक्षा शुरू करें निश्चित सफलता मिलेगी । इसी तरह शिक्षा की हर जगह उपयोगिता है, चौरासी के चक्कर में ।

लिपि –

मनु के वर्ण व्यवस्था में भी ब्राह्मण, क्षत्रिय, वैश्य और शूद्र का वर्गीकरण का लेख है, इसमें भी शिक्षा अनिवार्य और प्राथमिक रही । जिसमें शब्द ब्राह्मण का सामान्य भाव है कि " ब्रह्म जानाति ब्राह्मण " अर्थात जिसे ब्रह्मांड की जानकारी है, वह ब्राह्मण है जिसमें ऋषि, देवर्षि, महर्षि, महात्मा, मुनि, विद्वान आदि की जानकारी मिलती है, सभी जातियों के व्यक्ति इस व्यवस्था से संबन्धित थे परशुराम, वशिष्ठ, विश्वामित्र, वाल्मीकि, अत्रि, भारद्वाज, रावण सभी समकालीन थे । दूसरे वामन (52) अक्षरों (16 स्वर और 36 व्यंजन कुल 52 अक्षर) का ज्ञानी वामन है, जो ब्राह्मण शब्द का ही अपभ्रंश है । यहां यह स्पष्ट करना जरूरी है कि वर्तमान हिन्दी में प्राय: 13 अक्षरों (बारह खड़ी – अ, आ, इ, ई, उ, ऊ, ए, ऐ, ओ, औ, अं, अ: और ऋ) को ही पढ़ाया जा रहा है । जबकि मराठी में 16 स्वर और 36 व्यंजन अब भी पढ़ाए जा रहे हैं, तथा अन्य भाषाओं – पंजाबी में – 41, बंगाली – 43, गुजराती में – 47, कन्नड़ व मलयालम में – 49, तमिल में 31, तेलगु में – 60, अंग्रेजी व फ्रेंच में – 26 उर्दू में – 52 (39 मुख्य व 13 अन्य) अक्षरों का प्रावधान है । यही शब्द बाद में एक ब्राह्मण जाति विशेष में बदला है क्योंकि इनका अध्ययन – अध्यापन मुख्य कार्य हो गया । यद्यपि इन्होनें कृषि कार्य एवं युद्ध कौशल जैसे कार्यों में भी अपनी भूमिका निभाई है । कुछ विद्वान मत अनुसार जब मानव बौद्धिक विकास से संबन्धित कार्य का निष्पादन – मुख्यत: पठन – पाठन, ब्रह्म कार्य, बुद्धि कार्य जिसमें विश्वामित्र, अत्रि, कश्यप, वाल्मीकि भी हैं, पर ब्राह्मण नहीं । जब शरीर के द्वारा दूसरे की सहायता (रक्षा) का कार्य हुआ वे क्षत्रिय कहलाए, परशुराम (जमदग्नि – रेणुका पुत्र) (भार्गव वंशीय) और रावण (पुलत्स्य – अगस्त ऋषि कुल में विश्रवा के पुत्र) ब्राह्मण होते हुए क्षत्रिय कार्य करने के कारण क्षत्रिय भी कहे गए हैं । जिन्होनें उदर पूर्ति की व्यवस्था से संबन्धित कृषि कार्य, पशुपालन कार्य, बागवानी, व अन्य व्यापार किया वैश्य कहलाए । परन्तु यह कार्य भी ब्राह्मण और क्षत्रियों ने भी किए फिर भी इन्होनें अपना शिक्षा एवं रक्षा कार्य को प्राथमिकता दी जिससे वे अपने ही वर्ण के रहे । इसलिए वे अपने वैश्य के स्थान पर ब्राह्मण और क्षत्रिय कहलाना पसंद करते हैं । शूद्र – शरीर के शुद्धीकरण से संबन्धित कार्य (स्नान, शौच आदि) व्यवस्था को शुद्धि एवं अन्य दूसरे की सेवा करने वाली को शूद्र कहा गया । हर मानव अपने आप में उपरोक्त चारों वर्णों से युक्त है, परन्तु समय के साथ जिसने जिसे वरीयता दी उसको जाति बना लिया । कहने का आशय यह है कि शिक्षा की उपयोगिता सभी के लिए अपना एक विशेष स्थान रखती है ।

अशिक्षित व्यक्ति के बारे में कहा गया है कि " काला अक्षर भैंस बराबर " (निरक्षर व्यक्ति जानकारी नहीं) और संस्कृत में " येषां न विद्या न तपो न दानम, न ज्ञानम, न शीलम, न गुणो न धर्मा, ते भू: भार भूता, मनुष्य रुपेण मृगाश्च चरन्ति " (जिसके पास न विद्या, न तप, न दान, न ज्ञान, न शील, न गुण, न धर्म है वे मनुष्य इस भूमि लोक पर मनुष्य रूप में मृग की तरह विचरित (इधर - उधर घूमना) करते हैं) तथा – " पुस्तकेषु विद्या परहस्त गतम धनम, कार्यकाले उत्पन्ने, न ततसा विद्या न तत धनम " (पुस्तक में स्थित विद्या और दूसरे के हाथ में दिया हुआ धन, समय आने पर (जरूरत पड़ने पर) न वह विद्या जो पुस्तक में है और न वह धन जो दूसरे के हाथ में, काम नहीं आते) और शिक्षित व्यक्ति के लिए कहा गया है कि – " विद्या ददाति विनयम, विनयम ददाति पात्रताम " (विद्या - शिक्षा से विनम्रता आती है, विनम्रता से पात्रता – स्थान मिलता है) ।

और यही कारण है कि मानव जीवन के चारों वर्णों (ब्राह्मण, क्षत्रिय, वैश्य तथा शूद्र) के चारों आश्रमों (ब्रह्मचर्य, गृहस्थ, वानप्रस्थ और सन्यास) में ब्रह्मचर्य जीवन से ही शिक्षा की व्यवस्था की गई है और उसी शिक्षा के अनुसार फिर गृहस्थ और अगले आश्रमों का निर्वहन होता है । शिक्षा ही कर्म प्रधानता को श्रेष्ठ कहती है – हिन्दी में - " कर्म ही पूजा है ", अंग्रेजी में - " वर्क इज वरशिप " (Work is worship), गीता में – " कर्मण्येवाधिकारस्तु मा फलेषु कदाचन ", रामचरित मानस (तुलसीकृत) में - " कर्म प्रधान विश्व करि राखा ", और संस्कृत में – " उद्यमेन हि सिद्धन्ति कार्याणि, न हि मनोरथै:, न हि सुप्तस्य सिंहस्य प्रविशन्ति मुखे मृगा " ।

यह कहना भी आवश्यक है कि वर्ण धर्म कार्य अनुरूप है बदलता नहीं, किसान – किसान, व्यापारी – व्यापारी, मजदूर – मजदूर, संत – संत, डॉक्टर – डॉक्टर, इंजीनियर – इंजीनियर, प्रोफेसर – प्रोफेसर, वकील – वकील, नेता – नेता, अभिनेता – अभिनेता, कारीगर – कारीगर आदि यहां यह कर्म जाति है, जिस जाति में पैदा हुआ वह नहीं, जन्म जिस जाति में हुआ वही जन्म जाति कहलाती है, पुरुष – पुरुष, स्त्री – स्त्री, जानवर – जानवर, पक्षी – पक्षी, भी अपनी जाति से ही पहचाने जाते हैं । क्या गाय को भैंस, बकरी या अन्य जानवर बना सकते हैं ? नहीं उसी प्रकार जाति धर्म नहीं बदलते जैसा कि आजकल धर्म परिवर्तन, अंतरजातीय विवाहों में भी अपवाद देखे जा रहे हैं । क्या फिर बिना कर्म किए गुजारा (जीवनयापन) हो जाएगा । कहीं सामान्य वर्ण का व्यक्ति किसी अन्य वर्ण से शादी करता (करती) है तो शादी के बाद पुरुष प्रधान जाति की वरीयता कही गई है, परन्तु जब सुविधाओं के मामलों में चर्चा करते हैं तो यह उल्टा है, यदि सामान्य वर्ण अनुसूचित जाति या अनुसूचित जनजाति की लड़की (लड़का) से शादी करती (करता) है तो वह लड़की (लड़का) उस सामान्य वर्ण से होने पर भी वह अनुसूचित जाति या अनुसूचित जनजाति से संबन्धित लाभों की हकदार रहेगी (रहेगा), ऐसा क्यों? विरोधाभास है यह केवल आर्थिक दृष्टि से है ।

आश्रम धर्म समय के साथ बदलता है, जन्म के बाद ब्रह्मचर्य, के बाद गृहस्थ, के बाद वानप्रस्थ, के बाद सन्यास और पहले/बाद में मृत्यु । फिर पुनर्जन्म, कुछ पुनर्जन्म नहीं

मानते, अपने अपने विचार । एक चर्चा – जब गेंहू की फसल किसान बोता है गेंहू उगाता है, अधिकतर गेंहू का उपयोग मानव जीवन में उपयोग हुआ और कुछ किसान बीज के लिए बचा कर रखता है, उससे गेंहू बोता है, गेंहू से गेंहू का होना क्या पुनर्जन्म नहीं है ?, हां वह गेंहू जो मानव के उपयोग में आया उसका पुनर्जन्म होगा, नहीं होगा । इससे दोनों स्थिति निर्मित होती हैं । किसका पुनर्जन्म, किसका पुनर्जन्म नहीं, इसी को विद्वान संतों ने मानव जीवन को चौरासी का चक्कर कहा है ।

भूतकाल – एक प्रेरणा स्रोत इतिहास है जिसे हम अध्ययन कर (जानकर) जीवनपयोगी बनाते हैं न कि नकल । जैसे – यदि हमारे पूर्वज तत्कालीन समय में शिक्षण व्यवस्था की कमी एवं आर्थिक व्यवस्था की कमी के कारण अशिक्षित रहे । जबकि वर्तमान में हमें दोनों व्यवस्था शिक्षण संस्थाएं और आर्थिक व्यवस्थाएं उपलब्ध होने पर शिक्षा ग्रहण न करना, हमार दोष है न कि अन्य किसी का । पहले सिंचाई व्यवस्था उपलब्ध न होने पर सूखी खेती करते थे, अब सिंचाई व्यवस्था (साधन) होने पर सूखी खेती करना कहां तक उचित ? । उन्नत किस्मों के बीजों का उपयोग न करना, ट्रेक्टर के स्थान पर हल – बैल से जुताई करना । वर्तमान संचार व्यवस्था, नवीन उन्नत उपकरणों का प्रयोग न करना। उपरोक्त कार्यों के संचालन में शिक्षा का विशेष योगदान है । क्योंकि ट्रेक्टर वाहन एवं उससे संबन्धित उपकरणों की जानकारी तथा उनका उचित उपयोग (संचालन), ड्राइवर से संबन्धित कार्य, लाइसेन्स व अन्य कागजात तैयार कराना । संचार व्यवस्था से संबन्धित उपकरणों, बैंक, इन्टरनेट, कम्प्युटर की जानकारी और उनका प्रयोग करना । उन्नत किस्म के बीजों की जानकारी उनका उपचार, रोपण (बोना) आदि के नियम, कम सिंचाई और अधिक सिंचाई की फसलों की जानकारी, सिंचाई सुविधा अनुसार उनका उपयोग । भूमि से संबन्धित अभिलेखों, बैंक से संबन्धित पास बुक, क्रेडिट कार्ड, किसान क्रेडिट कार्ड या अन्य योजना के अनुसार उनका उपयोग । खाद, बीज खरीदना, फसल – बेचना, मंडी कार्य आदि । उपरोक्त सभी कार्य क्या एक अशिक्षित से उम्मीद की जा सकती है ? नहीं । उसी तरह से जिस प्रकार अब मशीनी युग में हल – बैल का काम प्रायः लुप्त सा हो गया है , ठीक अब अशिक्षित के लिए खेती करना एक असुविधाजनक हो गया है । कहने का अर्थ अब हल बैल से खेती करना कम हो गई, न के बराबर, और अनपढ़ भी गया, इनका स्थान अब ट्रेक्टर और शिक्षित ने ले लिया है ।

शिक्षा – सरकार के अतिरिक्त अब हर समाज, गांव (शहर) को शिक्षा अभियान चलाना है जिसमें निम्नांकित कार्यवाही अपेक्षित हैं –

प्रत्येक परिवार अपने परिवार में यह सुनिश्चित करे कि उम्र 6 से 9 के बीच का कोई बालक (बालिका) शिक्षा के लिए स्कूल जाने से वंचित न हो । इनको स्कूल में प्रवेश दिलाने में सहयोग (मार्गदर्शन) करना । यह केवल साल के तीन माह जून, जुलाई और अगस्त में करना तथा तीन महीने मार्च, अप्रैल और मई में ऐसी जानकारी का पता लगाना, उनका कारण जानना और उसके अनुरूप समाधान कर प्रवेश दिलाना । माह जनवरी, फरवरी, और

मार्च में भी यह पता लगाएं कि क्या किसी ने स्कूल जाना तो नहीं छोड़ा, यदि ऐसा पाया जाता है तो उसका निदान ।

यह सबसे पहले अपने परिवार स्तर और बाद में गांव स्तर पर पहल कर परिवार, गांव के वंचित को शिक्षा के हक में शामिल करने का अपना योगदान करें । गांव (शहर के ऐसे छात्र (छात्रा) जिन्होनें अपनी कक्षा पास कर ली है, अपनी पुरानी पुस्तक पहले अपने परिवार के छात्र (छात्रा) को देवें, यदि परिवार में न हो तो अपने गांव (शहर) में अन्य दूसरे जरूरत मंद को देवें ।

सामाजिक, गांव, शहर स्तर पर प्रत्येक वर्ष जो छात्र (छात्रा) 75 प्रतिशत या उससे अधिक अंकों से हाई स्कूल, हायर सेकेन्डरी (इंटर) और अन्य परीक्षा विशेष में पास हुए हों/ उनको सामाजिक, गाव (शहर) समारोह आयोजित कर सम्मानित कर उत्साहित करना, प्रशस्ति पत्र, स्मृति चिह्न प्रदान करना । ऐसे अवसरों पर उनके अनुभव दूसरों को सुनाना (बताना) जिससे प्रतिस्पर्धा का वातावरण बने और आगे बढ़ें ।

युवा -

युवा - देश, समाज, जाति का भविष्य कहा है, यह सत्य भी है, क्योंकि देश, समाज, जाति का आगे उन्हें ही संचालन करना है, हम होंगे कामयाब की आशा के साथ । ये देश के भविष्यकाल हैं । युवा को नौजवान भी कहते हैं क्योंकि इनकी नौ शक्ति (छिद्र) (एक मुंह, दो कान, दो आँख, दो नाक, एक मल त्याग स्थान (गुदा) और एक मूत्र त्याग स्थान (लिंग/ योनि)) युवा अवस्था में सर्वश्रेष्ठ होती हैं । बाल्यकाल में मुख में दांत न होने पर हर वस्तु न खा पाना, न बोलना, सुनकर न बोल पाना, देख कर न कर पाना, मल – मूत्र त्याग की जानकारी न होना आदि, ठीक उसी प्रकार वृद्धा अवस्था में जवान लड़खड़ाना, मुंह में दांत न होना, खाने की समस्या, कम सुनाई देना, कम दिखाना, सूंघने की शक्ति कम होना, मल – मूत्र त्याग ने की समस्या आदि ।

वयस्क – देश, समाज, जाति का वर्तमान है कि वे किस प्रकार कामयाब हैं ।

वृद्ध/बुजुर्ग/वरिष्ठ – देश, समाज, जाति के भूतकाल हैं, धरोहर हैं, कामयाब रहे थे । कहा गया है कि बुजुर्ग राष्ट्र कीधरोहर है । ओल्ड इज गोल्ड (Old is Gold), पुराना सोना, पुराने चावल फार होते हैं । वृद्ध हमारे अनुभव, सोना – चांदी, आभूषण, अभिमान, आत्मा हैं ।

अक्सर यह देखा गया है कि वृद्ध/बुजुर्गों पर टीका – टिप्पणी करते हैं जो कि उचित नहीं, कहा जाता है कि जाति, समाज, देश के वृद्धों ने क्या किया ? जो कुछ है वह उनकी ही बदौलत है । आपका जन्म, नाम, शरीर, रहन – सहन, जाति, सामज व देश सभी उनका है, आप तो उसी को मैं/मेरा/अहम में बदलकर कहते हैं कि मैं, मेरा जन्म, मेरा नाम, मेरा शरीर, मेरा रहन – सहन, मेरा समाज, मेरा गाँव, मेरा देश आदि जो केवल एक अहंकार की ओर इंगित करता है । आपको तो उसको शिक्षा के माध्यम से उसे बेहतर बनाना है। जैसे घर परिवार में उपलब्ध सोना – चांदी – आभूषण, को पुन: तपाकर अपनी जरूरत के अनुसार

हम उन्हें सुनार/स्वर्णकार से आभूषण बनवा लेते हैं और उपयोग करते हैं । सोना आत्मा है, आभूषण शरीर है, सोने को तपाकर आभूषण, उसी प्रकार आत्मा को तपाकर (शिक्षा से) शरीर से महात्मा, देवात्मा, महानात्मा, परमात्मा बन सकते हैं क्योंकि ये सभी तो मानव के ही रूप हैं । युवा इसलिए भविष्य कहे गये हैं कि युवा शिक्षा के बाद क्या – क्या करेंगे ? कहावत है – सफ़ेद बाल होने में समय लगता है, अनुभव होता है, वृद्ध होने में भी समय लगता है, वे अनुभवी हैं, ये हम पर निर्भर करता है कि उनके सोने (अनुभव) से हम कोन सा गहना (प्रगति) करना, कर सकते हैं । सफ़ेद बालों को काला करने में कुछ ही समय और धन लगता है जबकि सफ़ेद बाल होने में काफी समय और धन लगता है । अत: विनम्र अनुरोध है कि अपनी धरोहर का यथा उचित सम्मान (व्यवहार) करें, लाभकारी होगा, पता नहीं कोन से सोने से कोन सा आभूषण बन जाए । कुछ ऐतिहासिक संदर्भ भी हैं – यथा राम एक राज परिवार में पैदा होने पर भी अपने पिता (वयस्क/बुजुर्ग) के निर्देशों के कारण, वन गमन, सीता हरण आदि संकटों को पार करते हुए रावण जैसे शक्तिशाली राजा, विद्वान को हरा सके और वहाँ का राज न लेते हुए उसके भाई को राज देना वयस्कों का मार्ग दर्शन का परिणाम् है । सीता स्वयंवर में गुरु के निर्देशन में धनुष यज्ञ में सफलता से स्वयं की शादी के साथ अपने भाईयों की शादी, जब कि राम और रावण दोनों ही शिव भक्त थे, राम ने गुरु विश्वामित्र का मार्ग दर्शन लिया और रावण ने स्वयं का यह भी वयस्कों का मार्ग दर्शन/ आशीर्वाद का ही परिणाम है । रावण बहुत ही विद्वान, बुद्धिमान, वेदों का ज्ञानी, शिव भक्त होते हुए भी शिव पर आधिपत्य जमाना चाहता था और कैलाश पर्वत को उठाकर लंका को ले जाना चाहता था । इसीलिए शिवजी अपने पैर से कैलाश पर्वत को नीचे दबाकर और रावण को उसके नीचे दबाकर उसे शिक्षा देते हैं। जिससे रावण का घमंड चूर – चूर किया, और अति निंदनीय कार्य (पर स्त्री हरण) करने पर राम द्वारा मारा जाता है । महाभारत काल के राजा शांतनु के पुत्र देवव्रत अपने पिता की दूसरी शादी के लिए अपने स्वयं का समर्पण पिता के लिए (स्वयं शादी न करना और परिवार से उत्पन्न अगले परिवार की देखरेख की प्रतिज्ञा) करने पर नि: संतान पुरुष भी भीष्म पितामह कहलाए । इस मार्ग दर्शन में पुरुष ही नहीं स्त्रियाँ युवा भी पीछे नहीं रहीं/रहे – यथा - सती सावित्री ने पति को जीवित कराया, अभिमन्यु जैसे कम उम्र (16 वर्ष) के वीर योद्धा द्वारा युद्ध कौशल और वीरगति प्राप्त करना आदि उदाहरणों से इतिहास भरा पड़ा है, जहां वयस्कों के मार्ग दर्शन से सफलता प्राप्त हुई, और यही कारण है कि हमेशा जातीय/सामाजिक/देशीय गरिमामय इतिहास को पढ़ा जाता है और पढ़ना भी चाहिए क्योंकि प्रेरणा नित्य लेनी पड़ती है जैसे रोज नहाना, खाना, सोना आदि कार्य आवश्यक हैं, क्या एक बार ही नहाने, खाने, सोने व कार्य करने से पूरा जीवन पायन हो जाएगा ?

परिस्थिति की पाठशाला ही इंसान को वास्तविक शिक्षा देती है । मुसीबतें ही सिखाती हैं इंसान को जिंदगी जीने का हुनर, कामयाबी का मिलना कोई इत्तेफाक नहीं होता । महत्व इस बात का नहीं है कि आप कितने अच्छे हैं, महत्व तो इस बात का है कि आप कितना अच्छा

बनना चाहते हैं ।

शिक्षा के प्रसार से होगा समाज/देश का उत्थान । आपके कर्म ही आपकी पहचान हैं, वरना एक नाम के हजार इंसान हैं । जीवन में कभी किसी से अपनी तुलना मत कीजिए आप जैसे हैं , सर्वश्रेष्ठ हैं ईश्वर की प्रत्येक रचना सर्वोतम है ।

सकल्प लें कि स्वयं पढेंगें, परिवार, समाज को शिक्षित बनाएँगे, एक पौधा अवश्य लगायेंगे, पर्यावरण बचायेंगे, बिजली पानी बचायेंगे, नोटों पर नहीं लिखेंगें,

19

वस्तुओं से ज्यादा जरूरतों को महत्व दें

आजकल एक आदर्श वाक्य बहुत चलता है – " आमदनी के हिसाब से खर्च करो न करो, खर्च के हिसाब से आमदनी जरूर बना लो " । वैसे परिश्रमी व्यक्ति के लिए यह बात अच्छी है कि अपने खर्च के हिसाब से आमदनी बढ़ा लेनी चाहिए । आमदनी बढ़ाने का मतलब है बढ़े लक्ष्य के साथ कठोर परिश्रम करते हुए अधिक से अधिक धन कमाना । यहां तक तो ठीक है, लेकिन खर्च बढ़ाने के लिए आमदनी बढ़ाई जाए, इसमें भोग और विलास का बढ़ा खतरा है । यदि आप शांति की तलाश में हैं तो चीजों से अधिक जरूरतों को महत्व दीजिए । जरूरत की सीमा लांघी तो जीवन में भोग – विलास प्रवेश कर जाएंगे । इस खतरे से बचना हो तो अपने भोग – विलास को दो बातों से जोड़िए – पहला – आपकी सीमाएं (मर्यादा) और दूसरा – आपकी आयु । यदि आपने भोग और विलास को उम्र से ठीक से नहीं जोड़ा तो रोग आने में देर नहीं लगेगी, क्योंकि भोग बहुत जल्दी रोग में बदलता है । उम्र का तालमेल नहीं बैठा तो ऐसा रोग लगेगा कि भोग महंगा पड़ जाएगा । रोग भी दो तरह के होते हैं – मानसिक और शारीरिक । यदि आप आमदनी के हिसाब से खर्च करेंगे तो मानसिक रूप से स्वस्थ रहेंगे और खर्च के अनुसार आगदनी तय कर रहे होंगे तो मानसिक और शारीरिक दोनों ही रूप से अस्वस्थ रहने की आशंकाएं बढ़ जाएंगी । दोनों में से कोई भी काम करें, लेकिन अपनी सीमा और उम्र को जरूर को जोड़ कर चलें। इससे बाहर जाकर करने का मतलब है शारीरिक और मानसिक दोनों बीमारियों को आमंत्रित करना । इसलिए कहा गया है – " अति सर्वत्र वर्जते " और यह भी कहा गया है कि अच्छी उपयोगी वस्तुओं का भोग भी समय काल के अनुसार वर्जित कहा है, यथा – अगहन (मार्गशीर्ष) – आंवला, पूष (पौष) – धना (धनिया), माघ – मिश्री, फागुन (फाल्गुन) – चना, चैत – गुड़, वैशाख – तेल, जेठ (ज्येष्ठ) – महुआ, आषाढ़ – बेर, सावन (श्रावण) – दूध, भादों (भाद्रपद) – दही (दधि), क्वार (आश्विन) – करेला, कार्तिक – मही, मरे नहीं तो धरे सही । और यह भी कहा गया है – " खाओ पीओ झिको मत, खेलों कूदो थको मत, पढ़ो लोखों भूलो मत" । इसका आशय यही है कि मर्यादित

कार्य ही उचित है । तभी कहते हैं – " गौ धन, गज धन, वाज धन और रत्न धन खान । जब आवे संतोष धन, सब धन धुरि समान ॥ " इसलिए अध्यात्म में तीन स्वरूप - धर्म, कर्म और उपासना कहे हैं । अत: धर्म, कर्म के साथ उपासना भी जरूरी है ।

20

मानव - मनुष्य

मनुष्य - शरीर केवल कर्म करने का साधन है, और कर्म केवल संसार के लिए ही होता है । मनुष्य योनि ही कर्म योनि है, पुराने कर्मों का फल भोग, नया पुरुषार्थ ।

रामचरित मानस में कहा - कर्म प्रधान विश्व करि राखा, गीता में कहा है - कर्मण्यवाधिकारस्ते मा फलेषू कदाचन, संस्कृत में – उध्यमेन हि कार्याणि सिद्धन्ति न मनोरथै:, न हि सुप्तस्य सिंहस्य प्रविशन्ति मुखे मृगा, हिन्दी में - कर्म ही पूजा है, अंग्रेजी में - वर्क इज वरशिप (Work is worship),

मनुष्य को वर्ण धर्म (ब्राह्मण, क्षत्रिय, वैश्य और शूद्र) है और आश्रम (ब्रह्मचर्य, गृहस्थ, वानप्रस्थ, और सन्यास) धर्म, वर्ण धर्म बदलता नहीं (बकरी का बकरी पन, स्त्री का स्त्री पन वानप्रस्थ – से – सन्यास) व्यवसाय, शिक्षा आदि, जबकि आश्रम धर्म बदलता है समय के अनुसार जैसे - ब्रह्मचर्य से गृहस्थ से वानप्रस्थ से सन्यास .

मानव शरीर चर्म, मांस, नाड़ी, अस्थि, शुक्र (वीर्य) से सयुंक्त रूप से बनी संरचना है, पुन: स्थूल शरीर – जल, औषधि, वनस्पति, आकाश, अन्नमय, स्थूल शरीर - स्थूल शरीर कहलाते हैं . जाग्रत अवस्था में अनुभव .

ज्योतिर्मय शरीर - अग्नि, वायु, सूर्य, चंद्र, समस्त नक्षत्र, तथा प्राण मय शरीर, स्वप्न में अनुभव

कारण शरीर - नेत्र, कान, वाणी, त्वचा, मन तथा जिसकी अनुभूति सुषुप्ति में होती है

मानव शरीर के भी चेतना की दृष्टि से दो भाग हैं –

एक - कंठ के ऊपर का भाग – ज्ञान खण्ड - नाम मार्ग

दो - कंठ के नीचे का भाग – कर्म खण्ड – मन मार्ग

मानव शरीर से कर्म योग होता है, हृदय से भक्ति योग, तथा मस्तिष्क से ज्ञान योग होता है । साकार जिसे दृश्य कहते है उसे नेत्रों के द्वारा देखा जाता है, निराकार को हृदय से स्मरण किया जाता है, ध्वनि जो निराकार है उसे कानों के द्वारा सुना जाता है ।

शरीर कोष (कला)

1. - अन्नमय शरीर - स्थूल शरीर – उभिदज - कर्म योग (पेड़, खनिज, जल, द्रव, ठोस, गैस) - जागृत

2. - प्राणमय शरीर - सूक्ष्म शरीर - स्वेद्ज, - ज्ञान योग (जू, मक्खी, मच्छर, घुन) - स्वप्न

3. - मनोमय शरीर - इंद्रियों का नियंत्रण (बहिर्मुखी) - अंडज – मनोयोग (पक्षी)

4. - विज्ञानमय शरीर - इंद्रियों का नियंत्रण (अंतर्मुखी) - जेरज - विवेक - बुद्धि योग (पशु व मानव)

5. - आनंदमय शरीर - मनुष्य - परब्रहम से एकाकार, अद्वेत, एक (5 ज्ञान/5 कर्म इंद्रिया) (मानव)

6. - कला शरीर , - 5 ज्ञान या 5 कर्म इंद्रिया तथा 1 मन

7. - कला शरीर - मांस, रक्त, मेद, यक्रत - प्लीहा, आंते, अग्नि, शुक्र

10. - कला शरीर – 5 - ज्ञान, 5 कर्म - इंद्रियाँ

11. - कला शरीर - 5 - ज्ञान, 5 - कर्म इंद्रियाँ तथा 1 - मन

12. - कला शरीर - 5 - ज्ञान, 5 - कर्म, इंद्रियाँ, तथा, 1 - मन व, 1 - बुद्धि तथा सूर्य वंश में सूर्य की 12 माह की कला के अनुसार (अंश - मार्गशीर्ष, भग - पौष, त्वष्टा - माघ, विष्णु – फाल्गुन, धाता - चैत्र, अर्यमा - वैशाख, मित्र – ज्येष्ठ, वरुण - आषाढ़, इन्द्र - श्रावण, भास्कर (विवस्वान) - भाद्रपद, पूषा/पुषण – अश्वनी (क्वार), पर्जन्य/सविता - कार्तिक)

14 . - कला शरीर – 5 - ज्ञान, 5 - कर्म, 4 - अंत:करण (मन, बुद्धि, चित्त, अहंकार)

16. - कला शरीर – 5 - ज्ञान, 5 - कर्म, 5 - महाभूत (क्षिति, जल, पावक, गगन, समीर), 1 - मन तथा कृष्ण चंद्र वंश की चंद्रमा की 16 कला (अमृत, मनदा, पुष्प, पुष्टि, तुष्टि, धृति, शाशनी, चन्द्रिका, कान्ति, ज्योत्सना, श्री, प्रीति, अंगदा, पूर्ण, पूर्णाम्रत, अमावस्या) (प्राण, श्रधा, आकाश, वायु, तेज, पृथ्वी, इंद्रिय, मन, अन्न, वीर्य, तप, मंत्र, कर्म, लोक, नाम), (श्रुद्धा, प्रीति, रति, भूति, कान्ति, मनोभवा, मनोहारिणी, मनोरमा, मदनोत्यादी, मोहिनी, दीप, रोषिणी, वंशकारी, रञ्जनी, क्षोदशी, देवेशी), (श्री, भू, कीर्ति, इला, लीला, कान्ति, विद्या, विमला, उत्कर्शिनी, ज्ञान, क्रिया, योग, प्रहवि, सत्य, इसना, अनुग्रह), (तिथि 1 - से 15 - दोनों अमावस्या, पूर्णमासी), (अन्नमया, प्राणमया, मनोमया, विज्ञानमया, आनंदमया, अतिशायनी, विपरिणाभिनी, संक्रमणी, प्रभवि, कुंथिनी, विकासनी, मर्यादिनी, संहालदिनी, आह्वादिनी, परिपूर्ण, स्वरूप वस्थित) 16 - स्वर, 16 - श्रंगार (उबटन, स्नान, स्वच्छ वस्त्र धारण करना, मांग भरना, महावर लगाना, केश संभालना, तिलक लगाना, ठोढ़ी पर तिल बनाना, आभूषण धरण करना, मेहंदी रचाना, दातों मे मिस्सी, आंखो में काजल लगाना, सुगंधित द्रव्यों का प्रयोग, पान खाना, माला पहनना, नीला कमल धारण करना) 16 - संस्कार (गर्भाधान, पुंसवन, सीमंतोन्नयन, जातकर्म, नामकरण, निष्क्रमण, अन्नप्राशन, चूड़ाकर्म, विद्यारंभ, कर्णवेध, यज्ञोपवीत, वेदारंभ, केशांत, समावर्तन, विवाह, अन्त्येष्टि),

19. - कला शरीर – 5 - ज्ञान, 5 - कर्म, 5 - प्राण (प्राण, अपान, समान, उदान, व्याण), 4 - अंत:करण

20. - कला शरीर – 5 - ज्ञान, 5 - कर्म, 5 - प्राण, 5 - उप प्राण (नाग - छींक, कूर्म - संकोच, कृकल - खांसी, धनन्जय - सर्व व्यापी फूलना, देवदत्त - जवाही/डकार/निंद्रा)

24. - कला शरीर - 5 - ज्ञान, 5 - कर्म, 5 - प्राण, 5 - उप प्राण, 4 - अन्तःकरण

शरीर – जन्म से नष्ट – दस वर्ष बाद - बालपन नष्ट, बीस वर्ष बाद - शरीर का बढ़ना नष्ट,

तीस वर्ष बाद - रौनक का बढ़ना नष्ट, चालीस वर्ष बाद - ग्रंथ याद करने की शक्ति नष्ट, पचास वर्ष बाद - चमड़ी का तनना नष्ट, साठ वर्ष बाद - दृष्टि शक्ति नष्ट, सत्तर वर्ष बाद - वीर्य शक्ति नष्ट, अस्सी वर्ष बाद - पराक्रम शक्ति नष्ट, नब्बे वर्ष बाद - बुद्धि शक्ति नष्ट, सौ वर्ष बाद - कर्मेन्द्रिया नष्ट, 110 वे वर्ष - मन नष्ट, 120 वर्ष - जीवन ह्वास

संस्कृति - सूर्य, ऋषि, कृषि, गौ और गाव के स्वभाव और स्वकर्म पर निर्भर करती है .

याददास्त - 25 % - पढ़ने से, 35 % सूनने से, 50 % देखने से, 60 % बोलने से, 75 % करने से .

अन्न से ¼ मन, 1/4 रक्त, 1/4 शुक्र तथा ¼ मल बनता है ।

भोजन – भोज्य (खाना), पेय (पीना), लेह्य (चाटना) तथा चौष्य (चूसना) होता है ।

आत्मा चेतन है उसकी आवश्यकता धर्म के सहारे उपलब्ध हो सकेगी, शरीर भौतिक है, उसके सुविधा साधन भौतिक विज्ञान के सहारे जुटाए जा सकते है । ज्ञान के दो पक्ष विचारणा व संवेदना होते है .

लोक/तल - सात ऊपर, सात नीचे, कुल - 14 लोक

ऊपर - 7 – ॐ, भू, भुव, स्व, मह, तप, तथा सत्य,

नीचे - 7 – अतल, वितल, अनुतल, तलातल, महातल, रसातल, एवं पाताल

मानव शरीर मे चरक संहिता के अनुसार 360 अस्थियाँ बतायी, सुश्रुत संहिता के अनुसार 300 कही गयी हैं.

अस्थि/हड्डी – 32 - पाव, 20 - नाखून, 60 - अंगुलिया, 20 लंबी अस्थिया, 4 - लंबी अस्थियों के आधार, 2 - एड़ी, 4 – टखने की हड्डी, 4 - कलाई की हड्डी, 4 - अग्रबाहु की हड्डी, 4 - टांग की हड्डी, 2 - बाहु की कोहनी पटल, 2 – जांघ की खोखली हड्डी, 5 –स्कंधास्थि, 2 – हँसली, 2 – नितंब फलक, 1 – सार्वजनिक अस्थि, 45 - पीठ की हड्डियाँ, 14 - वक्षास्थि, 24 - पसलिया, 24 – गर्तों में स्थित गुलिकाए, 15 – कंठास्थि, 1 – श्वास नली, 2 – तालु गर्त, 1 - निचले जबड़े की हड्डी, 2 – जबड़े की आधार बन्ध अस्थि, 1 – नाक, गालों, भोहो की हड्डी, 2 – कनपटी, 4 – पान के आकार की कपालास्थि,

मानव - शरीर के 5 तत्व से 25 स्थूल, और 25 सूक्ष्म की जानकारी, कुल 50, इनका आना - जाना (श्वांस लेना - छोड़ना, इंगला - पिंगला नाड़ी) ही 100 होता है । 100 का दस इंद्रियों से संपर्क सहस्त्राधार कहलाता है ।

शरीर के 5 अवयव से 25 स्थूल –

1. छिति/पृथ्वी – अस्थि (हाड़), मांस, त्वचा, नाड़ी, रोम .
2. जल/पानी – शुक्र (ओज), खून (शोणित), लार, मूत्र, स्वेद (पसीना)
3. पावक/अग्नि – भूख (क्षुधा), प्यास (तृष्णा), निद्रा (नींद), तन्द्रा (आलस्य), मैथुन
4. गगन/आकाश – काम, क्रोध, लोभ (शोक), मोह, भय .
5. समीर/वायु – चलना, बल करना, प्रसारण (बोलना), निरोचन, अन्कुचन.

शरीर के 5 अवयव से 25 सूक्ष्म –

1 - अन्तःकरण, मन, बुद्धि, चित, अहंकार, 2 - प्राण – प्राण, अपान, उदान, व्यान, समान . 3 - विषय इन्द्रिय – रूप, रस, गन्ध, शब्द, स्पर्श. 4 - कर्म इन्द्रिय – हाथ (पाणि), पैर (चरण), गुदा (मल द्वार), मूत्र द्वार (लिंग, योनि), वाणी , 5 - ज्ञान इन्द्रिय – कान , आंख, नाक, त्वचा, जिव्हा .

बत्तीस तत्व – शरीर की 8 स्थितियों से प्रत्येक के चार - चार कुल 32 स्थिति –

1. शरीर के – स्थूल, सूक्ष्म, कारण, महाकरण. 2 – अवस्था के जाग्रति, स्वप्न, सुषुप्ति, तुरीया . 3 – अभिमान के – विश्व, तेजस, प्राज्ञ, प्रत्यागात्या, 4 – स्थान के नेत्र, कंठ, हृदय, मूर्धा. 5 – भोग के स्थूल भोग, प्रविग्न्त, आनन्द, आनन्द मिलन. 6 – मात्रा के अकार, उकार, मकार, उर्ध मात्रा. 7 – गुण के सत्व, तम, रज, शुद्ध तत्व. तथा 8 – शक्ति के – किया शक्ति, द्रव्य शक्ति, इच्छा शक्ति, ज्ञान शक्ति .

बत्तीस तत्व, स्थूल व सूक्ष्म देहों के 50 तत्व और 2 द्वैत (साकार/निराकार) या ब्रह्म/ ईश्वर या प्रकृति/परमात्मा), इस प्रकार 84 योनियों/स्थितियों का उल्लेख विद्वान कहते है ।

कर्म – इंद्रिया - - हस्त/हाथ, पैर/पाद, लिंग (मूत्र त्याग स्थान), गुदा (मल त्याग स्थान), मुँह/मुख .

ज्ञान – इंद्रियाँ - - आँख, नाक, कान, जिह्वा, त्वचा .

ज्ञान तत्व – पावक, भूमि, नभ, नीर, वायु .

विषय – इंद्रियाँ – रूप,गंध, शब्द, रस, स्पर्श

क्षिति/पृथ्वी - हाड़, मांस, रोम, नाड़ी, त्वचा/खाल .

जल/नीर - खून/रक्त, पसीना/बिन्दु, ओज/रज, मूत्र, लार/कफ .

अग्नि/पावक – भूख, प्यास/तृष्णा, निद्रा, तंद्रा/आलस्य, मैथुन/संगम .

आकाश/गगन – काम, क्रोध, लोभ, मोह, भय .

समीर/वायु – बल करना, धावना (दौड़ना), पसारना (बैठना), संकोच, प्रसारण/बोलना

प्राण - वायु – अपान, समान, प्राण, उदान, व्यान .

स्थिति/वास - अपान (गुदा), समान (नाभि), प्राण (हृदय), उदान (कण्ठ), व्याण (सम्पूर्ण शरीर) .

उप प्राण वायु - कूर्म, देवदत्त, नाग, कृकल, धनन्जय .

स्थिति/वास – कूर्म (संकोचनीय), देवदत्त (डकार - जबाई/निंद्रा), नाग (छींक), कृकल (क्षुधा/प्यास), धनन्जय (सम्पूर्ण शरीर, पोषण/फूलना)

सत - पृथ्वी, स्थल - कलेजा, चक्र - मूलाधार, मुख (द्वार) रंग - पीला, आकृति - चोकोर, आहार - खाना – अक्षर – ल .

सत - नीर/जल - भाल/माथा, स्वाधिष्ठान, लिंग, सफ़ेद, चंद्र, मैथुन/संगम – व .

तम – पावक/अग्नि - पित्त, मणिपुर, नैन, लाल, त्रिकोण, लोभ/मोह, - र .

रज - वायु/पवन - नाभि, अनाहत, नाक, हरा, गोल, गंध/सुगंध – य .

शून्य – आकाश/गगन - शीश, विशुद्धि, कान, श्याम, शून्य, शब्द – ह .

नाम - पंच - शुद्धि - धर्म – खंड (भूत), ज्ञान खंड (आत्म), सरम/श्रम - खंड - (द्रव्य), कर्म खंड (मंत्र), सच खंड (देव)

अनहद - भँवर, घुघरू, शंख, घंटा, ताल, मुरली, भेरि, मृदंग, नफीरी, सिंह सी गरजना .रुद्र ग्रंथि - मस्तिक से शुरू, कंठ के पास जहां जीभ समाप्त होती है उसमें गांठ पड़ी होती है । इसी गांठ को रुद्र ग्रंथि कहते है ।

विष्णु ग्रंथि - रुद्र ग्रंथि के आगे चलकर हृदय में पहुचती है ।

ब्रह्म ग्रंथि - विष्णु ग्रंथि के आगे चलकर नाभि में पहुचती है ।

24 - नाड़ी - नाभि के ऊपर दस, नाभि के नीचे दस, 2 - उत्तर, 2 - दक्षिण

नाड़ी 1 - इंगला (उत्तर दिशा - ठंडा/चंद्रमा), 2 - पिंगला (दक्षिण दिशा – गर्म/सूर्य), 3 - सुषुम्ना (नीचे मध्य - अग्नि)

1 - गांधारी (वायाँ-चक्षु, 2 - मनमान वहुरि - हस्त जिह्वा (दायाँ – चक्षु 3 - पूषा (दायाँ कान), 4 - पुनि जसवानी/यशस्वनी (वायाँ कान), 5 - गणेशिनी (बायां हाथ), 6 - वारणी(दायां हाथ), 7 - अलम्बुषा (नाभि - मुख), 8 - संखिनी (मल स्थान), 9 - कुहु (जननाङ्ग),

1 - गुहना, 2 – व्रजा, 3 - सरस्वती, 4 - विश्वोदरी

सुषुम्नेड़ा पिंगला च गांधारी हस्तिजिह्वका । कुहु: सरस्वती पूषा शंखिनी च पयस्विनी, वारुण्यलंबुषा चैव विश्वोदरी यशस्विनी,एतासु त्रिस्त्रो मुख्या: स्यु: पिंगलेड़ासुषुम्रिका: । (शिव संहिता 2/14-15)

ग्रंथियां/गांठ – 72 – (16 कंडराए, 16 जाल, 4 रज्जु, 7 सेवनी, 14 अस्थि संघात, 14 सीमंत, 1 त्वचा) . इन 72 ग्रंथियों से एक - एक हजार नाड़ियाँ, इस तरह से 72000 नाड़ियाँ

मानव शरीर – महाभारत - -

सेना - 18 अक्षौहिणी (एक अक्षौहिणी सेना – रथ - 21,870, हाथी - 21870, घोड़े - 65650, पैदल 1,09,350 कुल 2,18,700) - महाभारत आदि पर्व 2/23 -26 ।

पांडव–7 अक्ष - 7 दृष्टिकोण – (पुण्य रूप - पांडु, कर्तव्य रूप - कुंती, धर्म रूप - युधिष्ठिर, अनुराग रूप - अर्जुन, भाव रूप - भीम, नियम रूप – नकुल, सत्संग रूप – सहदेव) पुण्य, कर्तव्य, धर्म, अनुराग, भाव, नियम, सत्संग ।

कौरव – 18 अक्ष – (अज्ञान रूप - धृतराष्ट्र, सहचारिणी रूप – गांधारी, मोह रूप – दुर्योधन, दुर्बुद्धि रूप – दुशासन, विजातीय - कर्ण, भ्रम रूप – भीष्म, द्वैत रूप – द्रोण, आसक्ति रूप -अश्वथामा, विकल्प रूपी – विकर्ण, आचरण रूपी – कृपाचार्य, जीव रूप – विदुर)

महाभारत युद्ध काल 18 दिन (माह – मार्गशीर्ष/अगहन - द्विवतीया कृष्ण पक्ष से चतुर्थी शुक्ल पक्ष) -

भीष्म - 10 दिन, द्रोण - 5 दिन, कर्ण - 2 दिन, 1 दिन - शल्य

10 दिन – 5 - कर्म व 5 - विषय इंद्रियाँ, 5 दिन – 5 ज्ञान इंद्रियाँ, 3 गुण (तम, रज, सत)

मानव और संसार – मानव - एक, व्यष्टि, सीमाबद्ध/मर्यादित, मानव शरीर अनेकता से एकता, समाकलन (गणित) और संसार – एक - समष्ठि, व्यापक/असीम, अनेकता, एकता से अनेकता, विकलन (गणित) . ज्ञान योग से अहम मिटता है, कर्म योग से अहम शुद्ध होता है, और भक्ति योग से अहम परिवर्तन होता है ।

बत्तीस तत्व – शरीर की 8 स्थितियों से प्रत्येक के चार - चार कुल 32 स्थिति –

1. - शरीर के – स्थूल, सूक्ष्म, कारण, महाकरण. 2 – अवस्था के जाग्रति, स्वप्न, सुषुप्ति, तुरीया . 3 – अभिमान के – विश्व, तेजस, प्राज्ञ, प्रत्यागात्या, 4 – स्थान के नेत्र, कंठ, हृदय, मूर्धा. 5 – भोग के स्थूल भोग, प्रविग्न्ति, आनन्द, आनन्द मिलन. 6 – मात्रा के अकार, उकार, मकार, उर्ध मात्रा. 7 – गुण के सत्व, तम, रज, शुद्ध तत्व. तथा 8 – शक्ति के – किया शक्ति, द्रव्य शक्ति, इच्छा शक्ति, ज्ञान शक्ति .

बत्तीस तत्व, स्थूल व सूक्ष्म देहों के 50 तत्व और 2 द्वैत (आकार/निराकार) या ब्रहम/ ईश्वर या प्रकृति/परमात्मा), इस प्रकार 84 योनियों/स्थितियों का उल्लेख विद्वान कहते है ।

21

मानस रोग

मानव शरीर में वात, पित्त और कफ का संतुलन ही स्वस्थता का परिचायक है और असंतुलन ही रोग का परिचायक है । इस संदर्भ में तुलसीदास कृत रामचरित मानस के उत्तर काण्ड में विशेष उल्लेख है –

सुनहु तात अब मानस रोगा । जिन्ह ते दुख पावहि सब लोगा ॥

मोह सकल ब्याधिन्ह कर मूला । तिन्ह ते पुनि उपजहिं बहु सूला ॥

काम वात कफ लोभ अपारा । क्रोध पित्त नित छाती जारा ॥

प्रीति करहिं जौं तीनिउ भाई । उपजइ सन्यपात दुखदाई ॥

बिषय मनोरथ दुर्गम नाना । ते सब सूल नाम को जाना ॥

ममता दादु कंडु इरषाई। हरष बिषाद गरह बहुताई ॥

पर सुख देखि जरनि सोइ छई । कुष्ट दुष्टता मन कुटिलई ॥

अहंकार अति दुखद डमरूआ । दंभ कपट मद मान नेहरूआ ॥

तृष्णा उदरबृद्धि अति भारी । त्रिविधि ईषना तरुन तिजारी ॥

जुग बिधि ज्वर मत्सर अबिबेका । कहन लगि कहौं कुरोग अनेका ॥

दोहा – एक ब्याधि बसनर मरहि ए असाधि बहु ब्याधि ।

पीड़हि संतत जीव कहूँ सो किमि लहैं समाधि ॥ 7 । 121 ॥ क ॥

नेम धर्म आचार तप ग्यान जग्य जप दान ।

भेषज पुनि कोटिन्ह नहिं रोग जाहिं हरिजान ॥ 7 । 121 ॥ ख ॥

काल अनुसार - क्रोध भूतकाल है - क्योंकि यह पुरानी बातों पर ही आता है । जिससे पित्त बढ़ता है । काम - वर्तमान काल है जिससे वात बढ़ता है । लोभ – भविष्य काल है, जिससे कफ बढ़ता है । इन तीनों का संतुलन ही स्वस्थ मानव की पहचान है ।

संसार में दो प्रकार के लोग हैं । एक रागी और दूसरे त्यागी । दोनों मूलत: एक समान हैं । दोनों ज्ञान - गुण वाले हैं, सजाति चेतन हैं, मित्रवत हैं । दोनों एक समान शरीर में निवास करते हैं । एक की दृष्टि अविद्या - ग्रसित होने से वह रागी है, अतएव संसार के भोगों का

रस लेता है, इसलिए दुखी रहता है । दूसरा ज्ञान दृष्टि वाला है, अतएव भोगों कों निस्सार, बंधनप्रद तथा दुखदायी समझता है और उनका त्याग रखता है । वह केवल उनका द्रष्टा रहता है, उनसे उदास रहता है । इसलिए मुक्त रहता है हर्ष - शोक से परे रहता है । मोक्ष का रास्ता है भोगों से उदासीन हो जाना ।

अमर आत्मा मरणधर्मा शरीर को धारणकर तथा अपने कर्मों की धारणा - शक्ति से सम्पन्न होकर नीची तथा ऊंची दशाओं में भटकता रहता है । ये सदा साथ घूमने वाले शरीर और जीव विरुद्ध गति वाले हैं - एक जड़ और दूसरा चेतन । अतएव लोग एक (शरीर) को जानते हैं और अन्य (जीव) को नहीं जानते ।

घट (घड़ा) का निर्माण मृतिका से होता है । घट भी मृतिका है । और घट का अंत भी मृतिका में ही होगा । तीनों स्थितियों में मृतिका का अस्तित्व रहता हैं, इसी प्रकार जीवन से पहले आत्मा, जीवन में आत्मा और मृत्यु के बाद भी आत्मा ही शेष रहता है । गणित की भाषा में शून्य की स्थिति भी वही है । शून्य में शून्य जोड़ने, घटाने, गुणा और भाग देने पर शून्य ही बनता/शेष है । केवल शून्य का कोई अस्तित्व नहीं रहता, परंतु दूसरे किसी अंक के साथ रहने/होने उसका मान होता हैं जैसे दस (10),एक सौ (100),एक हजार (1000) आदि । इसी प्रकार गन्ने से ज्यादा शक्कर मीठी होती है, दूध से ज्यादा घी कीमती व ज्यादा समय तक ठीक रहता है, वृक्ष से वृक्ष का फल, भक्ति से ज्ञान या वैराग्य ।

ब्रहम, जीव और जगत तीनों के साथ ही माया का अस्तित्व रहता है । मुक्ति की अवस्था में माया - नहीं, स्वप्न में माया - है, और जागृत में माया - नहीं है । ब्रहम अनादि और अनंत है, माया अनादि और सनातनी है ।

निर्माण में पृथ्वी की उत्पत्ति जल से, जल की उत्पत्ति अग्नि से, अग्नि की उत्पत्ति वायु से, वायु की उत्पत्ति आकाश (शून्य) से कही है । आकाश से शब्द/ध्वनि की उत्पत्ति होती है । शब्द/ध्वनि ही मानव शरीर से बोले जाते हैं । ध्वनि परा, पश्यंती, मध्यमा और वैखरनी कहा है । शब्द - स्वर और ब्यंजन (हिन्दी में 16 स्वर, ब्यंजन - 36 कुल 52 अक्षर) कहे हैं जिनकी उत्पत्ति शरीर चक्रों (मूलाधार, स्वाधिष्ठान, मणिपुर, अनाहत, विशुद्धि, आज्ञा और सहत्राधार) से प्रबुद्ध जन कहते हैं । प्रकृति, पुरुष और परात्मा तीनों ही त्रिगुण सत, रज और तम से युक्त हैं ।

22

अध्यात्म विज्ञान

अध्यात्मवाद वह है जिसमें आत्मा को लक्ष्य मानकर चर्चा की जाती है . हिन्दू धर्म से भिन्न धर्मों में केवल विश्वास पर बल दिया गया है और यही मुक्ति का साधन माना गया है . हिन्दू धर्म में आचार और विचार दोनों हैं . विचार में विश्वास भी आ जाता है . आचार व्यावहारिक जीवन है जिसे सब संसार देखता है . अध्यात्मवाद एक विज्ञान है और उसी की रीति पर चलता है . पर यह भौतिक विज्ञान से भिन्न चीज है . विज्ञान वह चीज है जो परीक्षण करने पर पूरी उतरे. अध्यात्मवाद विज्ञान – मूलक है, केवल तर्क मूलक नहीं . तर्क कल्पना की बात होती है. अटकल गलत भी हो सकती है . पर विज्ञान अनुभव की बात होती है और ठीक ही हुआ करती है . विज्ञान कुछ एक को होता है, शेष के लिए श्रद्धा की बात होती है , अर्थात उसके लिए शब्द – प्रमाण की बात हो जाती है . श्रद्धा अंधी होती है पर ज्ञान अनुभव से होता है . श्रद्धा जल्दी हो जाती है . प्राकृतिक विज्ञान समय मांगते हैं पर अध्यात्म विज्ञान में अनोखी बात है कि यह भगवत्कृपा से तुरंत भी प्राप्त हो सकता है . यह भी समय और श्रम मांगता है किन्तु यदि भगवत्कृपा हो जाए तो शीघ्र भी प्राप्त हो जाया करता है .

अध्यात्म विद्या दूसरी विद्याओं के सामान एक प्रकार की विद्या ही है . दूसरी विद्याओं में अपने से भिन्न पदार्थों को जाना जाता है और उसके साधन हैं सम्मिश्रण और विश्लेषण . सम्मिश्रण दो या अधिक पदार्थों के मिलने को कहते हैं और विश्लेषण उन पदार्थों को अलग करने को कहते हैं . अध्यात्म विद्या आत्मा को अर्थात अपने आपको जानने की चीज है और यह सम्मिश्रण और विश्लेषण द्वारा नहीं जानी जाती . यह जानने वाले को जानने की बात है . किसी दूसरे को जानने की नहीं . यह अनुभव की चीज है किन्तु भौतिक विज्ञान के समान परीक्षण द्वारा नहीं दिखाई जा सकती .

पदार्थ – विद्या – वेत्ता (वैज्ञानिक – साइंटिस्ट) इसके सम्बन्ध में प्राय: उदासीन हैं. कुछ एक कहते भी हैं तो बहुत थोड़ा . कुछ इसके विपरीत भी कहते हैं . कोई – कोई इसके अनुकूल भी बोलते हैं . अध्यात्मवादी भी अधिक नहीं बोलते . वे केवल अधिकारी को ही बताते हैं . उसका तरीका ही यही है . सभा अथवा जन समूह में नहीं कहते क्योंकि समक्ष कार्यान्वित

करके तो दिखाया नहीं जा सकता .

युक्तिवाद – उपासना में प्रार्थना बड़ी चीज है . हम जो अमुक नाम (राम नाम) कहते हैं, यह भी प्रार्थना है . तो दिन – रात हम प्रकृति में - भौतिक वाद हम पर सवार है . इसलिए यह प्रार्थना जो है बड़ी अच्छी चीज है . प्रकृति को आराधन करने से तो अंततः प्रकृति बलवान, पर भगवान को याद करने से आत्म जागृति हो जावे . इस का यह अर्थ नहीं कि आपकी संसारी यात्रा खराब हो जावे . इसमें न वैराग्य न आडम्बर, न वह त्याग जिसको बहुत लोग त्याग कहते हैं . भक्ति मार्ग में समझो यह विचार करना कि यह है भगवान के देव द्वार का दास बनाने का मार्ग . जितने महात्मा भक्ति वाले हुए हैं उन्होनें अपने को भगवान का दास नहीं समझा .

अध्यात्मवाद कहीं भी किसी भी जगह मिले, वह हिन्दी में हो, अंग्रेजी में हो, किसी भी अन्य भाषा में हो, सब एक ही है . मतों में साम्प्रदायिकता होती है अध्यात्मवाद में नहीं .

अध्यात्म विद्या में वैज्ञानिकता पूर्ण रूप से है . अनुभव करने पर शास्त्र वर्णित बातें सत्य मालुम होती हैं . उसके लिए भावना भी ऊँची चाहिए . भाव परायण होकर जप करने से आत्मा ऊँचे लोकों को स्पर्श करता है .

महर्षि लोग कोई अनुमान करने वाले नहीं थे . उन्होनें जो कुछ भी वर्णन किया है वह अनुभव करके किया है . उपनिषदकार मतवादी नहीं थे . उन्होनें अपने अनुभव वर्णन किए हैं . असली अग्निहोत्र अपनी वृत्तियों को हृदय की अग्नि में होम करना है .

भारत वर्ष का अध्यात्मवाद मौलिक है और सर्वत्र विस्तृत हुआ है . इसमें वर्णित सच्चाईयां गणित शास्त्र के सामान ठीक हैं . हमारा ध्येय सत्य है . उसका जानना ज्ञान से होता है . यह आत्मा अपने स्वरूप को पाकर खिल जाता है . यह उपनिषद का वाक्य है जो सत्य है .

नाम साधन – नाम योग

अध्यात्म विद्या को प्राप्त करने के सभी अधिकारी नहीं होते . दूसरी विद्याओं में भी यह बात है . सभी में यह योग्यता नहीं होती क्योंकि बुद्धि भिन्न – भिन्न प्रकार की होती है . कोई बिरला ही इस योग्य होता है . इसमें प्रकृति को बदलना होता है जो सरल काम नहीं है . शरीर की प्रकृति को ही बदलना बहुत कठिन है और आत्मा को – जिसे न जाने किस काल से प्रकृतिमय समझता आया है – जागृत करना, उसको स्व – स्वरूप में लाना और भी कठिन है . इसलिए इस मार्ग पर पूरी विधि और तत्परता से चलना चाहिए . सीखने वाले में पूर्ण निश्चय और सावधानी होनी चाहिए और सिखाने वाले में भी इच्छा शक्ति की प्रबलता होनी चाहिए . जैसे दूसरी विद्याओं के परीक्षणों में हानि हो जाने की सम्भावना होती है - अपने को कोई चोट लग जाना आदि – इसी प्रकार इस मार्ग में भी विघ्न होते हैं . इसलिए इस मार्ग में भगवान को हृदय में स्थापित करना चाहिए और समझना चाहिए कि जब स्वयं देवाधिदेव भगवान मेरे हृदय में विराजमान हैं तो अब कोई विघ्न बाधा तथा भय मेरे पास नहीं आ सकते और ऐसा ही होगा . भगवान् को हृदय में उनके मांगलिक नाम द्वारा स्थापित

करना चाहिए . यही हमारा मार्ग है और इसी को नाम – योग कहते हैं .

आत्मा स्वत: प्रकाश है . यह स्वयं अपने आप को जानता है . यह विद्या दूसरी विद्याओं से निराली है . हम आत्मा हैं, हम जानने वाले हैं, इस धरना से आत्म – ज्ञान होता है. यह है अपने आपको स्थिर करना " मैं हूँ " . इस ज्ञान में कोई भ्रान्ति हो तो उसको दूर करना चाहिए . यही अध्यात्म विद्या का काम है और इसके अनेक साधन हैं - हाथ योग, ज्ञान योग, अष्टांग योग, कर्मयोग, आदि आदि . प्रश्न किया जाता है कि क्या इस मार्ग में व्यक्ति अपने आप चल सकता है या किसी की सहायता की आवश्यकता है. पर ऐसे भी व्यक्ति होते हैं जो अपने आप ही चलकर लक्ष्य पर पहुँच जाते हैं. पर वे बहुत बिरले हैं . इसलिए साधारण जनता के लिए सीखने का ही मार्ग है अर्थात सिखाने वाले की आवश्यकता है . सिखाने वाला मार्ग पर डालता है पर जो कुछ बताता है उसी को मार्ग व लक्ष्य नहीं समझ लेना . ज्यों – ज्यों उस पर चला जाएगा अपने आप मार्ग तय होगा और लक्ष्य आ जाएगा . किसी व्यक्ति को अध्यापक बनने का अधिकार है, परमेश्वर बनने का नहीं . यदि वह ईश्वर बनता है तो वह अपराधी होता है . जो लोग उनको ऐसा समझते हैं उनकी प्रगति रुक जाती है और वे संसार तक ही रह जाते हैं . क्योंकि उन्होनें संसार को ही आगे रखा है .

नाम बड़ी वस्तु है . नाम के प्रतीक में बड़ा भारी लाभ है . यह जब गहरा बस जाता है , अन्त:करण निर्मल हो जाता है . हृदय के अन्धकार का नाश होता है . नाम का मार्ग वैज्ञानिक है . अन्त:शोधन का इस जैसा और कोइ उपाय नहीं . दूसरे साधन अधिकतर बाहर तक ही रहते हैं . सब के प्रतीक भी अच्छे हैं पर नाम का प्रतीक उत्तम है . रूप एक देश में होता है . नाम देश और काल की सीमा लांघ जाता है . तभी कहते है राम से बड़ा राम का नाम .

शिक्षक – आचार्य –

सिखाने वाला कैसा होना चाहिए ? आचार्य का स्थान बहुत बड़ा होता है . वह ईश्वर नहीं है . जब कोई महात्मा, चाहे वह कितना ही बड़ा हो, यदि परमात्मा और मनुष्य के मध्य में खडा हो तो जाए तो वह असुर बन जाता है . उसका स्थान गिर जाता है . आचार्य का स्थान पिता व माता के सामान आदरणीय है, उससे अधिक भी है किन्तु वह परमात्मा नहीं होता . गुरु का काम होता है कि आत्मा की प्रवृति को परमात्मा की और मोड़ दे और उसके साथ जोड़ दे . जैसे यह काम बढ़िया है वैसे ही गुरु का स्थान भी बहुत उत्तम होता है .

रहस्यवाद –

अध्यात्मवाद वास्तविक धर्म है और अखिल संसार में एक ही है . यह मौलिक चीज है क्योंकि धर्म की उत्पत्ति अध्यात्मवाद से होती है . यह जगत की भीतरी सत्ता महासागर है . मानी गई बातें अपने – अपने युग में मानी गयी हैं . वे ठीक भी होंगी और ठीक नहीं भी हो सकती हैं . आज ज्ञान आ गया है . इस युग में हाथ धर्मी से पुराणी बात को ठोसना ठीक नहीं . धर्म पृथक बीज है और मत पृथक चीज है . अध्यात्मवाद में मत नहीं है . सब देशों में जो जो अनुभवी लोग हुए हैं वे सब एक ही बात कहते आये हैं क्योंकि उन्होनें जो देखा वह एक ही बात थी . शब्दों में चाहे भेद हो . इसको रहस्य कहते हैं क्योंकि यह करने से पता लगता है

यह बात एक दूसरे के अन्दर जाती है इसलिए भी यह रहस्य बनी रहती है . भगवान की कृपा सीधी भी अवतरित हो सकती है परन्तु हमारे में यह पद्धति है कि एक दूसरे से सीखता है इसलिए इस रहस्यवाद कहते है .

त्यागवाद –

संसार में वादों में त्यागवाद भी एक है . जिसके कारण जीवन को नीरस बताया गया . त्याग को महत्व दिया गया . इस संसार को दुःख – आलय बताया गया, किन्तु अब यह एक ऐतिहासिक बात रह गयी है .

यह भी बड़ी भली बात हुई कि लौकिक – साहित्य और इतिहास का प्रभाव श्रुतियों पर नहीं आया . श्रुति इस प्रभाव से निर्मल ही रही . त्यागवाद सदा ही किसी न किसी रूप में हिन्दू – संस्कृति का एक अंग रहा है . यों तो अनेक वाद भारत पर छाये रहे हैं जिनका प्रभाव साहित्य पर स्पष्ट रूप से आज भी दिखाई दे रहा है . किसी भी जाति ने शायद ही इतनी गुलामी सही हो जितनी भारतवासियों को सहनी पडी है . इसका मूल कारण यह रहा है कि उनमें जाति – जीवन, जाति – गौरव की जोत नहीं जगी थी . तभी वह दासता को सहती रही .

त्याग का निरूपण ईशोपनिषद के प्रथम सूत्र में ही है - " तेन त्यक्तेन भुंजीथा " हे भगवान ! यह समस्त सृष्टि तुम्हारी ही है . सब सृष्टि परमेश्वर की ही है . मैं तो उसे " त्वदीयं वस्तु गोविन्दं " रूप में ग्रहण कर रहा हूँ .

शरणागति –

भक्ति मार्ग में शरणागति का बड़ा महत्त्व है . यह परमेश्वर का ही सब कुछ है, मैं तो उसका एक भोक्ता मात्र हूँ, यह भावना बड़ी ऊँची है .

चारों वर्णों के नियत कर्म भगवान की पूजा है . सभी मानव अपने नियत वर्ण का काम करते हुए मुक्ति के अधिकारी होते हैं . भगवान ने स्वयं इस बात का कथन गीता में किया है .

समस्त अर्जित ज्ञान और शक्ति भगवत्प्रीत्यर्थ उपयोग हो यही भक्ति मार्ग का सार है, देवपूजन है . यह धर्म त्यागमय है, किन्तु यह त्याग शरणागति है . शरणागति का भाव बड़ा उच्च है .

अवतार वाद – अवतावाद भी एक प्रतीकवाद है . परमेश्वर विज्ञान के द्वारा माने हुए सत्य के सामान है . पौराणिक अवतारवाद वैदिक काल में भी था . ऋग्वेद में भगवान कहते हैं, मैं देवों और मनुष्यों द्वारा जुड़ा हुआ बोलता हूं. ईश्वर पैदा नहीं होता है, अजन्मा, अजर, अमर है .उसका पैदा होना भागवत में भी नहीं . यह उस देवाधिदेव का आदेश होता है . यह दूर से भी हो सकता है और निकट से भी . विश्वात्मा का अवतरण होता है . जिनमे महाशक्ति का अवतरण हुआ उनको ईश्वर का अवतार माना गया . किसी में शक्ति का आरोप कर देना और उसे प्रतीक बना लेना अवतार बन जाता है .

भक्ति भाव –

भक्ति भाव में ज्ञान और कर्म दोनों का मेल है . वह मनुष्य की नहीं जो सेवा नहीं करता, जो समय पर जाप अराधना नहीं करता . जिस में देश प्यार नहीं, सुविश्वास भी बहीं, वह भक्त नहीं . भक्ति जो है वह ज्ञान से बड़ी है .

मनुष्य जन्म में ही केवल भक्ति – मनुष्य जन्म में ही केवल भक्ति हो सकती है . यह वह स्थान है जिसकी खिड़की खुलने से परमदेव परमात्मा की किरण आती है . इसलिए आदिकाल से स्त्री, पुरुष, समझवाले, जो हैं, वे अपना कल्याण भगवान का अराधना करने में मानते आये हैं . बाकी चीजें जितनी हैं क्लेश देती हैं . मनुष्य की इच्छा को बड़ी नहीं बनाती . आत्मा का ज्ञान मनुष्य को बलवान बनाता है .

जप – एक अध्यात्मिक तप –

जप करना आध्यात्मिक तप है . जितना अधिक जप होगा, उतना ही अधिक आत्मा निर्मल होगी . जप बड़ी भावना भावना के साथ करना चाहिए . इससे संस्कारों पर गहरा प्रभाव पडेगा . साधक स्वयं अनुभव करेगा . जब स्वयं अजपा जाप चलेगा, वाणी से नहीं, जीभ से नहीं, स्वयं मानसिक जाप होता जाएगा, तब अविद्या की ग्रंथी टूट जाएगी और दशम द्वार से पार हो जाएगा .

माला बड़ी अच्छी चीज है . भाव से फेरने से बड़ा लाभ होता है . इससे जप में दिल बड़ा लगता है . माला से हस्त – लाघव पैदा होता है और अँगुलियों में विद्युत् शक्ति पैदा हो जाती है . यह शरीर की विद्युत् को जागृत करती है . अँगुलियों को कहीं भी फेरो इससे लाभ होगा . इससे रोग – निवारण की शक्ति भी आ जाती है . नाम जपते जपते यह दशा आ जाती है कि मनुष्य के अन्त:करण में नाम चला जाता है. तब मनोवृति शिथिल पड़ जाती है . उसमें से पाप निकलने लग जाते हैं .

तप

सोना तप आभूषण बन सुंदर रूप ले जाता है . ज्यादा तप वो स्वर्ण भस्म बन जीवन तक दे जाता है धूप शीत सह जाओं तुम उतनी ही कीमत पाओ तुम . बिना तपे तुम कच्चे कुम्भ सम बूंदों से गल जाओगे . कभी नही बच पाओगे, दीनों हित जो काम करों तो देव तुल्य कहलाओगे ।

सिमरन – जो लोग काम काज करने वाले हैं, पढ़े लिखे हों, बाबू अफसर हों, दुकानदार हों, खेती करते हों, इन सबके पास इतना समय तो होता नहीं है कि आसन जमाकर ध्यान करने में लग जावें . उनको परिश्रम करना पड़ता है और इतना अवकाश होता नहीं . तो फिर लाभ जो होता है वह भगवान कृपा से होता है . तो यहां जो नाम ध्यान सिमरन होता है वह कोई किसी अवस्था में ही कर सकता है . उसके (नाम आराधन) लिए न बड़े आडम्बर की आवश्यकता और न ही बहुत समय की . न ही घर – बार का छोड़ना आवश्यक . काम जो करता है, करता रहे किन्तु थोड़ा बहुत समय भावना से सिमरन ध्यान होना चाहिए . इससे मनुष्य की आत्मा जग जाती है .

सिमरन बहुत अच्छी चीज है . अधिक सिमरन से शरीर शब्दमय हो जाता है . नाम का सिमरन रग रग में बह जाता है . मनुष्य की रग रग में (नाम का) निवास हो जता है . क्रोध और जितने दुर्गुण हैं, वे आप ही समाप्त हो जाते हैं . अपने करने का अभिमान बिल्कुल नहीं करना चाहिए. भगवान के आगे समर्पण करो, धन का, कीर्ति का, ज्ञान का, बुद्धि का . ऐसा करने पर मनुष्य साधक बन जाता है . सादगी आ जाएगी . मार्ग मिल जाएगा .

कीर्तन – नाम आराधन तीन प्रकार से होता है – 1 – ध्यान (एकांत शांत स्थान में), 2 – जप, 3 – उंचा उंचा नाम को बोलना अर्थात कीर्तन करना . इसमें (कीर्तन) भी बड़ा लाभ है, एक तो हम बोले, दूसरे हमारी आवाज हमारे कानों में आई . पर जो मानस जाप है अर्थात ध्यान, इसका प्रभाव (कीर्तन की अपेक्षा) सहस्त्र गुना कहा गया . यह तो इसके अन्दर (ध्यान से) तरंग पैदा होती है, इसलिए इसकी महिमा अधिक वर्ना की . पर ऐसा नहीं समझना कि (कीर्तन का) प्रभाव कम पड़ता है .

कीर्तन दो प्रकार का होता है – धुनात्मक और गीतात्मक . बहुत से लोग तो गीत वाले कीर्तन को और बहुत से धुन के कीर्तन को पसंद करते हैं . वैसे दोनों ही अच्छे हैं . अच्छा शब्द, अच्छा सुर, जब हो तो एक प्रबल तरंग उत्पन्न होती है जो सभा और गाने वाले दोनों पर बड़ा प्रभाव डालती है .

सत्संग – अच्छे व्यक्ति का संग अच्छा बनाता है . अच्छे व्यक्ति जहां बैठा करें उसे ही सत्संग कहते हैं . सत्संग मनुष्य के जीवन को उज्जवल बना देता है . इसमें सारा सार भर देता है . सत्संग से कठोर कुकर्मी और पातकी मनुष्य का भी कल्याण हो जाया करता है . सत्संग सुलभ भी है और दुर्लभ भी . दुर्लभ इस कारण है कि श्रेष्ठ मनुष्यों का मिलना माया जाल के कारण कठिन है . किन्तु ज्ञानी लोग दुर्लभ वस्तु को सुलभ बनाते हैं . नाम जाप एक सुलभ सत्संग है . शास्त्र पाठ उत्तम सत्संग कहा गया है . सत्संग संत कृपा से भी सुलभ होते हैं . सत्संग स्वल्प और स्वादु होना चाहिए . लम्बे काल में श्रद्धा कम होती है .

प्रार्थना – प्रार्थना के समय हमारा विश्वास होना चाहिए कि हमारी प्रार्थना सुनी जा रही है . कभी कभी शाब्दिक उत्तर भी मिल जाता है . इसके लिए प्रार्थी का मन निर्मल तथा मन संकल्प तीव्र होना चाहिए . ध्वनि तो सब ही आकाश में तरंग रूप से जाती है किन्तु प्रार्थना के समय मनोबल से संकल्प तरंग सूक्ष्म शक्ति के साथ दूरगामी होता है . यह हमारा विश्वास होना चाहिए कि हमारी प्रार्थना भगवान के पास सुनी जा रही है .

साधना - साधना के मार्ग में श्रद्धा होनी चाहिए . श्रद्धा आस्तिक बुद्धि को कहते हैं. इसके साथ भक्ति . भक्तियुक्त श्रद्धा साधक की इस प्रकार रक्षा करती है जैसे माता नन्हें शिशु की . प्रार्थना का प्रभाव – राग द्वेष रहित होना चाहिए . अखंड जाप द्वारा भी प्रार्थना की जाती है . प्रार्थना से आत्म बल बढ़ता ही है, मनोबल भी बढ़ता है . जिसका जितना मनोबल अधिक होगा उसका उतना ही तीव्र संकल्प – तरंग आकाश में दूरगामी होगा . उपासना में प्रार्थना बड़ी चीज होती है . नाम जपना भी एक प्रार्थना है . माया में दिनरात रहकर हम आत्मा को प्रकृति रूप बना लेते हैं . भगवान का आह्वान करने पर आत्मा जागृत होती है .

प्रार्थना भी निष्काम और सकाम होती है .

सेवा – मानव जन्म सफल दो प्रकार से होता है . एक तो इस संसार में व्यक्ति जहां कोई काम करता है वहां भला (अच्छा) हो. अच्छे विचार वाला और कर्म धर्म में पक्का हो, यह एक प्रकार है . पशुओं में ये बातें नहीं . बुद्धि का विकास केवल मनुष्य में है . यह मनुष्य को बहुत ही अच्छा बनाता है .

वही जन्मा है जिस के जन्म लेने पर किसी जाति और मनुष्य की उन्नति हुई . खेती वही अच्छी है जो फलीभूत होती है, जिसको फल लगता है . जन्म वही अच्छा कि जिस में सेवा का फल लगा . नहीं तो यह जन्म मरण का चक्कर तो चलता है . यह अनिवार्य बात है .

कोई मनुष्य जो अपने लिए नहीं जीता. पक्षी बहुत अच्छे अपने घोंसले बनाते हैं. खरगोश की बिल ऐसी अच्छी कि दूसरा जानवर पहुँच नहीं पाता. यह तो सब में पाया जाता है . यदि मनुष्य भी ऐसा ही हुआ कि अपने ही काम लगा रहा तो पशुओं से कोई अच्छा जन्म नहीं हुआ .

जन्म वह जो दूसरों के लिए जिया – वही आदमी जीता है जो भलाई के लिए, दूसरे के हित के लिए जीता है . मनुष्य जन्म धारण करने से कोई बड़ा लाभ नहीं . पर जीना तो वही अच्छा है जो दूसरों के हित में काम आवे . इस लोक का जीवन भी वही अच्छा जो भलाई का है . नेकी का है . परमार्थ के कर्मों से यह लोक भी अच्छा होता है और परलोक भी अच्छा होता है .

साधना – देवाधि देव भगवान को स्थापित करके जो साधना किया जाय उसमें कोई विघ्न बाधा नहीं आते . कर्म साम्य, गुरु साम्य हो तो भगवान साम्य हो जाता है . ध्यान में बैठने से पूर्व भगवान को नमस्कार करना चाहिए. नाम योग में यह विशेषता है कि इसमें भगवान स्वयं साक्षी रूप से होते हैं और विघ्न विनष्ट करते हैं. यह भावना होनी चाहिए. इससे सहारा मिलेगा .

नाम भगवान का प्रतीक है अर्थात एक चिह्न है . यह मूर्ति भी हो सकती है, मनुष्य भी हो सकता है किन्तु नाम का प्रतीक सबसे अच्छा है क्योंकि नामी नाम में होता है . वाच्य – वाचक एक होते हैं . साधक को समझना चाहिए कि वाचक में वाच्य का आराधन कर रहा है . नाम में नामी का आराधन कर रहा है . रूप का प्रतीक भी अच्छा है उसका निरादर नहीं है पर नाम का प्रतीक उत्तम है . संतों और महर्षियों ने नाम की शक्ति को समझा है . और उसको प्रकट किया है, ठीक उसी प्रकार जैसे वैज्ञानिकों ने परमाणु की शक्ति को समझा है . दूसरों को तो वह केवल नाम और एक तुच्छ परमाणु ही लगते हैं . केवल साधारण ढंग से नाम जपने वाले भी बहुत ऊँचे हो जाते हैं पर जो विधिपूर्वक नाम लें, उनकी तो बात ही और है . साधना स्वयं करनी चाहिए .

साधना में कठिनाइयां – दो प्रमुख हैं – एक आसन, 2 – विचार तरंग .

पहली कठिनाई आसन की है . इस सहज योग में आसन चाहे कोई भी हो, यदि एक आसन में थक जाएं तो आसन बदला भी जा सकता है . टाँगे लम्बी करें या सहारा लेकर भी

बैठा जा सकता है . जब यह अभ्यास दृढ़ हो जाता है तो शक्ति प्रसार की आवश्यकतानुसार अभ्यासी, इच्छा के बिना भी आसन स्वयं बदलने लगता है . पर यह सब में नहीं होता . दूसरी कठिनाई – विचार तरंग है . ध्यान के समय मन में जो संकल्प विकल्प आते हैं वे मन की व्यवहारिक अवस्था की छाया मात्र होते हैं . उनको आत्मा में नहीं मानना चाहिए . अपने आपको अलग साक्षी रूप में मानना चाहिए और इन विचारों में अपने आप को जोड़ना नहीं चाहिए . यह विचार तरंग टूटे हुए होते हैं . किसी सिलसिले बार नहीं होते . आत्मा सिलसिलेवार सोचती है . इसलिए आत्मा को इनसे अलग मानना चाहिए . जब अभ्यास दृढ़ हो जाता है तो ये विचार तरंग भी शांत हो जाती हैं .

23

संत गंगादास

दर्शन –

विविध धार्मिक संप्रदायों, निर्गुणियों, योगियों आदि की 19 वीं शताब्दी में बाढ़ सी आ गयी थी । संत गंगादास विविध दर्शनों के आचार्य और संस्कृत साहित्य के प्रकांड पंडित होने के कारण इनसे प्रभावित तो हुए, परंतु कहीं भी वेदान्त को छोड़कर नहीं चले । उनके अनुसार कुंडलिनी को जागृत करने का प्रयत्न साधक को सदैव करते रहना चाहिए । योग के निर्मल सरोवर में स्नान करने तथा छह चक्रों को शोधने से ही सत्य के दर्शन होते हैं । इनके द्वारा किया हुआ छह चक्रों का वर्णन सरल और आकर्षक है जबकि अच्छे बड़े अनेक संत भी इस प्रसंग में सरसता उत्पन्न नहीं कर सके ।

सहस्त्राधार चक्र में पहुंचने पर साधक को तनिक भी कष्ट नहीं रहता और वह पूर्णरूपेण मुक्त हो जाता है । सिद्धों का आसान सदैव दसवें द्वार (सहस्त्राधार चक्र) पर लगा रहता है । विविध चक्रों में रहने वाले विविध देवों का वर्णन भी उन्होनें किया है । मूलाधार चक्र में गणेश, नाभि के निकट (मणिपुर) ब्रह्मा, हृदय (अनाहत) में विष्णु, और त्रिकुटी में शंकर भगवान के निवास का उन्होने स्पष्ट उल्लेख अपने तत्संबंधी पदों में किया है । उनके मतानुसार गुरु के मार्गदर्शन में चलने वाला व्यक्ति ही सब चक्रों को पहचान सकता है, अन्य कोई नहीं । अंत में योग और वेदान्त का समन्वय करते हुए वे कहते हैं कि सहस्त्र दलों का सहस्त्राधार चक्र और चारों वेदों का अर्थ एक ही है ।

लय योग के अतिरिक्त अष्टांग योग पर भी गंगादास का विश्वास है । इसे ही राज योग की संज्ञा से अभिहित किया जाता है । उनके अनुसार सोहम का जप करते हुए प्राणायाम करने से साधक सत्यलोक (बेगमपुर) में पहुँच जाता है । (पूरक रेचक कुंभक करके । सोहम शब्द निशाना धर के । जाये बसें बेगमपुर हर के ॥ वही 322) मुद्राओं का वर्णन भी गंगादास के काव्य में उपलब्ध होता है । (सोहम सोहम शब्द अराधे । भवरी कोई खेचरी साढ़े ॥ उडियन जलंधर मूलबंध की । निरखें हैं गति रवि चंद की ॥ - वही 324)

गंगादास – काव्य में वर्णित विविध योग पद्धतियों की सबसे बड़ी विशेषता यह है कि वे कहीं भी वेद शास्त्रों के विरुद्ध नहीं चले। वे वेदांती पहले हैं, और कुछ बाद में । वेद विरोधी संप्रदायों के विषय में वे स्पष्ट उदघोष करते हैं कि ये अनेक संप्रदाय कपटी, पाखंडी, दुखद साधना के प्रचारक और भ्रांत हैं । (वेद विरोधी सठ दुखदाई । पंथ चले अब तौल न पाई । कपटी बाना धरते हैं – सिर पै धर पाग भरम की ॥ निर्गुण पद्यावली,3)

तत्कालीन संत काव्य में वर्णित निर्गुण, विवेक, अनहद, काल, माया, ब्रहम, सत्संग, नाम, शब्द, गुरु, योग, भक्ति, साधु, सत, असत, त्याग, वैराग्य आदि विषयों में से प्रत्येक पर गंगादास न लेखनी उठाई और उसका कलात्मक निरूपण निराले ढंग से किया । कतिपय उदाहरण द्रष्टव्य हैं –

1. निर्गुण ब्रहम –

एकला अंगी सर्व अंग में, बसै सर्वदा जल तरंग में । नजर पड़े ना रहे संग में ॥(वही, 286)

2 - अनहद –

नभदा अनहद घोर जिसे सुनते हैं योगी ।

और जतन ना मतन खबर सतगुर से होगी ॥ (कुण्डलिया 68)

3 - काल –

काल के पक्के बजे नकारे, सुर – नर सिद्ध युद्ध में हारे ।

बिन भगवान - भजन सब मारे ॥ (निर्गुण पद्यावली, 181)

4 – माया -

माया बैरन संसार की, संतों से सदा डरे है । (निर्गुण पद्यावली,73)

5 - प्राचीन संतों का उल्लेख –

नाई ' सैना ' नामदे ' छीपी 'धन्ना ' जाट ।

चर्मकार ' रविदास ' और 'नाभा "पीपा' भाट ॥

'नाभा " पीपा' भाट विप्र 'त्रिलोचन ' तारे ।

'तुलसी ' अरु' जैदेव ' गीत गोविंद उचारे ॥

गंगादास ' कबीर ' जुल्हाये ' सदन ' कसाई ।

' सैन भगत ' काज आप हरि बनगे नाई ॥ (वही,18)

6 – वैराग्य भाव –

कोई तेरा साऊ नहीं, जिनसे लाया हेत ।

इसी भरोसे में रहा, पागल सदा अचेत ॥

7 – गुरु महत्ता –

तोड़े जाल अनादि के भरम भये दुख दूर ।

दया करे गुरुदेव ने दिया ज्ञान भरपूर ॥

8 – हिन्दू – मुस्लिमों में प्रचलित बाह्याडंबर की निंदा –

पड़ गई गलती उरे आयके, भूल गये इस मकान में ।

हिन्दू मिथ्यापन में हारे, तुर्क हार गये तूफान में ॥

9 – बाह्य साधना का विरोध –

• – दिल रंगा नहीं उस रंग में, क्या है पकड़े रंगने में ।

• – माला फेरो स्वास की, जपो अजपा जाप ।

सोहम सोहम सुने से, कटे हैं सब पाप ॥

10 – नाम माहात्म्य –

लुटै है, लूओ लूट लो राम नाम की लूट ।

अपना कर्ज उतार दे जम तलबी से छूट ॥

संत परंपरा के अनुसार यद्यपि उन्होने सभी विषयों को स्पष्ट किया तथापि विविध दर्शनों का प्रकांड फईत होने के कारण वेदान्त, सांख्य – दर्शन आदि ही उनके काव्य में पूर्णरूपेण मुखरित हुए हैं । यथा –

बीजी जैसे व्यापक बट में, अरु माई जैसे रहे घट में ।

तन्तु जैसे पूरण पट में लोहा छुरी कटार में ।

ऐसे नजर आवेगा, उस भगवत को संसार में ।

कर ताल तब पावेगा ॥

सांख्य प्रक्रिया -

प्रकृति माया वृति से । महत्तत्व भयो प्रकृति से ।

फिर अकास का सो अथार है ।

पंचीकरण –

पंचीकरण के पश्चात पंचीकृत महाभूतों एवं प्रत्येक महाभूतों एवं प्रत्येक तत्व की चेष्टाओं की कलात्मक निरूपण द्रष्टव्य है –

जैसे आगम निगम बखाने, पांचों के गुण पच्चीस जानें ।

धरती का गुण गंध पिछानें, रस गुण समझो नीर में ॥ सब खट्टा मीठा खारा ॥

त्वचा पवन से, कान गगन से । रसना जल से नयन अगर से ॥

धरन नासिका इसी लगन से ॥

अभिव्यक्ति पक्ष –

1. भाषा का स्वरूप –

संत गंगादास के काव्य की भाषा का अध्ययन अत्यंत सामयिक, विस्तृत एवं ऐतिहासिक दृष्टि से महत्वपूर्ण है । उन्होनें परिनिष्ठित खड़ी बोली में अपने काव्य का सृजन

उस समय से पूर्व ही कर दिया था, जिस समय ग्रीयर्सन, प्रतापनारायण मिश्र, शिवनाथ शर्मा, बाबू भारतेन्दु हरिश्चंद्र आदि विद्वान सभा करके यह निष्कर्ष निकाल चुके थे कि खड़ी बोली में पद्य सर्जना हो ही नहीं सकती । श्री अयोध्या प्रसाद खात्री ने खड़ी बोली के पद्य में प्रयोग की वकालत करते हुए ग्रीयर्सन को दो पत्र लिखे थे । उनके फलस्वरूप लिखे गए दोनों पत्र खड़ी बोली की तत्कालीन स्थिति पर अच्छा प्रकाश डालते हैं । ग्रीयर्सन महोदय और भारतेन्दु बाबू खड़ी बोली में पद्य रचना असम्भव मानते थे । खड़ी बोली आंदोलन के प्रथमोत्थान काल – 19 वीं शताब्दी के उत्तरार्द्ध में जब बाबू भारतेन्दु हरिश्चंद्र और ग्रीयर्सन महोदय जैसे विद्वान खड़ी बोली में पद्य रचना की असंभावना देख रहे थे, उससे पूर्व ही संत गंगादास विविध छंदों एवं वर्णिक वृत्तों में खड़ी बोली के सफल काव्य की उत्कृष्ट रचना कर रहे थे । भारतेन्दु (1850 – 1885) और उनके पिता गिरधर दास (1833 – 1859) दोनों संत गंगादास (1823 -1913) के जीवन काल में ही उत्पन्न और दिवंगत हो गए थे । बृजभाषा के इस युग में यह महात्मा कुरु प्रदेशीय बोलचाल की खड़ी बोली में संस्कृत शब्द मिलाकर उसे काव्योपयोगी बनाने के सफल प्रयोग गढ़मुक्तेश्वर (जिला गाजियाबाद, वर्तमान जिला हापुड़) में बैठकर कर रहे थे । अत: खड़ी बोली के इतिहास की दृष्टि से संत गंगादास का काव्य विशेष रूप से महत्वपूर्ण है ।

गंगादास की काव्य भाषा में कविताओं एवं सवैयों में अधिकतर खड़ी बोली मिश्रित ब्रज का प्रयोग ही देखा गया है । लावनियों, निर्गुण पदों, कुंडलियों तथा ' गंगा विलास ' के पद खड़ी बोली का परिनिष्ठित एवं सुन्दर रूप प्रस्तुत करते हैं – यही भाषा दार्शनिक प्रसंगों में संस्कृतनिष्ठ और प्रेम - गीतों में ब्रज तथा खड़ी बोली के मिश्रित रूप से सुन्दर उदाहरण प्रस्तुत करने में सक्षम है । इस्लाम धर्म के प्रसंगों में भाषा अरबी फारसी के शब्दों में सुसज्जित दृष्टिगत होती है, तो विरह – गीतों में भोजपुरी का रूप धारा करके प्रसंगानुसार अधिक मार्मिक हो जाती है । कतिपय उदाहरण दृष्टव्य हैं –

• – खड़ी बोली –

आज करी निरभाग राम ने लाल मेरे किस्मत फूटी ।
बात मरम की कहूं मैं किससे भगवतने दुखिया लूटी।
वार रही ना पार घाट से मजधारा नैया छूटी ।
बर्दमान गिर गया भंवर में,बल्ली नहीं लगती टूटी॥

• - हरियाणवी का पुट-

क्षत्री चले जुद्ध कू सजकै । विषयर बतिया काटै भजकै ।
घायल होय मरम कू तजकै । रण में चहिये सीस कटणा ।
सगुन का चहिये छंद रटणा ॥

* – शुद्ध हरियाणवी –

जहां गंगा जल परकास रे, उस घर में पाप कड़ै सै ?
जो गंगा पै दान करें सै, सरधा सेती पिण्ड भरै सै ।
सती ऊत औ भूत तरें सै ।
मन करले बिस्वे बीस के, गंगा की धार अड़ें सै ॥

* पंजाबी का पुट –

हम हरनंदी हैं सारियां , - - -
बोली बोलें प्यारियाँ , - - -
मेरे कीते त्यागदे जीते ।

* ठेठ पंजाबी –

सतगुर हुण पार लगावन्दा, साडा बेड़ा रूढ़ा जान्दा है ।
वेख असी नू भय लगदा है, नीर बड़े वल थों वगदा है ।

* भोजपुरी –

पिया के नगरवा की सखी, डगरवा भुलानी हो ।
पिया परदेश गये गुरिया जब ते,
पाती भी ना भेजी पिया गरब गुमानी हो ।
अब मैं जतन करूँ क्या मेरे सजनी,
सजनवा ना दीनी कोई हाथ की निसानी हो ॥

* तत्सम शब्द बहुला –

प्रकृति माया वृति से, महत्तत्व भयो प्रकृति से ।
समझ के देख जरा धृति से, अर्थ शब्द गंभीर का ।
जो सब अर्थों से वर है ।

* फारसी शब्द बहुला –

क्यों भूला अतिश – आब में, सांई दरगोश नहीं है ।

गलती पड़ गई हिसाब में, मेरे दोस्त का दोष नहीं है ॥

संत गंगादास ने अपनी भाषा को सहज, स्वाभाविक और काव्योपाओगी बनाने के लिए विदेशी भाषाओं का उन्मुक्त प्रयोग किया है । जहां, बेअदबी, गर्द, गफ़्तार, दोज़ख, फर्द आदि फारसी – शब्दों का प्रयोग मिलता है, वहाँ रेल, पास, फेल, अपील, ड्राइवर, जनरल, अफसर, रपट (रिपोर्ट) आदि आंग्ल भाषा के शब्दों से भी परहेज नहीं किया गया ।

गंभीर से गंभीर बात को लोकभाषा की सरस शैली में अभिव्यक्त करना गंगादास की विशेषता भी थी और आदर्श भी । भाषा के सारल्य हेतु ही उन्होनें अन्य भाषाओं के हिन्दी में प्रयुक्त होने वाले शब्दों का छायावादी कवियों की भांति बहिष्कार नहीं किया । उनका समस्त काव्य उनकी कला की सरस अभिव्यक्ति है ।

भक्ति के साधन –

भक्ति की गुणातीत अवस्था तक पहुंचने के लिए हृदय से मोहान्धकार का समूलोन्मूलन आवश्यक है । एतदर्थ भक्ति के अनेक साधनों की ओर संत गंगादास ने संकेत किया है । यथा –

1 – गुरु कृपा – मोह - सिन्धु की गम्भीर धारा में सारा जगत बहा जा रहा है । गंगादास भी इसमें बह जाते, यदि गुरु की कृपा न हुई होती । सदगुरु की शरण में पहुँचते ही पापी सब पापों से मुक्त हो जाते हैं । गुरु की कृपा से ही नानात्व समाप्त होकर एकत्व का निरंतर दर्शन होता है और उसमें प्रेम (भक्ति) का उदय होता है ।

2- आत्म तत्व का सतत चिंतन –

'आत्म राम 'की पूजा से प्रियतम मिलते हैं,'दाशरथि राम 'से नहीं ।इस तत्व का अंत:करण से में चिंतन करते हुए किसी 'भावपूर्ण मूर्ति 'का अवलोकन अपने स्मृति पटल पर करना चाहिए । अत:निर्गुण निराकार के साथ सगुण साकार का अवलम्ब भी आवश्यक है ।दोनों में कोई भेद नहीं ।

3 सत्संगति –

राम की सेवा संतों की सेवा की सेवा से ही हो जाती है । क्योंकि राम और संत में कोई भेद नहीं होता । संतों की सेवा में जिनका मन लग जाए तो उनके सौभाग्य का कहना ही क्या ? एक स्थान पर उन्होने सत्संगति को सर्व सुखों का मूल कहा है । ब्रह्म ज्ञानी हरि के जन जहां निवास करते हैं, वहां मोहान्धकार को समूल नष्ट करते हैं । आठों सिद्धियाँ उनके सानिध्य में रहती हैं । सत्संग करने वालों को कोई वस्तु दुर्लभ नहीं रहती । संत सब पर सहज कृपालु होते हैं ।

4 सदग्रन्थों (निगमागम आदि) का अध्ययन –

गंगादास के अनुसार सच्चा उदासी वही है जो शास्त्रों के मार्ग से इस पंथ में दीक्षा ले । संत गंगादास उन दुर्लभ संतों में हैं जो वेद - मार्ग की प्रशंसा करते हैं और कहते हैं की वेद – विरोधी दुख सहन करते हैं । अत:साधक को वेद मार्ग पर ही चलना चाहिए । उसे छोड़ने से लाभ भी क्या है ?

5 ज्ञान – संत गंगादास भक्ति के लिए ज्ञान की महत्ता अनिवार्यत: स्वीकार करते प्रतीत होते हैं । उनके अनुसार हृदय में निवास करने वाला ब्रहम भी तब तक प्रकट नहीं हो सकता, जब तक आत्म तीर्थ में स्नान न किया जाए । ज्ञान का अंजन (सुरमा) लगाने से ही परम तत्व के दर्शन होते हैं । उनका निश्चित मत है कि देह अभ्यास की समाप्ति ज्ञान के बिना सम्भव ही नहीं । उन्होने भक्ति की महत्ता ज्ञान के साथ ही स्वीकार की है ।

6 उपवास – ज्ञान और भक्ति का उदय करने वाला, आवागमन से मुक्त करने वाला उपवास है । उपवास करने वाला व्यक्ति फिर से देह धारण नहीं करता ।

7 सदाचार – सदाचार के अभाव में भक्ति कोरा पाखंड और बालू की भीत/दीवार होती है । संत गंगादास के अनुसार पर नारि को माता के समान देखना, सत्य बोलना, वेद शास्त्रों की कथा श्रद्धा से सुनना और पर द्रव्य (दौलत) को मिट्टी समझना चाहिए ।

8 अंत:साधना – बाह्य साधना की अपेक्षा अंत:साधना पर यह संत अधिक बल देते हुए प्रतीत होते हैं । वे अपने प्रियतम (आत्म तत्व) की पूजा में थाल, दीपक, धूप, घंटा, शंख आदि बाह्य उपकरणों के स्थान पर संयम, ज्ञान, तप, निष्काम भाव आदि का प्रयोग आवश्यक मानते हैं ।

9 बहुदेव स्तुति - गंगादास उदासीन संप्रदाय की पंचदेवोपासना तक ही सीमित नहीं रहे, अपितु कण - कण में व्याप्त परम तत्व की व्यापक भावना ग्रहण करके लगभग सभी देवों की उपासना, साधन रूप में स्वीकार करते देखे जाते हैं । शंकर, ब्रह्मा, हनुमान, के अतिरिक्त गणेश, भगवती, राधाकृष्ण आदि सभी देवों की स्तुति की महत्ता स्वीकार करते हुए वे दृष्टिगत होते हैं ।

10 - नाम – जप –‘ सीताराम ‘ सुमंत्र है और उसकी महत्ता इसी से विदित है कि स्वयं शंकर जी भी इसी का जप करते हैं । श्याम सुंदर और राधा का जप आधा क्षण भी करने से धर्म, तप और तेज की वृद्धि होती है ।

11 तीर्थ स्पर्श – भगवान राम, सीता जी तीर्थराज की महिमा बखान कहते हैं कि इस पावनतम तीर्थ में स्नान करने से अविलम्ब सत्यलोक की प्राप्ति हो जाती है ।

12 प्रेम – भगवान का प्रेमी वही है जो उसके बनाए हुए जीवों से प्रेम करे । गंगादास कहते हैं कि सारा संसार खोजने के पश्चात प्रियतम प्रेम में ही मिले ।

उक्त विवेचन और उदाहरणों के आधार पर हम कह सकते हैं कि संत गंगादास की भक्ति विविध साधन - संपन्ना होकर भी एक लक्ष्य पर केन्द्रित है, बाह्य साधनों को अपनाकर भी अंत:साधना और प्रेम पर आधारित है । वह साध्य और साधनों को विराट तथा विस्तृत रूप में स्वीकार करती है ।

कविता साहित्य –

दोहा पंचक –

राम सहे देह धार के, दुख: त्रिलोकी नाथ ।

त्रिलोकी वन में गये, बालजती सिय साथ ॥ 1 ॥

संत संग सुख होत है, दुष्ट संग दुख जान ।
नीच संग से नर्क है, मुनिवर करत बखान ॥ 2 ॥
विघ्न लखे जा पंथ में, फिर क्यों दीजै पैर ।
संग कुपंथी जीव का, तज जो चाहे खैर ॥ 3 ॥
राम राम रटना सदा, रटे सो नीका जान ।
सरल वचन, हिरदा विमल, बुद्धि सफल हर ध्यान ॥ 4 ॥
सभ घट में हर बस रहे, बिन हर घट ना कोय ।
सो घट उत्तम जानियों, जा घट परगट होय ॥ 5 ॥

प्रभु कृपा –

नाई ‘ सेना '' नाम देव ‘ छीपी ‘ धन्ना जाट ।
चर्मकार ‘ रविदास ‘ और ‘नाभा ‘ पीपा ‘ भाट । ।
नाभा -पीपा भाट विप्र ‘ त्रिलोचन ‘ तारे ।
‘तुलसी ‘अरु ‘जैदेव’ गीत गोविंद उचारे । ।
‘गंगादास‘ ‘कबीर ‘ जुल्हाए ‘ सदन ‘ कसाई ।
‘सैन’ भगत के काज आप हरि बन गये नाई । ।

सत्संग –

जब तक होता सत्संग नहीं, फिर ज्ञान कहां से पावै ? ॥ टेक ॥
सब सुख का सत्संग मूल है । सत्संग बिन सब सिर्फ भूल है ।
जो वेदों को ना काबुल है ।
इन कर्मों से दुख भंग नहीं होता, यह आगम गावै । । 1 । ।
मन निर्मल कर्मों से कर तू । मन में फल आशा ना धर तू ।
बिना गुरु विपता मत भर तू ।
होता मन जब तक तंग नहीं, सुख से भी तू दुख ठावै ॥ 2 ॥
मन जीतो तो जीत है तेरी । दुनियां में रस रीत है तेरी ।
नहीं तो खोटी नीत है तेरी ।
गंगादास जीते जम जंग नहीं, जम जितै सो ए पद गावै ॥ 3 ॥

मानव तन (शरीर) –

कर तलास तन कैलास में, ले दरसन अविनासी का ॥ टेक ॥
मूल द्वार से पता लगे है । जहां पवन की सड़क बगै है ।
उससे आगे एक जगै है ।
नाभीपुर के पास में, जहां नाका चौरासी का ॥ 1 ॥
तीन नगर आगै आते हैं । जहां पर ठग -ठग ठग खाते हैं ।
फिर प्रयागपुर में जाते हैं ।
बहें धारा तीन आकास बड़ा किला है कैलासी का ॥ 2 ॥

गंगा जमना सरस्वती का । कर मंजन ले पंथ गति का ।
आगै पुर शिव शिव - पार्वती का ।
देखके आया खास मैं, डेरा घट -घटवासी का ॥ 3 ॥
मंदाकिनी में कर ले, मंजन । तब भेंटेंगे, देव निरंजन ।
' गंगादास' सर्वदुख भंजन ।
लौ लगा हरी की आस में, खटका जाय जम फांसी का ॥ 4 ॥
निर्गुण –
मूरख को निरगुन की चरचा, दीखे उलटा जाल ॥ टेक ॥
अगन, गगन, जल, धरन, पवन है ।इन पांचों का पिता कवन है ।
पंच तत्व बिन कवन भवन है ? कह दे इसका हाल ॥ 1 ॥
' ऊंकार' कू किसने जाया । शंकर किसने गोद खिलाया ।
किसकी पुत्री है माया । किसका पुत्र काल ॥ 2 ॥
खड़ा पेड़ अम्बर में बड़का । झूल रहा निर्गुण का लड़का ।
अर्थ बता के करिये खड़का । क्यूं बकता बेताल ॥ 3 ॥
तुझ कू तो ना खबर जरा सी । गुरु अपने से करो तलासी ।
' गंगादास' ज्ञान प्रकासी । कोई लखे गुरु का लाल ॥ 4 ॥
गगन गुफा के बीच देख, जहां बजे ज्ञान का ढ़ोल ॥ टेक ॥
सुन्न महल में बैठा जोगी । इंद्रीयजीत रस पूरण भोगी ।
लाख बेर जो परलय होगी । इसका आसान रहे अडोल ।। 1 ॥
गगन गुफा में गड़े हिंडोले । नारी को नर दे रहे झोले ।
ऐसे दागे ज्ञान के गोले । सुख के चढ़े संजोल ॥ 2 ॥
नगर हमारा निर्गुण है रे । तिरवेणी पै बैठे पहरे ।
अब तू क्यूं ना सुनता बहरे । तेरे मुख से फुटेना बोल ॥ 3 ॥
तेरे छन्द ज्ञान से कीले । काट –काटकै आर दिए ढीले ।
गंगादास कहें छन्द रसीले । देख मापकर तौल ॥ 4 ॥
अनुभव नगर हमारा जिसमें काल दिसा ना देस ॥ टेक ॥
उसमें ना कोई बास करे है । तमा तमामी नास करे है ।
स्वयं सिंधु परकास करे है । आप में आप हमेस ॥ 1 ॥
जन्म नहीं जब काल क्यूं होता । वृद्ध तरुण तन बाल क्यों होता ।
मूल नहीं फिर डाल क्यूं होता । करम बिनु कहां कलेस ॥ 2 ॥
नगर दुई से दूर हमारा । एक सदन भरपूर हमारा ।
हमको है मंजूर हमारा । कहना, कहन अशेष ॥ 3 ॥
आसा बीच निरासा देखो । तमा को त्याग, तमासा देखो ।
गंगादास की भाषा देखो । समझ के जन दरवेश ॥ 4 ॥

ज्ञान में मान मान में ज्ञान नहीं, यह निगमागम कोटी है ॥ टेक ॥
जहां ज्ञान तहां मान न रहता । ऐसे ही मान में ज्ञान न रहता ।
लोभ के घर में दान न रहता ।
सच में रहता तूफान नहीं, जरा समझो बात मोटी है ॥ 1 ॥
हम सूरज में रात ना कहते । सुख में दुख -उत्पात ना कहते ।
ना समझो में बात ना कहते ।
जिनको हाजिर भगवान नहीं, उनकी सोहबत खोटी है ॥ 2 ॥
जो उदार पूरन दाता है ।उसके घर याचक जाता है ।
सूम से उसका क्या नाता है ।
दाता याचक जहां दान नहीं, वहाँ भूतों की रोटी है ॥ 3 ॥
माल बड़ाई जाल में अंधे । फंस रहे गाफिल लोभ के फंदे ।
गंगादास अटपटे धंधे ।
यह गाथा सकते जान नहीं, क्या करें, मति छोटी है ॥ 4 ॥
जड़ तिमिर तेरे परकास में, दिन रात करता है ॥ टेक ॥
अजर अमर को भय क्या होता ? हुआ नहीं तो लय क्या होता ?
घट – छाया का छय क्या होता ?
इस मिथ्या देह अध्यास में , तू सुख तलास करता है ।। 1 ॥
तू सुखरूप परे है पर से । जिस पर दया नजर जल बरसे ।
मोह गर्द दबतेई रवि दरसे ।
तू रवि तेरे सभ्यास में सब सुख निवास करता है ॥ 2 ॥
जल थल पावक ना आकास तू । बात नहीं है सब निबास तू ।
अस्ति भाति प्रिय एक रास तू ।
हरदम रहता है पास में, तेरी सब कोई आस करता है ॥ 3 ॥
सुर सुरपति तेरी आसा में । झूठ नहीं मन भर मासा में ।
गंगादास पद रचें भाषा में ।
स्वामी होकर दास में, तू ही भरम नास करता है ॥ 4 ॥
मानव जीव –
तस्कर सब लश्कर लूट गये, ना खोज किसी ने पाया ॥ टेक ॥
पहरेदार पहरा दे रहे थे । नौ दर पर शस्तर ले रहे थे ।
फाटक खुले खबर ना पाई ।
पल में ताले टूट गये, ना नक़ब कहीं से लाया ॥ 1 ॥
नौ दर और दसवीं मोरी में । धन ले गये बारा -जोरी में ।
कोट ना गिरा बुरज ना फूटा ।
बांधे दोनों मूंठ गये, बड़ा भारी अचरज आया ॥ 2 ॥

खोजी थके खोज ना पाया । जाने कैसे लाल चुराया ।

नाय कहुं से आवत देखा ।

ना जाने किस खूंट गये, पल में धन भया पराया ॥ 3 ॥

सरद अगन में फुंक रही सूनी । जल में पावक रुक रही दूनी ।

गंगादास कहैं ताखान में ।

सारे कब्जे छूट गये, जाने जब शोर मचाया ॥ 4 ॥

(नौ द्वार – दो नासिक, दो आँख, दो कान, एक मुख, गुदा/मलद्वार और उपस्थ /मूत्रद्वार)

[क्रमांक इंद्रियाँ देवता विषय]

1 श्रोत/कान दिशा शब्द

2 त्वचा/खाल वायु स्पर्श

3 चक्षु/नैत्र सूर्य रूप

4 जिव्हा/जीभ वरुण रस

5 वाक/वाणी अग्नि वचन

6 हस्त/हाथ चंद्र लेना - देना

7 पाद वामन गमन

8 उपस्थ/मूत्रद्वार प्रजापति रतिभोग

9 गुदा/मलद्वार यम मल त्याग

क्यों भूला अधम शरीर में जरा समझ तू होके न्यारा ॥ टेक ॥

गगन पवन पावक जल धरनी । माया से पैदा आस बरनी ।

समझ ले कहूं खोल के करनी ।

नभ शब्द, स्पर्श शरीर में, है रूप अगन का सारा ॥ 1 ॥

जैसे आगम निगम बखाने । पांचों के गुण पच्चीस जाने ।

धरणी का गुण गन्ध पिछाने ।

रस गुण समझो नीर में, सब खट्टा मिट्ठा खारा ॥2 ॥

त्वचा पवन से, कान गगन से । रसना जल से, नैन अगन से ।

धरन नासिका इसी लगन से ।

पंचीकरण अखीर में, भया पंच कोश विस्तारा ॥ 3 ॥

पांच भूत पच्चीस गिनाये। एक एक में चार मिलाये ।

करे तलाश ना उनमें पाये ।

जन ' गंगादास ' फकीर में, ना ये परपंचन कारा ॥ 4 ॥

(पंचीकरण – अगन/अग्नि/पावक, गगन/आकाश, जल/पानी, धरन/धरती/भूमि/ छिति, पवन/वायु/समीर)

गगन (आकाश) - शोक, काम, क्रोध, मोह, भय

पवन (वायु/समीर) – प्रसारण, धावन, बलन, चलन, आकुंचन

अगन(अग्नि/पावक) – निंद्रा, तिन्द्रा (तृषा), भूख (क्षुधा), प्यास, आलस्य

जल - खून/शोणित, पसीना/स्वेद, लार, शुक्र (ओज - रज), मूत्र

धरन (छिति/पृथ्वी) - अस्थि (हाड़), मांस, रोम, त्वचा, नाड़ी

विशेष – महाभूत, तन्मात्रा,एवं इंद्रियों का निरूपण संक्षेप में इस प्रकार है –

क्रमांक मूल तत्व तन्मात्रा इंद्रिय

1 क्षिति (पृथ्वी/धरन) गन्ध नासिका

2 जल रस रसना

3 पावक (अगन/अग्नि) रूप (तेज) चक्षु (आँख)

4 समीर (पवन/वायु) स्पर्श त्वचा

5 गगन (आकाश) शब्द कान

(अंत:करण – मन (संकल्प/विकल्प/निर्विकल्प) - चंद्र, बुद्धि (निश्चय) - ब्रह्मा, चित्त (अनुसंधान) - विष्णु, अहंकार (ममता – मैं तू का सम्बन्ध) – रुद्र

ज्ञान इंद्रिय – आँख, नाक, कान, त्वचा, जिव्हा

कर्म इंद्रिय – हाथ, पांव/पैर, उपस्थ (लिंग/योनि), गुदा, मुख

विषय इंद्रिय – रूप, गन्ध, शब्द, रस, स्पर्श

वायु(स्थिति/वास) – अपान (गुदा), समान (नाभि), प्राण (हृदय), उदान (कंठ), व्यान (सम्पूर्ण शरीर)

उप प्राण (स्थिति/वास) – कूर्म (संकोचनीय), देवदत्त (डकार), नाग (छींक), कृकल (क्षुधा/प्यास), धनंजय (सम्पूर्ण शरीर फूलना)

एक एक के चार – (कुल 32)

1 शरीर - स्थूल सूक्ष्म कारण महाकारण

2 अवस्था - जागृति स्वप्न सुषुप्ति तुरीह

3 अभिमान - विश्व तेजस प्राज्ञ प्रत्यगात्य

4 स्थान - नैत्र कंठ हृदय मूर्धा

5 भोग - स्थूल भोग प्रविग्न्त आनन्द आनन्द मिलन

6 मात्रा - अकार उकार मकार ऊर्धमात्रा

7 गुण - सत्य तम रज शुद्ध सत्व

8 शक्ति - क्रिया द्रव्य इच्छा ज्ञान

25 स्थूल और 25 सूक्ष्म

1 गगन

स्थूल - अन्त:करण, व्यान, श्रवण, वाचा, शब्द

सूक्ष्म – काम, क्रोध, शोक (लोभ), मोह, भय

2 पवन –

स्थूल – मन, समान, त्वचा, पाणि/हस्त, स्पर्श

सूक्ष्म – चलना, बल करना, प्रसारण, निरोचन, आकुंचन

3 अगन (अग्नि) –

स्थूल – बुद्धि, उदान, नयन, चरण/पैर/पाद, रूप

सूक्ष्म – क्षुधा/भूख, तृष्णा/प्यास, आलस्य, निंद्रा, मैथुन/भोग

4 जल –

स्थूल – शुक्र/ओज, शोणित/खून, लार, मूत्र, स्वेद/पसीना

सूक्ष्म - चित्त, अपान, जिव्हा, उपस्थ/शिशन, रस

5 छिति/पृथ्वी/भूमि –

स्थूल – अस्थि/हाड़, मांस, त्वचा, नाड़ी, रोम

सूक्ष्म – अहंकार, प्राण, घ्राण, गुदा, गन्ध

इस तरह 25 स्थूल, 25 सूक्ष्म, उपरोक्त 32 तत्व और जीव तथा ब्रहम कुल 84 होते हैं । प्रकृति साकार है और चेतना निराकार है । शरीर – अन्नमय, प्राणमय, मनोमय, ज्ञानमय और आनंदमय होता है उसी तरह अन्नमय शरीर (पृथ्वी/देशज, वनस्पति/पेड़, द्रव्य (ठोस, द्रव गैस) खनिज, जल आदि) - एक कला के अवतार कहे गये हैं, प्राणमय शरीर (अन्न और प्राण – स्वेदज – जूं, मक्खी, मच्छर, कीट पतंग आदि) - दो कला के अवतार कहे गये हैं, मनोमय शरीर धारी (अन्न, प्राण और मन – अंडज/पक्षी आदि) - तीन कला के अवतार कहे गये हैं, ज्ञानमय शरीर धारी (अन्न, प्राण , मन और ज्ञान - स्तनधारी जीव, पशु आदि) – चार कला के अवतार कहे गये हैं । आनन्दमय शरीर धारी (अन्न, प्राण, मन, ज्ञान और आनन्द – स्तनधारी मनुष्य) – पांच कला के अवतार कहे गये हैं । शेष अन्य जागृतियों अनुसार अधिक कला के अवतार कहलाते हैं ।

आगमपुर की धर बाटतू, फिर बेगमपुर आवेगा ॥ टेक ॥

पीछे बेगमपुर आता है । मारग विकत निगम गाता है ।

मन तुरंग टेड़ा जाता है ।

जरा ज्ञान – बांध से डांट तू, नहीं बहुत फैल लावेगा ॥ 1 ॥

पांच नगर फिर तीन शहर हैं । एक नदी पच्चीस नहर हैं ।

समझ के चलना बड़े कहर हैं ।

उतर ले सीधे घाट तू, फिर खाता नहीं खावेगा ॥ 2 ॥

मार्ग में दस चोर लगे हैं । दो ठगनी ठग चार ठगें हैं ।

एक मरे से सभी भगें हैं ।

सिर मन दुसमन का काट तू, फिर तुरंत फतै पावेगा ॥ 3 ॥

पकड़ हाथ में तेग ध्यान की । जान कब्ज कर लोभ – मान की ।

गंगादास कहै बात ज्ञान की ।

सुन के खोल कपात तू , जब सर्व सार गावेगा ॥ 4 ॥

(बेगमपुर – ब्रह्मानुभाव, पांच नगर – पांचों विषय स्पर्श रूप रस गंध शब्द , एक नदी
– मोह, दस चोर – माया ठगनी के दस पुत्र – काम, क्रोध, मद, लोभ, मोह, शब्द, स्पर्श, रूप,
रस, गंध, दो ठगनी – आशा और तृष्णा, चार ठग – काम, क्रोध, मद, लोभ, एक - अहंकार
अथवा मन)

मत तकै पराये दोष तू , सब दोष देख आपे में ॥ टेक ॥

अरे बेहोश ! बेहोश आप में । देखाकर सब दोष आप में ।

पागल बे संतोष आप में ।

तपै बिना संतोष तू , क्या हो बारह तापे में ॥ 1 ॥

कर निंदा अपनी ना परकी । जो शुद्धि चाहे निज घर की ।

जो कुतर्क कोई करे कुतरकी ।

छोटा होकर खामोश तू , दुष्टों के परलापे में ॥ 2 ॥

निरमानी हो मान न करियो । मद - मदिरा का पान न करियो ।

अपना आप नुकसान न करियो ।

क्रोध ना कर हो बेहोश तू , मत नपे बड़े नापे में ॥ 3 ॥

मन पागल की सही ना करना । भूल में भूल के रही ना करना ।

गंगादास काही ना करना ।

मन की , बच सौ सौ कोस तू , नहीं छपै काल काल छापे में ॥ 4 ॥

कुंडलियाँ –

बोए पेड़ बबूल के,खाना चाहे दाख़। ये गुन मत प्रकट करै,मन के मन में राख़॥

मन के मन में राख़ , मनोरथ झूठे तेरे । ये आगम के कथन कदी फिरते ना फेरे ॥

' गंगादास' कह मूढ़ समय बीती जब रोए । दाख कहां से खाए पेड़ कीकर के बोए ॥

मैली चादर मैल से , कदी चढ़े ना रंग । ऐसे अंत: करण में , जब तक मैल कुसंग ॥

जब तक मैल कुसंग , शुद्ध कैसे हो जाता । निष्फल है उपदेश गुरु चाहे मिलें विधाता ।।

'गंगादास'जन कहें रहे जब तक बदफैली । कदी रंग न चढ़े चित चादर है मैली ॥

24

वेद

वेद – वेद शब्द संस्कृत की 'विद' धातु से बना है, जिसका अर्थ है जानना या ज्ञान । यहाँ पर यह स्पष्ट कर देना आवश्यक है कि वेद शब्द से तात्पर्य एक अकेली पुस्तक मात्र से न होकर एक लंबे समय अंतराल में संकलित वांगमय या विपुल साहित्य से है, जो संयुक्त रूप से वेदों के नाम से जाना जाता है ।

श्रुति और स्मृति - सम्पूर्ण वैदिक संहिता की रचना लिखित रूप से न होकर मौखिक रूप से गुरु - शिष्य एवं पिता - पुत्र परंपरा के अंतर्गत पीढ़ी दर पीढ़ी स्थानांतरित होती रही है । मंत्रों व ऋचाओं में आबद्ध यह ज्ञान मनुष्यों द्वारा संकलित नहीं हुआ, अपितु ब्रह्म से प्राप्त उपदेश सुनकर उसे ही ऋषियों ने कंठस्थ कर लिया, यही कारण है कि सम्पूर्ण वैदिक साहित्य श्रुति (श्रुत - सुनना) भी कहलाया है और शेष सम्पूर्ण धार्मिक साहित्य चाहे वह रामायण हो या महाभारत, गीता हो या पुराण, स्मृति कहलाते हैं । क्योंकि ये साहित्य अपनी स्मरण शक्ति के आधार पर बीती हुई घटनाओं का संकलन है । इसी कारण श्रुति साहित्य अपौरुषेय, नित्य, शाश्वत व दैवीय माना गया है ।

पुराण – पूर्वकाल में होने वाले को पुराण कहते हैं, प्राचीन काल से प्रवाहमान होते हुए भी नया रहने वाला पुराण है ।

वेद अनादि व अपौरुषेय हैं । पुराण पौरुषेय व अपौरुषेय दो प्रकार के भेदों से युक्त हैं ।

पुरानो और वेदों में दूसरा प्रमुख अंतर यह है कि ब्रह्मा जी के मुख से प्रकट होने पर भी वैदिक मंत्रों का द्रष्टा ऋषियों को कहा गया है । जबकि पौराणिक ज्ञान धारा को ग्रहण करने वाले मुनि कहलाए । अर्थात वैदिक ज्ञान धारा यज्ञ व कर्मकांडीय संस्कृतियों का वहन ऋषि कुल परंपरा ने किया, जबकि पौराणिक ज्ञान की लौकिक व्रत, उपासना, तीर्थ व अनुष्ठान, संस्कृति के वाहक मुनि बने । ऋषि द्रष्टा हैं व मुनि प्रवक्ता हैं । पुराण व वेदों के विशिष्ट अंतर समबंध की भाति ऋषि मुनि शब्दों को लेकर जन सामान्य में यह भ्रांति प्रचलित है कि ऋषि व मुनि तो समानार्थक शब्द हैं । इनमें क्या अंतर है ? इस अंतर को आचार्य शंकर ने सनत्सुजातीय भाष्य में स्पष्ट व्यक्त किया है –

न केवलं वेदा अपितु मनुयोअपि तद विश्ववैरूपम विश्वरूप विपरीत स्वरूप मुदाहरन्ति । ।

वस्तुत: ऋषि शब्द के चार प्रमुख अर्थ हैं – 1 - गति, 2 - श्रुति, 3 - सत्य, 4 - तपस । ब्रह्मा जी के कथानुसार जिस मनुष्य में ये चारों गुण एक साथ हों, वह ऋषि कहलाने के योग्य है । इसके पश्चात मुनियों के लक्षणों की चर्चा करते हुए कहा गया है कि जो तप करने वाला हो, शून्यागार में निवास करता हो, और भ्रमण करते - करते या चलते – चलते सायंकाल में किसी स्थान पर विश्राम के लिए रुक जाए वही मुनि है । कुछ के अनुसार अनुसंधान (रिसर्च) करने वाले ऋषि हैं तो सम्बन्धित विषय में मनन (अध्ययन) करने वाले मुनि कहलाए । आगम - निगम के अनुसार वेद - निगम हैं और पुराण - आगम कहे गए हैं ।

संहिता - प्रत्येक वेद की रचना में सर्वप्रथम ऋषियों द्वारा सूक्तों या ऋचाओं का संकलन किया जाता था जो संहिता कहलाती थीं ।

ब्राह्मण – संहिता अधिकांशत: पद्यात्मक रूप या मंत्र रूप में होती थी । इस पद्यात्मक या मंत्रों की कर्मकांड विषयक गद्यात्मक व्याख्या ब्राह्मण कहलाती है ।

आरण्यक - ब्राह्मण साहित्य के पश्चात विकास क्रम में आरण्यकों का स्थान है । वेद के वे मंत्र जिनका चिंतन, मनन, पाठन, या गायन तिर्जन (एकांत) में अरण्यों अर्थात वनों में हुआ, वे आरण्यक कहे गए ।

उपनिषद या वेदान्त– आरण्यकों के पश्चात वेदों के अंतिम भाग में संकलित ब्रह्म विषयक दार्शनिक चर्चा को उपनिषद या वेदान्त कहा गया है । वेदान्त का अर्थ है वेदों का अंत या समापन । इसके पश्चात वेदों का अन्य कोई साहित्यिक विभाजन नहीं होता, इसलिए वेदान्त को उपनिषद कहते हैं ।

उपनिषद - उप (निकट – नि - नीचे, षठ - बैठना) निकट या नीचे (चरणों) बैठकर अध्ययन करना, समीप बैठने वाला ब्रह्म के निराकार स्वरूप की उपासना ही उपनिषद है ।

वेद ऋग्वेद यजुर्वेद सामवेद अथर्वेद

वेद ज्ञान ऋषि अग्नि वायु आदित्य अंगिरा

वेद विषय ज्ञान कर्म उपासना विज्ञान

मंत्र के ऋषि, देवता, छंद, स्वर होते हैं । वेद शास्त्र, संहिता, ब्राह्मण, आरण्यक व उपनिषद (वेदांग)

भक्ति सम्बन्धित ऋचाएँ, अनुसंधान, पर्यावरण, सत्य, वेदान्त

वेदांग - शिक्षा, कल्प, व्याकरण, निरुक्त, छंद, ज्योतिष

उपवेद – आर्युवेद, धनुर्वेद, गंधर्वेद, अर्थवेद

वैदिक दर्शन – योग, सांख्य, वैशेषिक, न्याय, वेदान्त, मीमांसा

वैदिक (लेखक) - पतंजलि, कपिल, कणादि, गौतम, व्यास, जैमिनी

यज्ञ – ब्रह्म (स्वाध्याय, देव (हवन), पितृ (माता - पिता सेवा), बलिवैश्यदेव (पशु - पक्षी, अनाथ), अतिथि (घर पर आए पधारे व्यक्ति)

ब्राह्मण – शतपथ, गोपथ, तांडय, एतरेय, तैत्तिरीय ।

नियम – शौच, संतोष, तप, स्वाध्याय, ईश्वर प्राणिधान ।

पुराण (प्रकार) – नैमेत्तिक, प्राकृत, आत्यंतिक, नित्य ।

पुराण (लक्षण) - सर्ग, प्रतिसर्ग, वंश, मन्वन्तर, वंशानुचरित, विसर्ग, वृत्ति, रक्षा, हेतु, अपाश्रय ।

पुराण (लक्षण - अन्य) – सर्ग, विसर्ग, स्थानम, पोषणम, ऊतय, भन्वंतरम, ईशानुकथा, निरोध, मुक्ति, आश्रम ।

पुराण – संख्या (18) -

मद्वयं भद्वयं चैव व्रत्रयं वचतुष्टकं। अनापलिंग, कुस्कानि पुराणानि पृथक - पृथक । । (स्कन्ध,3 ऊ,22 श्लोक)

अर्थात म से दो – मत्स्य व मारकंडेय, भ से दो – भागवत व भविष्य, ब्र से तीन – ब्रह्म, ब्रह्मवैवर्त, ब्रह्मांड, व से चार – वामन, विष्णु, वायु, वाराह, तथा अ से अग्नि, ना से नारद, प से पदम, लि से लिंग, ग से गरुण, कू से कूर्म और एक - स्कन्द

ऋग्वेद – (ऋचा) एकं सत विप्रा: बहुधा वदन्ति (सत्य एक है यथापि साधु अनेक नाम लेते हैं)

अमूर्तिमान – परब्रहम (11 - रुद्र, 12 - आदित्य, मन, अन्तरिक्ष, वायु - द्यौ मंत्र)

मूर्तिमान – पाँच ज्ञानेन्द्रियाँ (आँख, नाक, कान, त्वचा, जिव्हा) बिजली, अग्नि, पृथ्वी, आदित्य, चंद्रमा, नक्षत्र

दो देव – अन्न व प्राण (मूर्तिमान, अमूर्तिमान)

तीन देव – स्थान, नाम और जल

चार देव – मातृ, पितृ, आचार्य और अतिथि

अष्टांग योग – यम, नियम, आसान, प्राणायाम, प्रत्याहार, धारणा, ध्यान और समाधि ।

यम – अहिंसा, सत्य, अस्तेय (चोरी न करना), ब्रह्मचर्य, अपरिग्रह (अति संग्रह)

ब्रह्माण्ड की सामाग्री (समिधा) 21 प्रकार –

1. - सूक्ष्म पदार्थ (प्रकृति, बुद्धि और जीव), 2 - श्रोत, 3 - त्वचा, 4 - नेत्र, 5 - जिव्हा, 6 - नासिका, 7 - वाक, 8 - पग, 9 - हाथ, 10 - गुदा, 11 - उपस्कर (लिंग), 12 – शब्द, 13 - स्पर्श, 14 - रूप, 15 - रस, 16 - गंध, 17 - पृथिवी, 18 - जल, 19 - अग्नि, 20 - वायु, 21 - आकाश ।

उपासना – (28) दस इंद्रिय, दस प्राण, मन, बुद्धि, चित और अहंकार, विद्या, स्वभाव, शरीर, और बल वृत्ति 5 प्रभाव, विपर्यय (मिथ्या ज्ञान), विकल्प, निद्रा, स्मृति ।

विघ्न - 9 - व्याधि, स्थान (सत्य कर्मों में अप्रीति) संशय, प्रमाद, आलस्य, अविरति (विषय सेवा में तृष्णा), भ्रांति दर्शन, अलब्ध भूमिकत्व (समाधि की प्राप्ति न होना), अनवस्थितत्व (समाधि प्राप्त होने पर चित स्थिर न होवे)

क्लेश – 5 – अविद्या, अस्मिता, राग, द्वेष, अनिनिवेश ।

देवता – (33 कोटि प्रकार) - 12 आदित्य, 11 रुद्र, 8 वसु, एक इन्द्र, एक प्रजापति (कुछ विद्वान अनुसार 2 अश्विनी कुमार)

12 - आदित्य - अंश, भग, मित्र, वरुण, धाता, अद्र्यमा, पर्जन्या, भास्कर (विवस्वान), त्वष्टा, पूषा, इन्द्र, विष्णु ।

11 - रुद्र - अर्जकपाद, अहिर्वुधन्य, पिनाकी, अपराजित, ऋतु, पितृ रूप, त्रयंबक, महेश्वर, वृषानि, शंभू, हवन ।

8 - वसु – वेदानुसार – आप, ध्रुव, सोम, धर, अनिल, अनल, प्रत्युष, और प्रभाष ।

8 - वसु - भागवत पुराण अनुसार – द्रोण, प्राण, ध्रुव, अर्क, अग्नि, दोष, वसु और विभावसु ।

8 - वसु – अग्नि, ब्राह्मण ग्रंथ, पृथिवी, वायु, अन्तरिक्ष, आदित्य, द्यौ, चंद्रमा, नक्षत्र (सब पदार्थ इन ही में बसते हैं और ये ही सबके निवास करने के स्थान है)

उपनिषद सूची –

1. वेद - ऋग्वेद, संख्या - 10, शांति मंत्र पाठ - ॐ वाड़ मे मनसि।

उपनिषद - एतरेय, कौषीतकि, नादबिन्दु, आत्मप्रबोध, निर्वाण, मूदगल, अक्षमालिका, त्रिपुरा, सौभाग्यलक्ष्मी, बहवृच ।

2 – सामवेद – संख्या 16 – शांति पाठ मंत्र, ॐ आप्यायंतु ममांङ्गनि ।

उपनिषद – केन, छाँदोग्य, आरुणिक, मैत्रायणी, मैत्रेयी, वज्रसूचिका, योगचुड़ामनि, वासुदेव, महत, सन्यास, अव्यक्त, कुंडिका, सावित्री, रुद्राक्षजाबाल, जाबालदर्शन, जाबालि ।

3 - शुक्ल यजुर्वेद संख्या 19 – शांति पाठ – ॐ पूर्णमद पूर्णमिदम ।

उपनिषद – ईशावास्य, वृहदारण्यक, जाबाल, हंस, परमहंस, सुबाल, मंत्रिका, निरालम्ब, त्रिशिखिब्राह्मण, मंडलब्राह्मण, अद्वयतारक, पैगल, भिक्षुक, तुरीयातीत, तारासार, अध्यात्म, याज्ञवल्क्य, शात्यायनी, मुक्तिका ।

4- कृष्ण यजुर्वेद – संख्या 32 – शांति पाठ मंत्र – ॐ सह नावावतु सह नौ भुनक्तू ।

उपनिषद – तैतिरीय, श्वेताश्वतर, कठवल्ली, ब्रह्म, केवल्य, गर्भ, नारायण, अमृतबिन्दु, कालाग्निरुद्र, क्षुरिका, सर्वसार, शूकरहस्य, तेजोबिंदु, ध्यान बिन्दु, ब्रह्म विद्या, योगतत्व, दक्षिणा मूर्ति, स्कन्द, शारीरिक, योगशिखा, एकाक्षर, अक्षि, अवधूत, कठरूद्र, रुद्र हृदय, योग

कुंडली, पंचब्रह्म, प्राणाग्निहोत्र, वराह, कालीसंतरण, सरस्वती रहस्य, अमृतनाद ।

5 - अथर्ववेद – संख्या 31 - शांति पाठ – ॐ कर्णभि: श्रृणुयाम ।

उपनिषद – प्रश्न, मुंडक, माण्डूक्य, अथर्वशिरस, अथर्वशिखा, वृहज्जाबाल, नृसिंहतापनीय, नारदपरिव्राजक, सीता शरभ, त्रिपादि्वभूतिमहानारायण, रामरहस्य, रामतापनीय, शांन्डिल्स,परमहंस परिब्राजक, अन्नपूर्णा, सूर्य, आत्मा, पाशुपत, परब्रह्म, त्रिपुरा - तापनीय, दैवी, भावना, भस्मजाबाल, गणपति, महावाक्य, गोपालतापनीय कृष्ण, हयग्रीव दत्तात्रेय, गरुड ।

हवन सामाग्री – (अगर - 100 ग्राम, तगर - 100 ग्राम, नागरमोथा - 150 ग्राम, चन्दन बुरादा - 200 ग्राम, सफ़ेद तिल - 200 ग्राम, शुद्ध घी एक किलोग्राम, जौ - 200 ग्राम, चीनी - 200 ग्राम, चावल - 200 ग्राम, शुद्ध केशर 2 ग्राम, पाँच मेवा (किशमिश, छूआरा, बादाम, मखाने, नारियल/गोला) 100 ग्राम तथा कपूर 10 ग्राम)

मधु पर्क – शहद, दही, घी . मधुत्रय - दूध, शहद, घी . दुग्ध त्रिय - दूध, दही, घी .

पंचोपचार – गंध, पुष्प, धूप, दीप, नैवेद्य (मिठाई) .

पाँच पल्लव – पीपल, गूलर (ऊमर), अशोक, आम, वट .

पंचामृत – दूध, दही, घी, शहद और चीनी/मिश्री .

पंचांग – तिथि, वार, नक्षत्र, योग, करण .

पंचरत्न – सोना, हीरा, पदम राग, मोती, चांदी .

षट - कर्म – स्नान, जाप, होम, पठन पाठन, देवार्चन, अतिथि सत्कार .

पंच यज्ञ - देवयज्ञ, पितृयज्ञ, भूतयज्ञ, मनुष्य यज्ञ, ब्रह्म यज्ञ .

पंच मकार - मीन, मांस, मदिरा, मैथुन, मुद्रा .

पंच कोश - अन्नमय, प्राणमय, विज्ञानमय, आनंदमय, मनोमय .

पाँच - इंद्रियाँ – (कर्म) - हस्त, पाद, लिंग, गुदा, वाणी .

पाँच - इंद्रियाँ (ज्ञान) - आँख, नाक, कान, त्वचा, जिव्हा .

पाँच – इंद्रियाँ (विषय) - रूप, गंध, श्रवण, स्पर्श, रस .

पाँच प्राण – प्राण, अपान, उदान, समान, व्याण .

पाँच उप प्राण – नाग, कूर्म, कृकल (खांसी), धनन्जय (सर्वव्यापी), देवदत्त (जवाही/ निद्रा) .

छ बंदी – नशा बंदी, नसबंदी, खूंटाबंदी, मेड़बंदी, कुल्हाड़ी बंदी, नोट बंदी .

पाँच यम – अहिंसा, सत्य, अस्तेय (चोरी न करना), ब्रह्मचर्य, अपरिग्रह .

पाँच नियम – शौच, संतोष, तप, स्वाध्याय, ईश्वर विश्वास .

पंच कर्म – वमन, विरेचन, बस्ति - अनुवासन, बस्ति - आस्थापन, नस्य - यह आयुर्वेद की उत्कृष्ट चिकित्सा विधि है

पंच - मकार - मत्स्य/मीन, मास, मदिरा, मुद्रा और मैथुन (मत्स्य की तरह निरपेक्ष, माह के अनुसार आहार न कि मांस, मास के अनुसार निषेध – अगहन - आंवला, पौष –

धना/धनिया, माघ - मिश्री, फाल्गुन - चना, चैत्र – गुड़, वैशाख - तेल, ज्येष्ठ – महुआ, आषाढ़ - बेर, सावन - दूध, भादों - दही, क्वार - करेला और कार्तिक - मही), मद का नियंत्रण, मुद्रा - धन नहीं, व्यायाम की स्थितियाँ, मैथुन मिलना)।

अष्टाचक्रा नवद्वारा देवानाम पुरयोध्या । तस्याम हिरण्यय: कोश: स्वर्गो ज्योतिषावृत ।।

(अथर्ववेद -, कांड 10, सूक्त 2, मंत्र 31)

यह शरीर आठ चक्र और नव द्वारों वाली देवताओं की अयोध्यापुरी है । इसमें सोने का खजाना है, स्वर्ग है, जो ज्योति से जगमगा रहा है ।

मूलाधार, स्वाधिष्ठान, मणिपुर, अनाहत, विशुद्धि, आज्ञा, सहस्त्रसार और सुरतिकमल, ये आठ चक्र हैं । दो आँखें, दो कान, दो नाक, मुख, गुदा और उपस्थ, ये नौ द्वार हैं । मन - इंद्रियाँ देवता हैं । इससे सम्पन्न शरीर अयोध्यापुरी है । इसमें ज्ञानस्वरूप आत्मा स्वर्ण - कोश है, सोने का खजाना है । उसे जानकार जो उसमें स्थित हो जाता है उसके लिए इसी शरीर में ज्योतिर्मय स्वर्ग है ।

स्वस्ति पंथामनु चरेम सूर्याचंद्रमसाविव । पुनर्ददताघ्नता जानता सं गमेमहि ।।

(ऋग्वेद, मण्डल 5, सूक्त 51, मंत्र 15)

जैसे सूर्य और चंद्रमा (आपस में न लड़ते हुए तथा) सबका कल्याण करते हुए चलते हैं, वैसे हम अपने और दूसरे के लिए कल्याणदायी रास्ते पर चलें । इतना ही नहीं, दूसरों को कुछ हितकारी वस्तु दें, किसी को कभी चोट न पहुंचावें और सत्य को जानते हुए संगठित होकर समता में चलें ।

सहृदयं सांमनस्यमविद्वेषम कृणोमिव: । अन्यो अन्यमभि हर्यत वत्सम जातमिवाघ्न्या ।।

(अथर्वेद, कांड,3, सूक्त 30, मंत्र 1,)

हे मनुष्यो ! मैं तुम्हें उपदेश करता हूँ कि तुम सहृदय बनो, पवित्र मन वाले बनो और प्राणिमात्र से द्वेषरहित होकर रहो । एक दूसरे के साथ वैसा प्रेम का व्यवहार करो जैसा गाय अपने नवजात बछड़े के साथ करती है ।

वेद – वाणी - -

चत्वारि वाक परिमिता पदानि तानि विदुर्बाह्मणा ये मनीषिण । गुहा त्रीनि निहिता नेइंग्यंति तुरीयम वाचों मनुष्या वदन्ति।। (ऋग्वेद 1/164/45)

'वाणी के चार भाग हैं, उसे ब्रह्मवेता मनीषीगण जानते हैं । उनमें तीन भाग गुप्त स्थान में स्थिति हैं । इसलिए वे प्रत्यक्ष नहीं होते, केवल चौथा भाग मनुष्य बोलता है,'

उपर्युक्त मंत्र में वाणी के चार भाग बताए गये हैं । चौथा भाग स्पष्ट है जो मनुष्य द्वारा बोली जाती है । परंतु तीन कौन हैं जो गुहा में छिपी हैं ? इस पर पुराकाल से मतभेद हैं । सामायत: तीन परा वाणी (नाभिस्थान), पश्यंती (हृदय स्थान) तथा मध्यमा (कंठस्थान) कहे गए हैं . ईसा के आठ सौ वर्ष के पूर्व यास्कमुनि अपने ग्रंथ (निरुक्त - अध्याय - 3, खंड

- 9) में इस पर सात मतों को उद्धृत करते है –

1. वेदवादी ऋषि कहते हैं - ॐ, भू:, भुव:, स्व, ये चार वाणी के पद हैं ।

2. वैयाकरण कहते हैं - सुंबत पद, तिड्न्त पद, प्रादि उपसर्ग और स्वर, प्रातर आदि निपात, ये वाणी के चार पद हैं ।

3. कर्मकांडी कहते है – मंत्र, कल्प, ब्राह्मण और व्यावहारिकी, ये वाणी के चार पद हैं । व्यावहारिकी सब बोलते और मंत्र, कल्प, और ब्राह्मण केवल वेदज्ञ जानते हैं ।

4. नैरुक्त लोक कहते हैं – ऋग वाक्य, यजुर्वाक्य, सामवाक्य और व्यावहारिकी वाक्य हैं । व्यावहारिकी सब बोलते हैं, किन्तु ऋग, यजु, साम केवल वेदज्ञ जानते हैं ।

5. ऐतिहासिक जन कहते हैं – सर्पो का वाक्य, पक्षियों का वाक्य, रेंगने वाले क्षुद्र प्राणियों का वाक्य और चौथा व्यावहारिकी वाक्य है ।

6. आत्मवादी कहते हैं - ग्राम्य पशुओं में, वाद्यों में, वन के पशुओं में, और आत्मा में अर्थात मनुष्यों में जो वाणी है, ये वाणी के चार पद हैं, भाग हैं ।

7. ब्राह्मण ग्रंथ कहते हैं – पृथ्वी, अन्तरिक्ष, द्यूलोक और मनुष्यों में रहने वाली वाणी चार पद में विभक्त है । जो वाणी पृथ्वी में है वही अग्नि में है, जो अन्तरिक्ष में है वही वायु में है और जो द्यूलोक में है वही आदित्य में है ।

ऊपर आप देख आयें कि निरुक्तकार यास्कमुनि चार वाणियों के विषय में अपने समय में प्रचलित सात मत दिये । उन्होने इसके विषय में अपना कोई मत नहीं दिया । किन्तु जैसा कि आज - कल चार वाणियों के विषय में प्रचलित है, वह योगियों का है । उनके विचार से परा, पश्यन्ति, मध्यमा और वैखरनी, ये चार वाणियाँ हैं । परा मूलाधार में है, पश्यन्ति नाभि में, मध्यमा हृदय में तथा वैखरनी कंठ में । यह कंठ में रहने वाली वाणी वैखरनी सब बोलते हैं और परा, पश्यन्ति तथा मध्यमा को योगी लोग ही सुनते अथवा जानते हैं ।

कबीर पंथ के परम पारखी संत श्री गुरुदयाल साहेब ने उक्त वाणियों को सरल ढंग से व्यक्त किया है । वे कहते हैं –'जो शब्द कान में पड़े वह परा है, जब वह हृदय में बस गई, तब पश्यन्ति कहलाती है, वह जब निश्चय एवं दृढ़ हो गई तब मध्यगा कहलाती है और जब उसे मुख से कहने लगें तब वैखरनी कहलाती है । '

(परी श्रवण द्वारे सोई, ताको परा बखान । बसी हिये में आके सो पश्यन्ति जान । ।
पश्यन्ति सो निश्चय भई, मध्यमा कहिए सोय । बोले जिभ्या द्वार होय, सो तो वैखरी जॉय । ।) (कबीर परिचय - 36,37)

इसी प्रकार शरीर से ध्वनि/आवाज भी चार प्रकार से होती है । गाल से, खाल से, बाल से और ताल से । गाल से मुंह से बोलना/आवाज करना (हवा का उपयोग), बंसी, नफीरी, शंख, बीन, हारमोनियम आदि । ढोलक, तबला, मृदंग, डमरू आदि जो खाल से बने होने के कारण बजते हैं । सारंगी, एकतारा आदि वाद्य यंत्र जो तार के उपयोग के कारण बजते हैं । ताल से

- दोनों हाथों की तालियों से आवाज़ होती है, अर्थात आपसी घर्षण से जैसे बादलों का गर्जना, चिमटा, झाझर/झांझ , घंटा - घंटी, डंडे - डांडिया, मजीरे आदि ।

उत्तर से दक्षिण तक कैसे फैला हिन्दू धर्म – ऋषि अगस्त्य ऋषि दक्षिण दिशा की ओर कैसे गए? इस बात का पुराणों में उल्लेख है। ऋषियों में सबसे बड़े ऋषि का नाम है अगस्त्य। अगस्त्य की विविध कहानियाँ हमें वेदों से मिलती हैं। वेदों के अनुसार उनका जन्म तब हुआ, जब उर्वशी नामक अप्सरा को देखकर 'मित्र' और 'वरुण' का वीर्यपात हुआ। इस वीर्यपात से दो ऋषियों का जन्म हुआ – वशिष्ठ और अगस्त्य । अगस्त्य शिवजी के सब से प्रिय विद्यार्थी थे । कहते हैं जब शिवजी ने वेदों और तंत्रों पर व्याख्यान दिया था तो तब दुनिया के सारे ऋषि उन्हें सुनने के लिए कैलाश पर्वत आ गए । इस लिए धरती उत्तर दिशा में झुक गई । धरती का संतुलन बनाए रखने के लिए तब शिवजी ने अगस्त्य ऋषि को दक्षिण दिशा में जाकर रहने को कहा । इस तरह दक्षिण भारत के साथ उनका बहुत गहरा नाता बन गया । तमिल भाषा का व्याकरण अगस्त्य ऋषि के साथ जुड़ा है । सिद्धों की परंपरा भी अगस्त्य ऋषि के साथ जुड़ी है । कहते हैं कि जब अगस्त्य ऋषि दक्षिण दिशा में जा रहे थे, तब हिमालय और गंगा की याद दिलाने के लिए पार्वती देवी ने उन्हें एक कांवड़ दी । कांवड़ के दोनों ओर की टोकरियों में पार्वती देवी ने हिमालय के कुछ पत्थर रख दिए और एक कमंडल में उन्हें गंगा का जल दिया । जब वे दक्षिण भारत गए, तब उनकी कांवड़ से कई पत्थर बीच – बीच में गिरने लगे। कमंडल से भी कई जगहों पर पानी गिरने लगा। इसलिए दक्षिण भारत में जितने भी पहाड़ हैं, उन्हें दक्षिण के कैलाश पर्वत या दक्षिण के हिमालय कहते हैं और दक्षिण की नदियों गोदावरी, कावेरी और कृष्णा को दक्षिण गंगा कहा जाता है।

अगस्त्य ऋषि (जन्म - श्रावण शुक्ल पंचमी) ब्रह्मचारी रहना चाहते थे । लेकिन एक रात सपने में उनके पितृ आए और उन्होने कहा कि जब तक वे पितृ ऋण से मुक्त नहीं होंगे, तब तक उन्हें मोक्ष की प्राप्ति नहीं होगी । पितृ ऋण से मुक्ति पाने के लिए उन्हें लोपमुद्रा नामक राजकुमारी (विदर्भ देश) के साथ विवाह करना पड़ा, लेकिन लोपमुद्रा की एक शर्त थी । वह यह कि वह राजकुमारी हैं, तो जब तक उन्हें राजमहल नहीं मिलेगा, तब तक अपनी संतान पैदा नहीं करेंगी । इसलिए एक कथा के अनुसार ऋषि अगस्त्य ने दो राक्षस आतपी और वातापी को पराजित किया । इससे उन्हें धन की प्राप्ति हुई और इस धन से उन्होने उस राजमहल का निर्माण किया, जिसमें लोपमुद्रा रहीं । अगस्त्य और लोपमुद्रा की यह कथा हमें ऋग्वेद से मिलती है । इस कथा में सन्यासी जीवन और गृहस्थ जीवन का तनाव उभरकर आता है । रामायण में भी अगस्त्य ऋषि का उल्लेख है । कहते हैं कि उन्होने रामजी को धनुष और कई अस्त्र - शस्त्र दिए थे । कई मंत्रों का ज्ञान भी दिया था, जिससे रावण के साथ युद्ध करते समय भगवान राम अपनी रक्षा कर सके । अगस्त्य ऋषि को सप्त ऋषियों में से एक माना जाता है । अगस्त्य के बारे में कहा जाता है कि एक बार इन्होने अपनी मंत्र शक्ति से समुद्र का समूचा जल पी लिया था, विंध्याचल पर्वत को झुका दिया था ।

अगस्त्य ऋषि दक्षिण से उत्तर भारत कभी नहीं लौटे । इसे लेकर भी एक कथा है । प्राचीन काल में विंध्य पर्वत इतना ऊंचा था कि वह सूर्य किरणों का रास्ता रोक लेता था । सूर्य भगवान ने अगस्त्य ऋषि को यह बात बताई । जब अगस्त्य ऋषि उत्तर से दक्षिण भारत जा रहे थे, तब विंध्य पर्वत ने उनके लिए अपना शीश झुकाया । इस पर अगस्त्य ऋषि ने विंध्य पर्वत से तब तक उसी आसन में यानी शीश झुका हुआ रखने को कहा, जब तक कि वे लौटते नहीं । इसलिए अगस्त्य ऋषि दक्षिण से उत्तर भारत कभी नहीं लौटे और इसलिए विंध्य पर्वत वैसा ही शीश झुकाए खड़ा रहा यानी वह उतना बड़ा नहीं रहा । इससे सूर्य किरणें धरती पर पहुँचती हैं ।

ये कथाएँ दर्शाती हैं कि वैदिक, बौद्ध और जैन परम्पराएँ धीरे - धीरे उत्तर भारत से दक्षिण भारत में फैलीं ।

एक जानकारी के अनुसार दक्ष प्रजापति के दो पत्नियाँ (प्रसूति और वीरणी) थीं, प्रसूति से 24 कन्याएँ तथा वीरणी से 60 कन्याओं का उल्लेख है । प्रसूति की 13 कन्याओं का धर्म से तथा शेष का अन्य से विवाह हुआ, वीरणी की कन्याओं में 10 धर्म से, 13 कश्यप से, 27 चंद्र से, व शेष 10 का अन्य से विवाह के उल्लेख हैं । इनमे से प्रीति (दक्ष - प्रसूति की कन्या) का विवाह पुलस्त्य ऋषि से हुआ तथा पुलस्त्य के पुत्र अगस्त्य माने जाते हैं । ऊर्जा का विवाह वसिष्ठ से हुआ था । अगस्त्य ऋषि, वसिष्ठ के बड़े भाई थे । पुलस्त्य ऋषि (पत्नी - तृणविंदु की पुत्री) से विश्रवा हुए । विश्रवा (पहली पत्नि - देवांगना, भारद्वाज की पुत्री) से कुबेर तथा विश्रवा (दूसरी पत्नि - कैकसी, सुमाली की पुत्री) से सुपर्णखा, कुंभकर्ण, विभीषण, रावण, कुंभीनसी और त्रिशरा संतान हुई ।

25

तकनीकी क्रान्ति और औद्यौगिक क्रान्ति

तकनीकी क्रान्ति और औद्यौगिक क्रान्तिके बीच भ्रम पैदा करने की प्रवृत्ति पाई जाती है, जबकि ये दोनों अलग – अलग चीजें है। तकनीकी क्रान्ति मानवीय अनुभव के लिए एक पूर्णतया नई बात थी जो कि संगठित विज्ञान के विकास से पैदा हुई थी। यह खेती के आविष्कार तथा धातुओं की खोज की तरह एक नया कदम था। जबकि औद्यौगिक क्रान्ति इससे पूरी तरह से भिन्न चीज है। इसकी उत्पत्ति भिन्न है, कुछ ऐसी जिसके उदाहरण इतिहास में पहले से मौजूद थे। यह तो सामाजिक और वित्तीय विकास है जिसे औद्यौगिक क्रान्ति कहा जाता है। ये दोनों प्रक्रियाएं साथ – साथ चल रहीं थीं, वे लगातार एक – दूसरे के साथ क्रिया – प्रतिक्रिया करती रही हैं, परंतु वे अपने मूल और सारतत्व में भिन्न थीं। यदि कोयला न होता, भाप न होती और मशीनरी न होती तो भी औद्यौगिक क्रान्ति होती, परंतु उस स्थिति में सामाजिक और वित्तीय विकास की दिशा संभवत: बहुत नजदीकी से अनुगमन किया होता। इसने बेदखल किए गए स्वतंत्र किसानों, सामूहिक श्रम, बड़ी – बड़ी जागीरों, विशाल वित्तीय ऐश्वर्यो तथा सामाजिक रूप से विध्वंसकारी आर्थिक प्रक्रिया की कहानी को दोहराया होता। यहाँ तक कि कारख़ाना व्यवस्था का उदय भी ऊर्जा और मशीनरी से पहले हुआ। कारख़ाने मशीनों के उत्पाद नहीं बल्कि श्रम – विभाजन के उत्पाद थे। औद्यौगिक कार्यों के लिए पनचक्की का प्रयोग प्रारम्भ होने से पूर्व ही प्रशिक्षित और शोषित श्रमिक नारी शिरोवस्त्रों, दफ्ती के डिब्बों और फर्नीचरों का निर्माण कर रहे थे तथा मानचित्रों और पुस्तकों के चित्रों को रंगने आदि का काम कर रहे थे। लोगों के समूह में प्रतिष्ठानों में एकत्र होने और अपनी जीविका के लिए सामूहिक रूप से कार्य करने का विचार ब्रिटेन में सत्रहवीं शताब्दी के अंत से पूर्व से ही प्रचलित था। यह एक सामाजिक विकास था न कि तकनीकी विकास।

अठारहवीं शताब्दी के मध्य तक पश्चिमी यूरोप का सामाजिक और आर्थिक इतिहास सचमुच में रोमन राज्य के पुराने तौर – तरीकों को दुहरा रहा था और ईसवी पूर्व की अंतिम तीन शताब्दियों में पहुँच गया था। परंतु यूरोप की अनेकता, राजतंत्र के खिलाफ राजनीतिक

उथल – पुथल, आम लोगों के अक्खड़पन और शायद पश्चिमी यूरोपीय बुद्धिमत्ता के तकनीकी विचारों और आविष्कारों तक पहुँचने की प्रक्रिया को पूरी तरह से नई दिशाओं की तरफ मोड़ दिया। मानव एकात्मता के विचार नई यूरोपीय दुनिया में दूर – दूर तक खूब फैल चुके थे। राजनीतिक सत्ता बहुत घनीभूत नहीं थी। अत: धनी बनने के लिए उत्सुक ऊर्जावान मनुष्य ने स्वेच्छा से अपने दिमाग को दास और टोली – श्रम से हटाकर तकनीकी शक्ति और मशीन की तरफ घूमा लिया।

तकनीकी क्रान्ति, तकनीकी आविष्कारों और खोजों की प्रक्रिया मानवीय अनुभव में एक नई चीज थी और यह प्रक्रिया उन सामाजिक, राजनीतिक, आर्थिक एवं औद्योगिक परिणामों से बेखबर आगे बढ़ती रही जो कि वह पैदा कर सकती थी। दूसरी तरफ औद्योगिक क्रान्ति अधिकांश मानवीय मामलों की तरह तकनीकी क्रान्ति के कारणों से मानव स्थितियों में आने वाले निरंतर बदलाव के द्वारा गहराई से परिवर्तित होती रही है एवं पथ – परिवर्तन करती रही है और कर रही है। और बड़े पैमाने पर धन एकत्रीकरण, छोटे किसानों एवं छोटे व्यापारियों के बहिष्करण तथा एक तरफ रोमन गणतन्त्र की उत्तरकालीन शताब्दियों में बड़ी पूंजी के चरण तथा दूसरी तरफ अठारहवीं और उन्नीसवीं शताब्दियों में इसी के समान पूंजी के संकेन्द्रण के बीच मूलभूत अंतर श्रम के चरित्र में आए उस गंभीर बदलाव में निहित है जो कि तकनीकी क्रान्ति के द्वारा लाए जा रहे थे। पुरानी दुनिया की शक्ति मानव शक्ति थी। अंतत: हर चीज मनुष्य की पेशियों की संचालन शक्ति, अज्ञानी एवं दासकृत लोगों की पेशियों पर निर्भर थी। कुछ योगदान बैल और घोड़ों की पेशीय शक्ति का था। जब कोई वजन उठाना होता था तो उसे मनुष्य उठाते थे, जहां खान से किसी चट्टान को खोदकर निकालना होता था, मनुष्य उसे तोड़कर निकालते थे। जहां एक खेत को जोतना होता था वहाँ मनुष्य और बैल खेत को जोतते थे। भाप के जहाज की बराबरी में रोमनों के पास पसीना बहाते खेने वालों की कतार के साथ छोटी नाव थी। प्राचीन सभ्यताओं में मनुष्य के बहुत बड़े भाग को मुख्यत: बहुत कठिन तकनीकी कामों में लगाया जाता था। शक्ति से चलने वाली मशीनरी अपने प्रारंभ से इस तरह के मूर्खतापूर्ण श्रम से मुक्ति दिलाने का वचन देती प्रतीत नहीं हुई थी। मनुष्यों की विशाल टोलियों को नहरों की खुदाई करने, रेलवे मार्ग और तटबंध बनाने जैसे कामों में लगाया जाता था। खदानों में काम करने वालों के संख्या में जबर्दस्त वृद्धि हुई। परंतु सुविधाओं का विस्तार हुआ और वस्तु उत्पादन में अत्यधिक वृद्धि हुई। जैसे – जैसे उन्नीसवीं सदी बीतती गई वैसे – वैसे नई परिस्थितियों के तर्क ने अपने को अधिक स्पष्टता के साथ प्रकट करना प्रारम्भ कर दिया। अब मात्र अंधाधुंध शक्ति के स्रोत के रूप में मनुष्य की जरूरत नहीं रही। जो काम तकनीकी तरीके से मनुष्य के द्वारा किया जाता था अब उसे मशीन के द्वारा अधिक तेज गति से और बेहतर ढंग से किया जा सकता था। अब मनुष्य की जरूरत केवल वहीं पड़ती थी, जहां चयन अथवा समझ की जरूरत होती थी। वह कठिन श्रम जिस पर सभी पूर्ववर्ती सभ्यताएँ आधारित थी, मनुष्य जाति के कल्याण के लिए गैरज़रूरी हो गए थे। साथ ही मात्र आज्ञापालन करने वाले मनुष्य, जिनके दिमाग

अनुपयोगी थे, की जरूरत भी नहीं रह गई थी।

यह कृषि और खदान जैसे प्राचीन उद्योगों के लिए उतना ही सच था जितना कि नवीनतम धातु – उद्योग के लिए। बहुत सारे लोगों का काम कर सकने वाली तथा जुताई, बुबाई और कटाई की अधिक तेज काम करने वाली मशीनें आ गई। रोमन सत्ता अधीन बनाए गए सस्ते और निम्नीकृत मनुष्यों पर आधारित थी, परंतु आधुनिक सभ्यता सस्ती मशीनी शक्ति के आधार पर पुननिर्मित हो रही है। पिछले 100 वर्षों से मानवेतर शक्ति सस्ती और मानव श्रम महंगा होता रहा है। यदि खानों के क्षेत्र में मशीनरी को एक – दो पीढ़ी तक अपनी बारी की प्रतीक्षा करनी पड़ी है तो इसका कारण यही है कि एक समय में मशीनरी की अपेक्षा मनुष्य सस्ते थे।

अब मानव – समाज में एक पूरी तरह से प्राथमिक महत्व का व्यवस्थागत परिवर्तन आ चुका था। पुरानी सभ्यता में धनिकों और शासकों की प्रमुख चिंता कठिन श्रम करने वालों की आपूर्ति को बनाए रखना था। उन्नीसवीं शताब्दी के बीतने के साथ – साथ बुद्धिमान लोगों को यह अधिकाधिक स्पष्ट होता गया कि अब एक आदमी को एक कठिन श्रम करने वाले की अपेक्षा बेहतर हो जाना था। यदि औद्योगिक व्यवस्था की दक्षता सुनिश्चित बनाए रखना था उसे शिक्षित करना था। उसे यह समझना था कि वह क्या है। इसलिए शिक्षा का प्रचार – प्रसार किया गया। औद्योगिक क्रान्ति को इस प्रभावित हो रहे जनसाधारण ने अधिकाधिक स्पष्ट रूप से एक सम्पूर्ण प्रक्रिया के रूप में देखा, क्योंकि अब वे पढ़ सकते थे, विचार – विमर्श कर सकते और उन्हें दूसरों को बता सकते थे और इसलिए भी, क्योंकि वे चारों तरफ की दुनिया घूमते – फिरते और चीजों को देखते थे जैसा कि जनसाधारण ने इसके पूर्व कभी नहीं किया था।

अब हम यहां मनुष्य के जीवन में ऐसे परिवर्तनों को देखते हैं जो कि इतिहास के एक नए चरण का निर्माण करते हैं। यह तकनीकी क्रान्ति एक शताब्दी से थोड़ा ही अधिक समय के अंदर लाई गई। इस समय के अंदर अपने जीवन की भौतिक स्थितियों के क्षेत्र में मनुष्य ने ऐसी छलांग लगाई जो कि पुरापाषाण काल से लेकर कृषि युग के बीच के लंबे अंतराल के समय के बीच लगाई गई छलांगों से कहीं अधिक लंबी हैं। मानव क्रियाकलापों के लिए एक नया भौतिक आधार अस्तित्व में आ चुका है। यह स्पष्टत: हमारे सामाजिक, आर्थिक एवं राजनीतिक जीवन प्रणाली के समायोजन की मांग करता है। परंतु इन समायोजनों ने तकनीकी क्रान्ति के विकास होने तक अनिवार्यत: प्रतीक्षा की और अभी भी वे अपनी केवल प्रारम्भिक अवस्था में ही हैं ।

26

स्वास्थ्य दोहा

ऊर्जा मिलती है, पीवे गुन – गुना नीर । कब्ज खत्म हो, पेट की, मिट जाए हर पीर ॥

प्रातःकाल पानी पिएँ, घूंट – घूंट कर आप । बस दो तीन गिलास हैं, हर औषधि का बाप ॥

ठंडा पानी पियो मत, करता क्रूर प्रहार । करे हाजमे का सदा, ये तो बंटाधार ॥

भोजन करें जमीन पर, आलथी पालथी मार । चबा – चबा कर खाइये वैद न झांके द्वार ॥

सुबह – सुबह फल जूस लो, दुपहर लस्सी छाछ । सदा रात में दूध पी, सभी रोग का नाश ॥

भोजन करके रात में, घूमे कदम हजार । डॉक्टर, ओझा, वैद की, लुट जाये बाजार ॥

चैत्र माह में नीम की पत्ती, हर दिन खावें । ज्वार, डेंगू या मलेरिया, बारह मील भगावें ॥

सौ वर्ष तक जिए, लेत नाक से सांस । अल्पकाल जीवें, करे मुंह से श्वासोच्छवास ॥

मूली खाओ हर दिन करे रोग का नाश । गैस और पाइल्स का, मिट जाए संत्रास ॥

जब भी लघु शंका करे खड़े रहे यदि यार । इससे हड्डी रीढ़ की होती है बेकार ॥

तुलसी का पत्ता करे, यदि हरदम उपयोग । मिट जाए हर उम्र में, तन के सारे रोग ॥

मछली के संग दूध या दूध चाय नमकीन । चर्म रोग के साथ में रोग बुलाते तीन ॥

अगर नहावें गरम जल, तन मन कमजोर । नयन ज्योति कमजोर हो, शक्ति घाटे चहुं ओर ॥

सितम गरम जल से कभी करिये मत स्नान । घट जाता है आत्मबल, नैनन को नुकसान ॥

हृदय रोग से आपको बचना है श्रीमान । सूरा चाय या कोल्ड ड्रिंक मत कीजिये पान ॥

लौकी का रस लीजिये, चोकर युक्त पिसान । तुलसी गुड़ सेंधा नमक, हृदय रोग निदान ॥

सत्तर रोगों को करे चूना हमसे दूर । दूर करे बांझपन सुस्ती अपच हुजूर ॥

आलू का रस, अरु शहद, हल्दी पीस लगाव । अल्प समय में ठीक हो, जल्द फफोले घाव ॥

पानी करे गुनगुना मेंथी देय भिगाय । सुबह चबाकर नीर पी, रक्तचाप सुधराय ॥

जो एल्यूमिनियम के पात्र का करता है उपयोग ।आमंत्रित करता सदा वह अड़तालीस रोग ॥

फल व मीठा खाइके, तुरन्त न पीजे नीर । ये सब मोटी आंत में, बनते विषधर तीर ॥

नीबू पानी का सदा करता जो उपयोग । पास नहीं आते कभी, यकृत, आंत के रोग ॥

रोज मुलहठी चूसिए कफ बाहर आ जाय । बने सुरीला कंठ भी सबको लगत सुहाय ॥

भोजन करके खाइए सौंफ और गुड़ पान । पत्थर भी पाच जाएगा, जाने सफल जहान ॥

त्रिफला –त्रिफला – हरड़ (एक भाग), बहेड़ा (2 भाग), आंवला (4 भाग) के मिश्रण से बनाता है । वात पित्त कफ नाशक – त्रिदोष नाशक व रसायन है ।

सेवन विधि - प्रात:काल खाली पेट (एक घंटा तक कुछ न लेवें) जितनी उम्र उतनी रत्ती (दो ग्रेन) 32 वर्ष में 32 रत्ती, 64 ग्रेन, अर्थात 4 ग्राम (16 रत्ती = 1 ग्राम)

निर्माण विधि –

दो तोला हरड़ बड़ी मंगावें, तासु दुगुन बहेड़ा लावे । और चतुर्गुण मेरे मीता, लाभ लाभ आंवला परम पुनीता ॥ कूट छन या विधि से खाय, ताके रोग सर्व कट जाये ॥

सेवन विधि – भिन्न – भिन्न ऋतुओं में –

शहदे चैत वैशाख बताया, जेठ अषाढ़ गुड़ सु खायो । सावन भादों सेंधा नमक, कार्तिक क्वार खांड सू फांक । अगहन पूस सौंठ के साथ, पीपल माघ फागुन विख्यात ।

लाभ –

प्रथम वर्ष तन सुस्ती जाय, द्वितीय रोग सर्व मिट जाये ।

तृतीय नैन बहु ज्योति समावे, चौथे सुन्दरताई लावे ।

पंचम वर्ष बुद्धि अधिकाई, षष्ठम महावली हो जाई ।

केश श्वेत श्याम होय सप्तम, वृद्ध तन तरुण होहि पुनि अष्टम ।

दिन में तारे दीखे सही, नवां वर्ष फल अस्तुत कहीं ।

दशम शारदा कंठ विराजे, अंधकार हिरदे का भाजे ।

जो एकादश द्वादश, ताको वचन सिद्ध हो जाये ॥

स्वास्थ्य दिशा बोध लाभ –

जो पूरब में सिर कर सोता है, बुद्धिवत्ता ज्ञानी होता है ।

जो दक्षिण में सिर का सोता है, तन का बल दीर्घायु सँजोता है ।

मस्तिक पश्चिम दिशा में सोता है, चिंताओं में पड़कर सोता है ।

जो उत्तर में सिर कर सोता है, लाभ और जीवन को खोता है ।

पूर्वमुखी जो खाना खाता है, वह लंबा जीवन पाता है ।

जो दक्षिण में मुख होकर खाता, भारी नाम बढ़ाई पाता ।

शौच और लघु शंका जाओ, उत्तर – दक्षिण मुख को जाओ ।

पूर्व मुखी हो सदा नहाओ, मंजन पश्चिम मुख हो जाओ ।

पूर्वोत्तर मुख जाप सम्हालो, श्वेत वस्त्र उत्तर धारो ।

पढ़ने उत्तर मुख हो जाओ, भोजन दक्षिण मुख न पकाओ ।

कम खाओ और गम खाओ, हकीम हाकिम को दूर भगाओ ।

खेलो कूदो थको मत, खाओ पीओ झिको मत ।

आयुर्वेदिक दोहा –

दही माथे माखन मिले, केसर संग मिलाय । होठों पर लेपित करें, रंग गुलाबी आय ॥

बहती यदि जो नाक हो, बहुत बुरा हो हाल । यूकेलिटिप्स तेल लें, सूंघे डाल रुमाल ॥

आजवाइन को पीसिये, गाढ़ा लेप लगाय । चरम रोग सब दूर हों, तन कंचन बन जाए ॥

आजवाइन को पीस लें, नीबू संग मिलाय । फोड़ा फुंसी दूर हों, सभी बला टल जाय ॥

आजवाइन गुड़ खाइये, तभी बने कुछ काम । पित्त रोग में लाभ हो, पाएंगे आराम ॥

ठंड लगे जब आपको, सर्दी में बेहाल । नीबू मधु के साथ में, अदरक पियें उबाल ॥

अदरक का रस लीजिए, मधु लेवे सम भाग । नियमित सेवन जब करें, सर्दी जाए भाग ॥

रोटी मक्के की भली, खावें यदि भरपूर । बेहतर लीवर आपका, टीवी भी हो दूर ॥

गाजर रस संग आंवला, बीस और चालीस ग्राम । रक्त चाप हृदय सहित, पायें सब आराम ॥

लाल टमाटर लीजिए, खीरा सहित सनेह । जूस करेला साथ हो, दूर रहे मधुमेह ॥

चिंतित होता क्यों भला, देख बुढ़ापा रोय । चौलाई पालक भली, यौवन स्थिर होय ॥

प्रातः संध्या पीजिये, खाली पेट सनेह । जामुन गुठली पीजिये, नहीं रहे मधुमेह ॥

सात पत्र लें नीम के, खाली पेट चबाय । दूर करे मधुमेह को, सब कुछ मन को भाय ॥

सात फूल ले लीजिये, सुंदर सदा बहार । दूर करे मधुमेह को, जीवन में हो प्यार ॥

तुलसी दल दस लीजिये, उठकर प्रातःकाल । सेहत सुधारे आपकी तन मन माला माल ॥

थोड़ा सा गुड़ लीजिये, दूर रहे सब रोग । अधिक कभी मत खाइये, चाहे मोहन भोग ॥

आजवाइन और हींग लें, लहसुन तेल पकाय । मालिश जोड़ों की करें, दर्द दूर हो जाय ॥

एलोवेरा (ग्वारपाठा) आंवला करे खून में वृद्धि । उदार व्याधियां दूर हों, जीवन में हो सिद्धि ॥

दस्त आने लगे, चिंतित दीखे माथ । दालचीनी का पाउडर ले, पानी के साथ ॥

मुंह में बदबू हो अगर, दालचीनी मुख में डाल । बने सुगंधित मुख, गंध दूर हो तत्काल ॥

गाजर आम पपीता खाओ, अंधेपन को दूर भगाओ । वासी पानी जो पिये, वा घर वैद्य न जाये ।

स्याह नून हरड़े मिला, इसे खाइये रोज । कब्ज गैस क्षण में मिटे, सीधी सी है खोज ॥

सौंफ इलायची गर्मी में, लोंग सदा सर्दी में खायें । त्रिफला सदाबहार है, रोग सदा मिट जाये ॥

हरड़, बहेरा, आंवला, घी शक्कर से खाएं । हाथी दावे कांख में, साथ कोश ले जाएँ ॥

कफ से पीड़ित हो अगर, खांसी बहुत सताये । आजवाइन की भाप लें, कफ तब बाहर जाये ॥

कंचन काया को कभी पित्त और दे कष्ट । घृतकुमारी (ग्वारपाठा) संग,आंवला करे उसे भी नष्ट॥

बीस मिली रस आंवला, पांच ग्राम मधु संग । सुबह शाम को चाटिए, बढ़े ज्योति एवं दंग ॥

बीस मिली रस आंवला, हल्दी हो एक ग्राम । सर्दी कफ तकलीफ में, बेहतर यही उपाय ॥

नीबू बेसन जल शहद मिश्री लेप लगाय । चेहरा सुंदर तब बने, बेहतर यही उपाय ॥

मधु का सेवन जो करे, सुख पाएगा सोय । कंठ सुरीलाफ साथ में, वाणी मधुरिम होय ॥

पीटा थोड़ी छाछ जो, भोजन करके रोज । नहीं जरूरत वैद्य की, चेहरे पर हो ओज ॥

ठंड अगर लग जाए, जो नहीं बने कुछ काम । नियमित पी ले गुनगुना पानी दे आराम ॥

आजवाइन ले छाछ संग, मात्रा पाँच गिराम । कीट पेट के नष्ट हों, जल्दी हो आराम ॥

छाछ हींग सेंधा नमक, दूर करे सब रोग । जीरा उसमें डालकर पिये सदा यह भोग । ।

प्रात:काल पानी पियें, घूंट – घूंट कर आप । बस दो तीन गिलास है, हर और औषधि का बाप ॥

अगर नहावे गरम जल, तन मन हो कमजोर । नयन ज्योति कमजोर हो, शक्ति घटे चहुं ओर ॥

अलसी, तिल, नारियल, घी, सरसों का तेल । यही खाइये, नहीं तो हार्ट समझिये फेल ॥

चोकर खाने से सदा बढ़ती तन की शक्ति । गेहूं मोटा पीसिये दिल में बढ़े विरक्ति ॥

पहला स्थान सेंधा नमक पहाड़ी नमक सुजान । श्वेत नमक है सामरी ये है जहर समान॥

पानी गुड़ में डालिए बीत जाये रात । सुबह छानकर पीजिए अच्छे हों हालात ॥

भोजन करके रात में घूमे कदम हजार । डॉक्टर ओझा वैद्य का लूट जाये व्यापार ॥

प्रात:काल फल रस लो, दुपहर लस्सी छाछ । सदा रात में दूध पी, करे सभी रोग का नाश॥

फल या मीठा खाइके, तुरन्त न पीजे नीर । ये सब छोटी आंत में बनते विषधर तीर ॥

ऊर्जा मिलती है बहुत, पिए गुनगुना नीर । कब्ज खत्म हो पेट की, मिट जाये हर पीर । ।

रक्त चाप बढ़ने लागे तब मत सोचो भाय । सौगंध राम की खाइके, तुरन्त छोड़ दो चाय ॥

भोजन करके खाइये, सौंफ गुड़ आजवाइन । पत्थर भी पच जाएगा जाने सकल जहान ॥

भोजन करके जोहिए, केवल घंटा डेढ़ । पानी इसके बाद पी, ये है औषधि का पेड़ ॥

घूंट – घूंट पानी पियो, रह तनाव से दूर । एसिडिटी या मोटापा होवे चकनाचूर ॥

त्रिफला त्रिकुटा तूतिया पांचों नमक पतंग । दांत बज्र हो जात हैं माजूफल के संग । ।

त्रिफला की फंकी करे, दातुन करे प्रभात । सोबे जागे नित पहर, ता घर वैद न जात ॥

27

उपवास

उपवास स्वास्थ्य के लिए भी लाभदायक है - उपवास यानी व्रत का केवल धार्मिक महत्व ही नहीं है, कई शोध उपवास के लाभों को वैज्ञानिक रूप से भी प्रमाणित कर चुके है ।

उपवास लगभग सभी धर्मों का एक हिस्सा रहा है । नवरात्रि, एकादशी, कृष्ण जन्माष्टमी, महाशिव रात्रि अन्य धार्मिक पर्व, दिन वार व्रत, तिथि वार व्रत आदि पर लोग उपवास कर रहे है । किन्तु उपवास धर्म तक ही सीमित नहीं है, बल्कि मनुष्य के विकास क्रम का भी एक हिस्सा रहा है । अत: उपवास का आधार प्राकृतिक एवं वैज्ञानिक भी है ।

पृथ्वी पर मानव इतिहास लगभग 50 लाख वर्षों का है। आदिकाल से बहुत बार जंगलों में रहते मनुष्य को कई - कई दिन तक खाना नहीं मिल पाता था । बीच - बीच में शिकार या अन्य तरह से पोषण जरूर मिला करता था । इसलिए पेट के बड़े एवं बिना हड्डी के हिस्सों में फैट नाम की कैलोरी बैंक का स्टोर प्रकृति द्वारा बनाया गया । यह मनुष्य को खाना न मिलने की स्थिति में फैट को बर्न (जला) कर कैलोरी देने का कार्य करता था ।

पहले के मानव का यह कैलोरी बैंक इसलिए बहुत बड़ा होकर 'तोंद' का स्वरूप नही ले पाता था , क्योंकि शारीरिक श्रम एवं खाना न मिलने की वजह से एवं जैविक उपवास की वजह से फैट बर्न होने की प्रक्रिया बार - बार होती रहती थी । किन्तु, देखिए आज हर दूसरा मनुष्य एब्डोमिनल ओबेसिटी का शिकार है जो डायबिटीज़, बीपी, हार्ट अटैक, पीठ दर्द जैसी बीमारियों का एक प्रमुख कारण है ।

बहुत से शोध भी उपवास के लाभों को वैज्ञानिक रूप से प्रमाणित कर चुके है, जो कि स्वाभाविक तौर पर उपवास के नैसर्गिक होने के तथ्य को ही सत्यापित करते है । उपवास का विज्ञान की नजर में अर्थ है - कुछ दिनों तक आवश्यकता से काफी कम कैलोरी का लिया जाना । जैसे स्वास्थ्य के लिए सर्वश्रेष्ठ तरीका हफ्ते में 5 दिन सामान्य भोजन और दो दिन कुल कैलोरी का मात्र एक चौथाई लिया जाना माना जाता है । यद्यपि नवरात्रि जैसे पर्वो में उपवास लोग लंबे समय तक रखते है ।

इंग्लैण्ड के राष्ट्रीय स्वास्थ्य सिस्टम ने उपवास की कुछ हानियों के प्रति भी सचेत किया है ,जैसे खाने प्राप्त होने वाला पानी न मिलने से शरीर में पानी की कमी होना । एसिडिटी का होना । उपवास खत्म होने पर ओवर इटिंग (ज्यादा खा लेना) कर लेना । अनिंद्रा, थकावट और सिर दर्द होना । लेकिन सही ढंग से किए गए नियमित उपवास के लाभ कहीं अधिक है, संभावित हानियों के तुलना में । जरूरत है तो कुछ सावधानियों की । उपवास रहते समय ये अवश्य ध्यान रखे कि पानी बार - बार पीते रहें, फलों का सेवन करते रहे । शांत रहें, उद्वेलित नहीं हो ।

उपवास खत्म करते समय क्या खाएं - यदि आपने उपवास काफी भूखा रहकर किया है, तो बेहतर होगा कि पहले हल्का भोजन ही लें जैसे फलों के जूस से आरम्भ कर सकते है । फिर दाल, चावल, सब्जी इत्यादि ले सकते है । किन्तु यदि आप उपवास के दौरान फलाहार समुचित मात्रा में लेते रहें तब तो आप जो भी मन हो, सामान्य भोजन से भी उपवास तोड़ सकते है ।

उपवास के लाभ –

- बॉडी फैट में 3 से 10 प्रतिशत तक कमी होती है । मोटापा घटता है ।
- खराब कोलेस्ट्राल यानी एलडीएल की मात्र नियंत्रित होती है ।
- रोग प्रतिरोधक क्षमता बढ़ती है ।
- इन्सुलिन का स्रोत कम होता है । जिससे टाइप 2 डायबिटेज होने की संभावना कम होती है
- फैट बर्न होने से फैट में उपस्थित टॉक्सिन निकाल जाते है ।
- नियमित उपवास बुढ़ापा आने की प्रक्रिया को धीमा करता है ।

किन्हें उपवास नही करना चाहिए – अठारह साल से कम उम्र के युवा, टाइप 1 डायबिटीज़ के मरीज, जच्चा और गर्भवती महिलाएं, माइग्रेन के मरीज, किडनी, लीवर हार्ट जैसी किसी भी क्रोनिक बीमारी के मरीज ।

लेखक

रनवीर सिंह (तोमर) आत्मज स्व. श्री दिलीप सिंह

जन्म – 02 जुलाई 1955

जन्म स्थान – गांव – नगला भूप सिंह पोस्ट – पिसावा जिला अलीगढ़ , उतर प्रदेश 202155

शिक्षा – बी. एस सी. इंजीनियरिंग (इलेक्ट्रिकल) अलीगढ़ मुस्लिम यूनिवर्सिटी अलीगढ़ उ.प्र. (1978)

सेवा – मध्य प्रदेश विद्युत् बोर्ड (1979 से 2015), 36 वर्ष, सेवानिवृत – अति . मुख्य अभियन्ता

वर्तमान – फेकल्टी मेम्बर पावर डिस्ट्रीब्यूशन ट्रेनिंग सेंटर भोपाल .

वर्तमान निवास –मकान न. डुप्लेक्स – 11, कुटुम्ब अपार्टमेंट बलवन्त नगर, यूनिवर्सिटी रोड ठाठीपुर, ग्वालियर म.प्र. 474002

अभिरुचि – पुस्तक अध्ययन, इलेक्ट्रिकल विषयों पर लेक्चर देना, सामजिक गतिविधियाँ, वृक्षारोपण कार्य आदि

अणु डाक – er.rsingh55@gmail.com , चलित दूरभाष +91 9425137463 .

गायत्री मन्त्र –

ओउम भूर्भुव: स्व: तत्सवितुर्वरेंण्यं .

भर्गो देवस्य धीमहि धियो यो न: प्रचोदयात ..

(ऋग्वेद – 3. 32 .10 प्रणेता विश्वामित्र)

(हिन्दी अनुवाद – उस प्राण स्वरूप, दुखनाशक, सुखस्वरूप, श्रेष्ठ, तेजस्वी, पाप नाशक, देव स्वरूप परमात्मा को हम अपने अन्त:करण में धारण करें. वह परमात्मा हमारी बुद्धि को सन्मार्ग की ओर प्रेरित करे)

महामृत्युंजय मन्त्र –

ओउम त्रयंबकम यजामहे, सुगंधिम पुष्टिवर्धनम .

उर्वारुकिमिव बन्धनान मृत्योर्मुक्षीय मामृतात ..

(ऋग्वेद 7 . 59, प्रणेता – वशिष्ठ/मार्कंडेय)

(हिन्दी अनुवाद – हम सुरभित पुण्य, कीर्ति एवं पुष्टिवर्धक (पोषण साधनों को बढाने वाले) तथा तीन प्रकार से संरक्षण देने वाले (त्र्यम्बकम – त्रिदेव – ब्रह्मा, विष्णु, महेश) भगवान की उपासना करते हैं व रुद्र देव हमें उर्वारुक फल (ककडी, खरबूजा) की तरह मृत्यु बन्धन से मुक्त करें (परन्तु) अमरता सूत्रों से दूर न करें)

ओउम विश्वानि देव सवितुर्दुरितानि परासुव यद् भद्रं तन्न आ सुव .. (यजुर्वेद 30.3)

(हिन्दी अनुवाद - हे सर्व उत्पादक सविता देव आप हमारे समस्त दुर्गुणों, दुर्व्यसनों और दु:खों (बुराईयों - पाप कर्मों) को दूर करें तथा हमारे लिए जो कल्याणकारी हो उसे प्रदान करें)

धर्म के दस लक्षण –

धृति: क्षमा दमोअस्तेयम शौचमिन्द्रियनिग्रह:.

धी विद्या सत्यमक्रोधो दशकम धर्मलक्षणम .. (मनु स्मृति : 6. 92)

(हिन्दी अनुवाद – धैर्य, क्षमा, दम, अस्तेय (चोरी न करना), शौच (पवित्रता), इन्द्रिय निग्रह, बुद्धि, विद्या, सत्य, अक्रोध ये धर्म के दस लक्षण हैं)

चौरासी का चक्कर (कवर पेज) – 3 – (आखिरी अन्दर)

मानव - शरीर के 5 तत्व से 25 स्थूल और 25 सूक्ष्म की जानकारी, कुल 50, इनका आना - जाना (श्वांस लेना - छोड़ना, इंगला - पिंगला नाड़ी) ही 100 होता है । 100 का दस इंद्रियों से संपर्क सहस्त्राधार कहलाता है ।

शरीर के 5 अवयव से 25 स्थूल –

1. छिति/पृथ्वी – अस्थि (हाड़), मांस, त्वचा, नाड़ी, रोम .

2. जल/पानी – शुक्र (ओज), खून (शोणित), लार, मूत्र, स्वेद (पसीना)

3. पावक/अग्नि – भूख (क्षुधा), प्यास (तृष्णा), निद्रा (नींद), तन्द्रा (आलस्य), मैथुन

4. गगन/आकाश – काम, क्रोध, लोभ (शोक), मोह, भय .

5. समीर/वायु – चलना, बल करना, प्रसारण (बोलना), निरोचन, अन्कुचन.

शरीर के 5 अवयव से 25 सूक्ष्म –

1 - अन्तःकरण, मन, बुद्धि, चित्त, अहंकार, 2 - प्राण - – प्राण, अपान, उदान, व्यान, समान . 3 - विषय इन्द्रिय – रूप, रस, गन्ध, शब्द, स्पर्श. 4 - कर्म इन्द्रिय – हाथ (पाणि), पैर (चरण), गुदा(मल द्वार), मूत्र द्वार (लिंग, योनि), वाणी, 5 - ज्ञान इन्द्रिय – कान , आंख नाक त्वचा, जिव्हा .

बत्तीस तत्व – शरीर की 8 स्थितियों से प्रत्येक के चार - चार कुल 32 स्थिति –

1. - शरीर के – स्थूल, सूक्ष्म, कारण, महाकरण. 2 – अवस्था के जाग्रति, स्वप्न, सुषुप्ति, तुरीया . 3 – अभिमान के – विश्व, तेजस, प्राज्ञ, प्रत्यागात्या, 4 – स्थान के नेत्र, कंठ, हदय, मूर्धा. 5 – भोग के स्थूल भोग, प्रविग्नित, आनन्द, आनन्द मिलन. 6 – मात्रा के अकार, उकार, मकार, उर्ध मात्रा. 7 – गुण के सत्व, तम, रज, शुद्ध तत्व. तथा 8 – शक्ति के – किया शक्ति, द्रव्य शक्ति, इच्छा शक्ति, ज्ञान शक्ति .

बत्तीस तत्व, स्थूल व सूक्ष्म देहों के 50 तत्व और 2 द्वैत (साकार/निराकार) या ब्रह्म/ ईश्वर । या प्रकृति/परमात्मा, इस प्रकार 84 योनियों/स्थितियों का उल्लेख विद्वान कहते है ।

मनुष्य (मानव) – मनन या तर्क द्वारा किसी भी वस्तु का स्वरूप निश्चय करना इसका प्रधान मार्ग इसलिए इसे मनुष्य नाम दिया गया है । मन ही मनुष्य के बंधन और मुक्ति का कारण है । (मन एवं मनुष्यानाम कारणम बन्ध मोक्षयो)

मनुष्य की खास विशेषताएं दो ही हैं – मस्तिष्क का विकास और खड़े होकर चलना ।

मनुष्य - शरीर केवल कर्म करने का साधन है और कर्म केवल संसार के लिए ही होता है । मनुष्य योनि ही कर्म योनि है, पुराने कर्मों का फल भोग नया पुरुषार्थ ।

पदम् पुराण के अनुसार -

जलज नव लक्षाणी, स्थावर लक्ष विव्शंति, क्रययो रुद्र संरक्षक ।

पक्षिणाम दश लक्षण, त्रिशंत लक्षाणी पशव:, चतुर लक्षाणी मानव ॥ (78:5 पदम पुराण)

अर्थात जलचर – 9 लाख, स्थावर अर्थात पेड़ - पौधे – 20 लाख, सरीसृय कृमि अर्थात कीड़े – मकोड़े – 11 लाख, पक्षी/नभचर – 10 लाख, स्थलीय/थलचर – 30 लाख और 4 लाख मानवीय नस्ल के । कुल 84 लाख । पद्म पुराण में 84 लाख योनिओं का ज़िक्र है | और यह कि 84 लाख योनियाँ 6 समूहों में बंटी हुई हैं — जलज (9 लाख), वनस्पति (20 लाख), कीट (11 लाख), पक्षी (10 लाख), पशु (30 लाख) और मानव (4 लाख) |

रामचरित मानस (तुलसीदास रचित) –

आकर चार, लाख चौरासी, जात जीव जल थल नभ वासी ।

सियराम मय सब जग जानी, करूहूँ प्रणाम ज़ोर जुग पानी ॥ बालकांड (1/7/6)

धर्मनी नर देहि सुखदायी, नर देहि गुरु ज्ञान समायी ।

नर तन काजू कीन्ह चौरासी, शब्द न हगे मूढ़माती नाशी ॥

चौरासी की चाल न छोड़े, सत्यनाम सो नेह न मोड़े ।

ले डारे चौरासी माही, परचे ज्ञान जहां कछु नाहीं ॥

पुनि – पुनि दौड़ काल मुख जाही, ताहु ते जीव चेतत नाही ॥

यह तन पाय गाहे, सतनामा, नाम प्रताप लाहे निजधामा ॥ (अनुराग सागर पृष्ठ – 82)

प्रत्येक मानव अपने साढ़े तीन हाथ का होता है, एक हाथ में 24 अंगुल होते हैं। इस प्रकार प्रत्येक मानव अपने84 अंगुल लम्बाई के बराबर होता है । मानव शरीर में भी रीढ़ की हड्डी में 8 4 हड्डियों की शृंखला को बताया है ।

www.ingramcontent.com/pod-product-compliance
Lightning Source LLC
Chambersburg PA
CBHW050524160726
48003CB00001B/444